Échanges et mobilités académiques

Logiques Sociales
Collection dirigée par Bruno Péquignot

En réunissant des chercheurs, des praticiens et des essayistes, même si la dominante reste universitaire, la collection *Logiques Sociales* entend favoriser les liens entre la recherche non finalisée et l'action sociale.

En laissant toute liberté théorique aux auteurs, elle cherche à promouvoir les recherches qui partent d'un terrain, d'une enquête ou d'une expérience qui augmentent la connaissance empirique des phénomènes sociaux ou qui proposent une innovation méthodologique ou théorique, voire une réévaluation de méthodes ou de systèmes conceptuels classiques.

Dernières parutions

Joanna SHAPLAND (dir.), *Justice, communauté et société civile. Etudes comparatives sur un terrain disputé*, 2008.
Ralph ROUZIER, *La Caisse de dépôt et placement du Québec : portrait d'une institution d'intérêt général (1965-2000)*, 2008.
P. GROU, R. GUILLON, D. MERTENS-SANTAMARIA, K. MESSAMAH, *Vers une très grande Europe*, 2008.
Gérard NAMER, *Mannheim, sociologue de la mondialisation en crise*, 2008.
Elsa GISQUET, *Vivre et mourir en réanimation néonatale*, 2008.
Suzie GUTH (Sous la dir. de), *Modernité de Robert Ezra Park*, 2008.
Sun-Mi KIM, *Jeunes femmes asiatiques en France. Conflit de valeurs ou métissage culturel*, 2008.
Dominique COLOMB, *Médias et communication en Chine. Au-delà des paradoxes*, 2008.
Claude GIRAUD, *De l'épargne et de la dépense. Essai de sociologie de l'organisation et de l'institution*, 2008.
Bertin YANGA NGARY, *La modernisation quotidienne au Gabon. La création de toutes petites entreprises*, 2008.
M. ANDRAULT, *L'épiscopat français et la liberté de l'enseignement sous la Cinquième République*, 2008.
Pierre-Noël DENIEUIL, *Cultures et société, Itinéraires d'un sociologue*, 2008.
J.-A. DIBAKANA MOUANDA, *Figures contemporaines du changement social en Afrique*, 2008.
B. COLLET, C. PHILIPPE (dir.), *Mixités. Variations autour d'une notion transversale*, 2008.

Sous la direction de
Fred Dervin et Michael Byram

Échanges et mobilités académiques

Quel bilan ?

L'Harmattan

5-7, rue de l'Ecole polytechnique ; 75005 Paris

http://www.librairieharmattan.com
diffusion.harmattan@wanadoo.fr
harmattan1@wanadoo.fr

ISBN : 978-2-296-06149-1
EAN : 9782296061491

AUTEURS

Martine ABDALLAH-PRETCEILLE : Universités de Paris 8 & Paris 3, Association Bernard Grégory

Mathilde ANQUETIL : Université de Macerata (Italie)

Sophie BABAULT : Université Lille 3, UMR CNRS 8163 « Savoirs, textes et langage »

Magali BALLATORE : Université de Provence, LEST UMR CNRS 6123

Thierry BLÖSS : Université de Provence, LEST UMR CNRS 6123

Alexandra BUDKE : Institut de géographie, Université de Potsdam (Allemagne)

Michael BYRAM : Université de Durham (Royaume-Uni)

Vincenzo CICCHELLI : Université de Paris V Descartes, Cerlis, CNRS

Fred DERVIN : Université de Turku (Finlande)

Martine FARACO : Université Aix-Marseille 1, UMR CNRS 6057 « Parole et Langage »

Michèle FOUCARD : IUFM Champagne-Ardenne, Université de Reims

Shirley LAWES : Institute of Education, Université de Londres (Royaume-Uni)

Aleksandra LJALIKOVA : Université de Tallinn (Estonie)

Daniel NICLOT : IUFM Champagne-Ardenne, Université de Reims

Marion PERREFORT : Université de Franche-Comté, Laboratoire de Recherche Littérature et Histoire des Pays de langues européennes

Marie-Thérèse VASSEUR : Université du Maine et CNRS, UMR 7114

Présentation

Fred Dervin et Michael Byram

« *L'idée de l'avenir est plus féconde que l'avenir lui-même* »
Henri Bergson

La mobilité académique[1], physique comme virtuelle, semble être devenue incontestablement une composante des paysages éducatifs de la plupart des pays du monde. Obligatoire dans de nombreux cas (car intégrée à des curricula ou prise en compte comme critère d'efficacité pour les chercheurs) ou bien volontaire pour ceux qui sont persuadés qu'elle leur apportera un plus sur le marché du travail, certains prévoient que cette mobilité remplacera bientôt le modèle classique de l'éducation dans un même et seul lieu. Cette vision n'est-elle pas toutefois idéalisée voire erronée ? Qu'en est-il des énormes problèmes qui demeurent dans cette mobilité qui n'est pas toujours juste, partagée ou satisfaisante ? Comme le dit Bergson cité en exergue, les représentations de ce qui reste à venir sont souvent plus riches que la réalité. Ceci s'applique bien sûr aussi à ce que l'on vit présentement. Ainsi, les auteurs des articles qui vont suivre s'entendent à mettre de l'ordre dans les mythes qui accompagnent la mobilité académique contemporaine mais aussi future.

Le sens commun veut que ce type de mobilité soit un phénomène récent. De nombreuses études historiques ont cependant prouvé le contraire. Ce qui est nouveau dans les mouvements entre les diverses institutions d'éducation supérieure, c'est, d'une part, leur diversité (ces mobilités sont internes, externes, horizontales, verticales, à court-terme, à long-terme, virtuelles, physiques...), et d'autre part, leur rapidité et intensité. En outre, comparé aux autres époques, le nombre d'acteurs touchés par ces mobilités (étudiants, enseignants, chercheurs, stagiaires, administrateurs…) accroit d'année en année en termes

---

[1] Dans cet ouvrage, nous préférons le terme *mobilité académique* à *mobilité universitaire* car cela permet d'inclure toutes les institutions de l'enseignement supérieur telles que les écoles de commerce, les IUT, les écoles polytechniques, etc. qui, elles aussi, font « bouger » leurs étudiants.

absolus, mais surtout en pourcentage. C'est pour ces raisons que cet ouvrage parle de mobilités académiques au pluriel.

Dans les mondes de la recherche, la thématique a connu un renouvellement depuis les années 90[2]. Les recherches ont traité d'aspects divers de ces mobilités et elles se sont concentrées surtout en Europe, où les programmes de mobilité de l'Union européenne (Erasmus et Socrates) ont été un véritable moteur. On notera aussi que la thématique a donné lieu à divers colloques internationaux interdisciplinaires ces dernières années[3] et qu'elle est en phase de devenir un véritable champ d'étude.

Les intérêts de travailler sur ces populations sont abondants pour les chercheurs issus de disciplines variées (psychologie, sociologie, anthropologie, didactique des langues, sciences de l'éducation…). D'abord, vue la présence massive et générale des individus en mobilité sur la plupart des campus dans le monde - et pas uniquement dans l'Europe d'Erasmus - des corpus multiples sont facilement disponibles aux chercheurs. Ces corpus permettent de travailler sur diverses problématiques : entre autres, les liens sociaux, les identités, l'interculturel, la pédagogie, l'apprentissage des langues... Enfin, parce que les mobilités académiques sont accompagnées d'expériences autres que l'académique même (vie sociale en dehors de l'institution d'accueil), les réflexions autour de celles-ci peuvent permettre de renouveler d'autres problématiques sociétales plus générales (par exemple : rapports avec l'étranger, créations de liens sociaux, autres types de mobilité...) sur le plan théorique autant que pratique et empirique.

L'originalité de l'ouvrage qui va suivre, c'est qu'il traite d'une variété de mobilités académiques. Même si les mobilités estudiantines représentent la majeure partie des acteurs étudiés dans l'ouvrage, les mobilités des enseignants (à long et court termes) et des stagiaires sont également mises en avant. Les ouvrages sur la thématique de la mobilité académique se sont concentrés jusqu'à présent largement sur certains types de mobilité et de problématiques (Byram et Feng, 2006 mais aussi Byram et Dervin, 2008 font exception ici). L'intérêt de la

---

[2] Aux 17ème et 18ème siècles, de nombreuses thèses de doctorat sur la mobilité des étudiants avaient déjà été soutenues.

[3] Le colloque qui s'est déroulé à l'Université de Turku en septembre 2006, et dont une partie des chapitres suivants est tirée, a démontré, par ses effectifs cet intérêt croissant.

démarche est donc de faire tomber les frontières entre les populations concernées et de montrer les complémentarités à la fois des analyses et des expériences. De surcroit, nous avons souhaité faire dialoguer des chercheurs issus de domaines distincts (sociologie, géographie, didactique du FLE, linguistique et sciences de l'éducation) en leur proposant de partager leurs problématiques, références, méthodes d'analyse et résultats tout en se plaçant dans des espaces géographiques variés (Allemagne, Canada, Estonie, Finlande, Grande-Bretagne, France et Italie).

L'ouvrage porte volontairement des regards critiques sur les mobilités académiques. Il ne s'agira donc pas de les encenser mais de proposer des analyses qui puissent permettre, en un sens, d'améliorer certains de leurs aspects. C'est ainsi que des mythes entourant les mobilités académiques (auxquels les médias mais aussi les institutions officielles contribuent) seront contrecarrés : apprentissages et acquisitions automatiques de compétences, ouvertures interculturelles sans formation, apprentissage de soi, devenir *l'autre*...

Trois parties composent l'ouvrage.

La première partie, intitulée *perspectives critiques sur les mobilités académiques*, se concentre sur les « étudiants voyageurs » (Murphy-Lejeune, 2003). Dans le premier article, **Magali Ballatore** et **Thierry Blöss** mettent en lumière les inégalités liées à la mobilité de type Erasmus. En s'appuyant sur une comparaison entre les contextes français, italiens et britanniques, l'article décrit le processus de reproduction des inégalités scolaires dans l'enseignement supérieur et l'impact du recrutement des nouveaux étudiants migrants sur celui-ci. Les deux sociologues montrent comment le programme Erasmus s'appuie sur les prédispositions sociales (ou capitaux migratoires) et les compétences spécifiques de leur public. **Alexandra Budke**, quant à elle, met en abime les objectifs officiels du programme Erasmus en matière d'apprentissages interculturels et les résultats d'une recherche qualitative et quantitative, basée sur des étudiants Erasmus de plusieurs villes universitaires allemandes. Ses conclusions soulignent le fait que les apprentissages interculturels attendus ne semblent pas se réaliser dans le contexte de son étude. Dans *Changer en échangeant ? Mobilités et expériences langagières*, **Marion Perrefort** touche à la même thématique en comparant les discours d'étudiants Erasmus allemands en France et de ceux de lycéens français ayant passé du temps en Allemagne. Perrefort montre qu'une ouverture interculturelle plus vaste se fait sentir chez les lycéens, qui sont hébergés chez des familles allemandes, que dans les discours des étudiants. L'auteur soumet également à une analyse critique le rôle du groupe d'accueil (i.e. les étudiants locaux) dans l'interprétation des comportements réciproques. La contribution de **Sophie Babault** et **Martine Faraco** propose une approche interculturelle de la prise de notes. L'article a pour objectif une analyse de l'impact des phénomènes d'ordre représentationnel sur les modalités de mise en œuvre des activités de prise de notes par des étudiants en mobilité à l'université française. Les deux chercheuses concluent que les étudiants ont des perceptions tout à fait mitigées du système universitaire français. La première partie s'achève sur une réflexion proposée par **Aleksandra Ljalikova** à partir du contexte de l'Estonie, pays auto-déclaré indépendant en 1991. À travers diverses métaphores et analyses issues de rapports d'enseignants-chercheurs en mobilité, l'auteur tente d'effectuer une typologie des profils d'enseignants estoniens en mobilité. Elle en retient six pour examiner le cas de l'université de Tallinn et pour répondre à deux questions essentielles : *pourquoi se déplacer ?* et *pour quoi ?* Deux séries de métaphores sont proposées par l'auteur : d'une part le visiteur, le voyageur et le touriste et d'autre part, le missionnaire, le pèlerin et le chercheur.

La partie *Paroles d'acteurs mobiles* laisse entendre les voix de trois populations en mobilité : des étudiants, des enseignants-chercheurs et des stagiaires. Le premier article, écrit par le sociologue **Vincenzo Cicchelli**, tente d'esquisser quatre portraits d'étudiants européens, à partir des entretiens qu'il a menés avec les étudiants. Partant des concepts de *Bildung* et d'*estrangement*, l'auteur permet d'identifier la diversité des expériences et des profils face à l'altérité rencontrée lors des séjours à l'étranger. Dans le deuxième article, les voix de plusieurs enseignants-chercheurs en mobilité à long-terme sont examinées par **Marie-Thérèse Vasseur**. À partir d'un entretien de groupe avec cette population mobile qui demeure peu étudiée, et une démarche de rétrospection, l'auteure montre comment les participants co-construisent et élaborent collectivement des bilans de parcours à travers leurs récits. Finalement, **Fred Dervin** évalue les apports d'une introduction à ce qu'il appelle le *déconditionnement* *interculturel* auprès de stagiaires de Français Langue Etrangère à l'université en Finlande. Fondé sur un entretien effectué en fin de parcours avec deux stagiaires, sa contribution souligne les contradictions et mythes relevés dans le discours des stagiaires en matière d'identité, de culture et de stéréotypage.

La dernière partie du livre se veut une contribution à une didactique de la mobilité, souhaitée par les différents acteurs de la mobilité. Le premier article a été rédigé par **Martine Abdallah-Pretceille** qui interroge d'abord les présupposés liés aux mobilités académiques. Suite à cela, Abdallah-Pretceille propose des entrées possibles en matière de formation à la mobilité. Dans la même veine, **Mathilde Anquetil** décrit des parcours de formation interculturelle pour étudiants en mobilité. L'article présente la structure de la formation, issue d'une recherche-action menée en Italie, dont l'objectif est d'amener les étudiants Erasmus à se pencher sur leur statut d'étranger. Anquetil s'interroge également sur les possibilités d'évaluation du développement de compétences interculturelles à partir de ce type de formation. Dans le dernier article de l'ouvrage, *Un outil pour préparer les futurs enseignants en formation à la dimension interculturelle de la mobilité internationale*, **Michèle Foucard**, **Shirley Lawes** et **Daniel Niclot** tentent de répondre à la question suivante : Comment préparer les étudiants stagiaires d'Instituts Universitaires de Formation des Maîtres (IUFM) aux différences de nature culturelle dans leurs vies quotidiennes et leurs stages en établissement scolaire à l'étranger ? Basé sur l'analyse de *journaux de réflexivité,* utilisés dans le cadre d'un programme de coopération entre l'Union européenne et le Canada, l'article montre comment cet outil peut favoriser les apprentissages interculturels des futurs enseignants.

L'étendue et les perspectives des thématiques et des méthodes de recherche contenues dans les chapitres de cet ouvrage contribuent immanquablement à parachever le champ disciplinaire des mobilités académiques. Le chercheur, mais aussi le praticien, pourront puiser dans cette richesse afin de contribuer, de leur côté, à ce champ en construction.

Bibliographie

Byram, M. & Dervin, F. 2008. *Student, staff and academic mobility in higher education*. Cambridge : Cambridge Scholars Publishing.

Byram, M. & Feng, A. 2006. *Living and Studying Abroad : Research and Practice*. Clevedon : Multilingual Matters Ltd.

Murphy-Lejeune, E. 2003. *L'étudiant européen voyageur, un nouvel étranger*. Paris : Didier.

PERSPECTIVES CRITIQUES SUR LES MOBILITES ACADEMIQUES

Le sens caché de la mobilité des étudiants Erasm

Magali Ballatore & Thierry Blöss

Le spectre des migrations étudiantes s'est élargi au cours de ces dernières années en Europe. « Spontanée » ou « institutionnalisée », la mobilité géographique des étudiants désigne des durées et des issues variables, pouvant déboucher sur une installation dans le pays d'accueil. Dans ce paysage de plus en plus hétérogène où les motivations semblent avant tout résulter des ambitions, goûts ou choix personnels des candidats au voyage, un certain nombre d'éléments d'enquête nous montrent que la question de la migration des étudiants et des diplômés résulte de logiques sociales et politiques propres aux différents pays concernés. Autrement dit, les qualités individuelles que l'on prête aux étudiants migrants sont fortement liées à leurs caractéristiques scolaires et sociales, mais aussi aux différents contextes nationaux en présence. En examinant le programme Erasmus (qui consiste officiellement en un programme d'échange entre étudiants de l'Union européenne) et les logiques qui président à la sélection des candidats et au choix de leur destination migratoire, nous verrons dans quelle mesure se renforcent les déséquilibres migratoires et économiques déjà existants entre les pays concernés. D'ailleurs, existe-t-il réellement une réciprocité des échanges ?

Pour répondre à ces questions, nous avons choisi une analyse comparative européenne entre trois pays : l'Italie, la France et la Grande-Bretagne. Cette analyse est issue d'une double démarche d'enquête. Principalement, une enquête par questionnaire a été menée auprès d'étudiants « sortants » des trois universités européennes qui ont participé au programme Erasmus en 2004-2005, interrogés à leur retour dans l'institution d'origine : les Universités anglaise de Bristol, italienne de Turin et française de Provence ont en constitué le cadre. L'enquête s'appuie également sur l'exploitation d'entretiens semi-directifs auprès de professeurs et étudiants de ces trois universités[1]. Nous constaterons ainsi non

---

[1] 600 questionnaires en langue originale y ont été passés, impliquant les services des relations internationales (pour les Universités de Turin et de Provence) et les

seulement que la problématique de la mobilité géographique ne peut être déconnectée de la question de la diversification des parcours scolaires et de la stratification sociale des systèmes d'enseignement supérieur, mais aussi que les usages qu'en font les étudiants, que leurs aspirations et leurs projets en la matière varient suivant les universités, les disciplines et les pays d'appartenance.

1. Le programme Erasmus modifie peu les déséquilibres migratoires entre pays

Deux grands types de mobilité étudiante peuvent être distingués. La mobilité étudiante « spontanée », qui voit des étudiants choisir « individuellement » de s'inscrire dans un établissement d'enseignement supérieur étranger, sans conventions intergouvernementales ni support institutionnel financier, est par définition difficile à recenser[2], bien que semble-il en constante augmentation. Ce type de mobilité nous renseigne toutefois sur les déséquilibres migratoires en Europe et sur leur évolution : les étudiants britanniques assez peu mobiles

---

responsables « Erasmus » de chaque département (pour l'Université de Bristol). Une « population témoin » constituée d'étudiants « sédentaires » de trois pays a également été enquêtée, par la passation de questionnaires (400). L'enquête s'appuie sur l'exploitation d'une trentaine d'entretiens semi-directifs retranscrits de professeurs et étudiants des universités de Bristol et Turin interrogés en 2005, d'une vingtaine d'entretiens exploratoires menés en 2003 à l'Université de Provence et de la Méditerranée.

[2] En France, il n'existe pas de système national de recueil systématique de données statistiques concernant les étudiants à l'étranger, ni de dispositif statistique permettant de recenser et de suivre l'évolution de la mobilité internationale des étudiants et des personnels de recherche français. D'autres pays en font une estimation à partir de plusieurs sources. En Italie, on citera par exemple l'AIRE (*Anagrafe Italiani Residenti all'Estero*), au Royaume-Uni les *Councils* pour le financement de l'enseignement supérieur (HEFCE, HEFCW par exemple), ou encore le *Council for international Education.* L'immatriculation auprès des services consulaires n'étant dans aucun de ces pays obligatoire, elle ne permet pas de fournir des estimations fiables pour ces populations. Seules les données issues des déclarations des pays membres de l'OCDE et des programmes de mobilité européens permettent d'obtenir une estimation, avec toutes les difficultés que cette mesure comporte, car chaque pays et chaque centre statistique adoptent (comme pour le chômage) ses propres critères pour définir et recenser les étudiants mobiles.

apparaissent comme peu tournés vers l'Europe[3], les Etats-Unis étant leur destination privilégiée. À l'inverse, la Grande-Bretagne est le premier pays destinataire des déplacements d'étudiants de l'Union européenne. Les étudiants français en particulier privilégient les pays anglophones. La France se caractérise du reste par un déséquilibre relativement réduit entre étudiants sortants et étudiants entrants. L'Italie pour sa part accueille peu d'étudiants en mobilité internationale, comparativement à la France et surtout à la Grande-Bretagne. Et les migrations internationales des Italiens semblent davantage concerner les diplômés que les étudiants. Une étude relativement récente (Becher et al., 2002) signale un accroissement important du nombre de diplômés italiens travaillant à l'étranger (représentant environ 2,3% de l'ensemble des diplômés nationaux, alors que les taux des pays méditerranéens comme la France et l'Espagne sont respectivement de 0,9% et de 0,7%, sur la même période).

La mobilité « institutionnalisée » définie principalement comme une mobilité en cours d'études, incluant celle supportée par le programme communautaire Socrates II (anciennement Erasmus et Lingua II), constitue l'autre forme de mobilité étudiante. Les échanges universitaires internationaux s'opèrent entre des organisations contractualisées en relation étroite (de recherche), et incluent en théorie une certaine réciprocité, parfois différée[4].

Essentiellement intra-européenne (dans les trois-quarts des cas), cette mobilité étudiante peut être décrite comme une mobilité « à court terme ». Comparée à la mobilité spontanée qui englobe les étudiants ayant choisi de suivre un cursus entier à l'étranger, la

---

[3] Selon un rapport du centre de recherches sur les migrations de l'université de SUSSEX et du centre de recherches appliquées sur la population de l'université de DUNDEE. Il s'agit ici uniquement des étudiants inscrits dans une institution d'enseignement supérieur (*higher education)*. Le nombre des étudiants mobiles parmi l'ensemble des inscrits des institutions post-secondaires de type *further education* n'est pas pris en compte (cf. *International Student Mobility*, Report by the Sussex Centre for Migration Research, University of Sussex, and the Center for Applied Population Research, University of Dundee, July 2004).

[4] Comme il est mentionné dans les documents officiels, l'action ERASMUS s'adresse aux établissements d'enseignement supérieur - et donc aux étudiants et enseignants - des 25 États membres de l'Union européenne, des trois pays de l'Espace économique européen (Islande, Liechtenstein et Norvège) et des trois pays candidats (Bulgarie, Roumanie et Turquie).

mobilité institutionnalisée se déroule sur une période ne pouvant excéder neuf mois. Elle s'inscrit dans le curriculum du pays d'origine, de telle sorte que l'étudiant obtient à l'issue de son séjour à l'étranger le diplôme de son université d'origine et non celui de son université d'accueil. Cela constitue l'originalité principale de ce type de mobilité.

L'autre caractéristique de la mobilité instituée par le programme Erasmus est sa relative facilité de mesure, puisque par le biais des agences Socrates nationales et des services des relations internationales des universités, l'ensemble des « entrants » et des « sortants » est chaque année systématiquement enregistré, et ce depuis la création du programme en 1987.

Entre 1987 et 2004, plus d'un million d'étudiants ont effectué un séjour à l'étranger dans le cadre d'Erasmus, suscitant ainsi l'enthousiasme des membres de la commission Européenne. Son président de l'époque, Romano Prodi se félicitait du succès du dispositif dans ces termes : « *Erasmus est devenu l'emblème d'une expérience pionnière de formation pour une génération d'étudiants d'universités de toute l'Europe, qui ont eu un avant-goût de la véritable citoyenneté européenne dans un environnement pluriculturel et plurilinguistique. Aujourd'hui, on compte avec fierté une participation moyenne annuelle à ce programme de 100 000 étudiants et 10 000 enseignants, qui bénéficient d'un réseau de 1800 universités dans 30 pays* »[5].

D'autres déclarations officielles insisteront sur la démocratisation en cours des possibilités de séjours à l'étranger (750 millions d'Euros étant réservés aux bourses accordées aux étudiants pour la période 2000-2006) et sur la résorption du déséquilibre séculaire des migrations. « *Aujourd'hui, les étudiants Erasmus sont libres de choisir parmi l'un des 30 pays participants. Ils contribuent à forger une identité européenne commune. Leurs histoires nous montrent qu'après quinze ans, Erasmus reste une réussite capitale de l'Union Européenne* »[6]. Qu'en est-il en réalité? En matière de choix de destination, la

---

[5] Source : http://ec.europa.eu/education/archive/million/message_fr.html

[6] *Message de M. Prodi et Mme Reding. Communiqué diffusé sur Internet: « Un million d'étudiants Erasmus », Une réussite européenne* : http://ec.europa.eu/education/archive /million/million_fr.html.

mobilité institutionnalisée se démarque-t-elle vraiment de la mobilité hors programmes d'échanges ?

La mobilité institutionnalisée, à l'instar du programme Erasmus, reproduit en fait les préférences séculaires pour les pays économiquement développés et riches, souvent anglophones, hispanophones et francophones. Les échanges basés sur des relations interpersonnelles et professionnelles entre enseignants-chercheurs renforcent également les hiérarchies et connivences existantes entre les institutions et les pays, du moins peut-on en faire l'hypothèse. Les principales destinations des étudiants Erasmus français sont la Grande-Bretagne, l'Espagne et l'Allemagne. Les Britanniques se rendent majoritairement en France, en Espagne et en Allemagne. Quant aux étudiants Erasmus de nationalité italienne, ils privilégient l'Espagne, la France et l'Allemagne.

Plusieurs études statistiques consacrées à la mobilité étudiante à l'intérieur des pays de l'Union Européenne (Jallade et al., 1996 ; Maiworm & Teichler, 1996 ; Maiworm & Teichler, 1997)[7] soulignent combien des Etats membres comme la Grande-Bretagne, l'Irlande, la France et dans une moindre mesure l'Espagne accueillent plus d'étudiants qu'ils n'en envoient. L'Italie, à l'opposé, se présente comme un pays essentiellement « exportateur » (cf. tableau 1). Quant aux destinations en jeu, elles témoignent une nette préférence pour les pays anglophones. Ainsi les « déséquilibres » peinent à se résorber et la réciprocité des échanges reste encore un objectif à atteindre.

Pour mieux s'apprécier, la mobilité étudiante européenne demande à être rapportée à la taille des populations mères (nationales) (cf. Tableau 1). Et de constater en effet que si à la fin des années 1990, la France et la Grande-Bretagne avaient déjà une population étudiante inscrite dans des institutions d'enseignement supérieur qui dépassait les deux millions d'unités, l'Italie n'a toujours pas atteint ce seuil aujourd'hui[8].

---

[7] Les dispositifs étudiés concernent les programmes ERASMUS et LINGUA 2 en 1994-1995.

[8] Il y avait en 2003-2004, selon le bureau statistique du ministère de l'éducation nationale italien, 1 803 044 étudiants inscrits dans l'ensemble des institutions d'enseignement supérieur du pays. *Ufficio di statistica*, données disponibles sur le site du ministère MIUR : http://www.miur.it/ustatnet/.

Tableau 1- La mobilité étudiante
Programme Erasmus, 2003-2004

	Etudiants sortants			Etudiants "entrants"	
	effectifs	% de l'ensemble des pays	% de l'ensemble des effectifs de l'enseignement supérieur	effectifs	% de l'ensemble des 24 pays
France	20 981	**15,4**	**1, 0**	20 275	**15,0**
Italie	16 829	12,4	0,8	12 743	9,4
UK	7 539	5,6	0,3	16 627	12,3
Total des pays	135 586	100	1,3	135 586	100

Source : Commission de la Communauté Européenne DG XXII
Le tableau se lit ainsi : 15,4% des étudiants Erasmus européens sont de nationalité française. Parmi les étudiants français, on compte 1% d'étudiants Erasmus. 15% des étudiants Erasmus européens ont choisi la France comme destination.

Le retard à la mobilité recouvre ainsi un retard à la poursuite des études chez les jeunes transalpins ; retard à la scolarisation qui se répercute notamment sur le taux de certification, puisque que seulement 12% de la population âgée de 25 à 34 ans était en possession d'un diplôme d'enseignement supérieur en 2002 en Italie, contre 36% et 31% respectivement en France et en Grande-Bretagne (source : OCDE).

Dans le même ordre d'idée, le « taux de survie »[9] dans « l'enseignement tertiaire de type A »[10] n'est que de 42% en Italie

[9] « *Exprimé en pourcentages, le taux de survie désigne la part d'une cohorte d'élèves (ou étudiants) inscrits dans la première année d'un cycle d'études donné qui sont attendus atteindre les années successives d'études. Un taux de survie approchant 100% indique une faible fréquence des cas d'abandon* ». Source : Regards sur l'éducation : les indicateurs de l'OCDE 2006, Annexe méthodologique.

[10] Est généralement nommé « enseignement tertiaire de type A » (par les organismes statistiques internationaux comme l'OCDE) l'enseignement supérieur dispensé dans les universités. Les formations de type A sont en général des formations longues à vocation théorique. L'enseignement supérieur de type B correspond à des formations plus courtes, plus pratiques et plus axées sur les techniques ou les métiers que les formations. En Italie, l'enseignement supérieur

contre 59% et 83% en France et en Grande-Bretagne. Ces trois pays ont cependant un taux de mobilité, rapporté à la population mère, inférieur à la moyenne des 24 pays participant qui est de 1,3%. Ce qui est particulièrement significatif pour le Royaume-Uni (0,3%).

2. Offre de mobilité et sélection des étudiants

2.1. Un programme qui reproduit les affinités sélectives entre établissements d'enseignement supérieur

Les échanges Erasmus ont comme caractéristique officielle de se baser sur des contrats bilatéraux signés par des enseignants-chercheurs de deux départements, avec l'accord des Services de Relations Internationales des universités concernées.

Ce procédé, à la base des échanges d'étudiants, nourrit une tendance à la cooptation d'universités qui se ressemblent historiquement et socialement. Ainsi une étude menée par le *Centre for Migration Research* de l'Université de Sussex et le *Centre for Applied Population Research* de l'Université de Dundee[11], fait état de profondes différences entre anciennes et nouvelles universités « *post-1992* » concernant les possibilités de séjour à l'étranger. Ces dernières se situent en effet en bas de l'échelle en ce qui concerne la mobilité de leurs étudiants. En 2002-2003, précisent les auteurs du rapport, il y avait 5,4 étudiants en mobilité (tous programmes confondus) pour 1000 inscrits dans les universités post-1992, contre 11,4 étudiants en mobilité pour 1000 inscrits dans les institutions pré-1992. Dans cette étude était

---

est identifié presque exclusivement à l'enseignement universitaire et jusqu'au milieu des années 1990, aucune attention réelle n'a été accordée à l'enseignement postsecondaire non universitaire. Le terme *d'enseignement tertiaire* est d'origine relativement récente. On lui préférait jusqu'ici le terme d'enseignement supérieur, mais l'adoption du terme nouveau vise à refléter la diversité croissante des établissements, des cursus et des objectifs. On utilise parfois aussi, avec une autre intention, le terme d'*enseignement post-secondaire* pour désigner la vaste gamme de formations et d'établissements qui s'offrent en fin de deuxième cycle secondaire.

[11] Report by the Sussex Centre for Migration Research, University of Sussex, and the Centre for Applied Population Research, University of Dundee, *International student mobility,* Commissioned by HEFCE, SHEFC, HEFCW, DEL, DfES, UK Socrates Erasmus Council, HEURO, BUTEX and the British Council, July 2004/30, Issues paper.

également demandé aux étudiants de préciser si leur séjour à l'étranger faisait partie intégrante de leur cursus ou était optionnel. On constate alors que dans les universités anciennes, pour 51,5% des étudiants ce séjour était obligatoire, alors que dans les nouvelles universités 92,3% d'entre eux ont indiqué qu'il était optionnel. De plus, une grande proportion d'étudiants des universités post-1992 a travaillé (40,7%) (« *work placement* ») dans le pays d'accueil, alors qu'il était 72% à avoir seulement étudié parmi les étudiants en mobilité d'universités anciennes.

Ceci peut être illustré par la politique d'un grand nombre de départements que nous avons visités à l'Université de Bristol (université grégorienne, ancienne et réputée). Les échanges du département de Mathématiques par exemple se font uniquement, en direction de la France, avec des écoles d'ingénieurs, seules à même, si l'on s'appuie sur les propos du responsable Erasmus local, de garantir une qualité des études équivalente voir supérieure à celle du département de son université. De même dans le département d'italien, les échanges se font majoritairement avec des universités anciennes (Bologne, Sienne), à la renommée bien établie, les universités du *Mezzogiorno*, moins cotées, ayant quant à elles du mal « à recruter » parmi les étudiants britanniques. *A contrario,* en consultant les documents des bureaux des relations internationales des *universités nées de la massification scolaire* (les *« red brick universities »),* on s'aperçoit qu'il en va tout autrement. C'est ainsi, à titre d'exemple, que les départements de Sciences et Structures de la Matière de l'Université de Sussex ont des contrats avec des universités françaises créées, elles aussi, dans les années soixante pour faire face à l'augmentation du nombre de bacheliers.

Le cas italien atteste également cette sélectivité en réseau : l'école polytechnique de Turin (« *Politecnico di Torino* », réputée historiquement pour avoir formé les ingénieurs de la FIAT), a de nombreux contrats avec des écoles françaises d'ingénieurs (plus de dix), alors que l'Université polytechnique de Bari (localisée dans la région des Pouilles), par exemple, n'enregistre que de rares échanges avec des écoles d'ingénieurs françaises (moins de 5). De même, l'Université *Politecnico di Torino* a, parmi ses partenaires, plus de 10 universités britanniques, alors que le *Politecnico di Bari,* en compte à peine deux : *Coventry University* et *Loughborough University*, toutes deux peu prestigieuses et récentes. Cette analyse est confortée par l'étude de l'observatoire statistique de l'Université de Bologne[12], qui montre que les établissements possédant le pourcentage le plus élevé de diplômés Erasmus (supérieur à 10%) se trouvent tous situés au nord de Rome (Trento, Sienne, Trieste, Venise, Polytechnique de Turin et Florence).

En dehors, là encore, des départements de langues, les enseignants-chercheurs responsables Erasmus se réfèrent à une « *communauté de culture* » pour justifier leurs choix. À ce titre, l'Espagne se révèle être la première destination des étudiants Erasmus italiens. « Culturellement » plus proche, ce pays serait organisé de manière similaire et permettrait aux étudiants italiens de pouvoir suivre des enseignements correspondant plus étroitement à ceux de leur université d'origine. Quelles que soient les affinités culturelles affichées qui justifient la réalité des choix opérés, les critères d'excellence fortement induits par la compétition économique ne sont pas pour autant ignorés. Dans ce contexte, la Grande-Bretagne, l'Irlande (dont la langue est internationalement reconnue) et les pays scandinaves constituent des destinations de prédilection pour les jeunes Européens.

En France enfin, on observe également ce phénomène d'affinité sélective. Si l'on confronte les deux secteurs du système d'enseignement supérieur que sont les universités et les Grandes écoles, on retrouve aussi ces mêmes liens de prédilection qui se fondent sur des réputations héritées d'une longue histoire. L'université qui a accueilli les étudiants de la massification scolaire a, en définitive, assez peu bénéficié de l'ouverture vers l'international, en comparaison avec les Grandes Ecoles. En 2003, il y avait environ 50 000 étudiants français en mobilité dans la zone OCDE. Parmi eux, 9 231 provenaient d'une Grande Ecole et 12 079 étaient des élèves ingénieurs effectuant un stage à l'étranger[13]. Plus de 40% des étudiants mobiles proviennent donc

---

[12] Portant sur 40 000 diplômés de l'année 1999 et conduite dans 18 universités italiennes réparties sur tout le territoire. Cf. Cammelli, A. (A cura di) - *I laureati Erasmus/Socrates anno 1999: Origine sociale, curriculum studiorum, Condizione occupazionale*, Osservatorio Statistico dell'università degli Studi di Bologna, Febbraio 2001.

[13] La commission internationale de la conférence des Grandes Ecoles a procédé à une première enquête en 2003. Les résultats indiquent que 9231 étudiants étaient en mobilité à l'étranger, dont 22% en formation pour l'obtention d'un co-diplôme.

des Grandes écoles et autres écoles d'ingénieurs, lesquelles ne regroupent qu'environ 5% des effectifs de l'enseignement supérieur français. Les étudiants mobiles sont ainsi largement surreprésentés dans ces établissements. Leur recrutement est de ce point de vue emblématique des logiques de sélection scolaire et de leur évolution, en l'occurrence de la dualité entre élèves des grandes écoles et étudiants des universités, dont les premiers sortent par conséquent largement gagnants. Sans compter que les destinations choisies renforcent, là encore, la diversification sociale des parcours étudiants et ses effets sur les futures trajectoires scolaires, migratoires et professionnelles.

Intériorisant les critères de qualité, de « *standards internationaux* », les étudiants sont en effet de plus en plus nombreux à vouloir se rendre dans des pays où le peu de places dont disposent les universités et facultés visées oblige à une sélection plus forte des étudiants. Ce qui a pour conséquence de renforcer davantage les modalités de la sélection scolaire : les étudiants qui se rendent en Grande-Bretagne ont en général un parcours scolaire rapide et brillant, alors que ceux se dirigeant vers les pays d'Europe de l'Est ou du sud sont en général peu sélectionnés comme le confirme notre enquête. C'est ainsi que dans notre échantillon d'étudiants français Erasmus, aucun de ceux qui se sont rendus en Pologne, en Grèce ou à Chypre, n'est issu de Classe préparatoire aux Grandes Ecoles. Par contre, parmi ceux qui se sont rendus en Angleterre ou en Allemagne, on en trouve plus de 10%. Les étudiants qui ont obtenu un baccalauréat scientifique sont également surreprésentés parmi les partants pour le Royaume-Uni, l'Allemagne et la Finlande. De même, les étudiants âgés de 17 ans ou moins lors de l'obtention du baccalauréat sont surreprésentés parmi ceux ayant séjourné au Royaume-Uni et en Irlande.

De même, dans notre échantillon d'Erasmus sortants italiens, aucun de ceux qui se sont rendus au Royaume-Uni, en Norvège ou en Finlande, ne possède de baccalauréat technique ou

---

Près de 48% de la mobilité internationale s'opère vers l'Europe de l'ouest, 26% vers l'Amérique du Nord, 8,4% vers les pays scandinaves, 7,8% vers le Moyen-Orient, 6,7% vers l'Amérique Latine. Trois pays arrivent en tête des destinations : le Royaume-Uni, les Etats-Unis et le Canada ; viennent ensuite l'Espagne et l'Allemagne. Par ailleurs, 12 079 élèves ingénieurs effectuaient la même année des stages à l'étranger.

professionnel, à la différence de ceux qui se sont rendus en Estonie, Hongrie ou Grèce. Ceux ayant obtenu une *maturità scientifica* sont surreprésentés parmi ceux ayant séjourné en Angleterre et en Suède. De plus, la totalité de ces derniers avaient tous obtenu une mention *bien* ou *très bien* (entre 81 et 100 points au baccalauréat). Ce qui n'est pas le cas de ceux qui ont eu pour destination la Grèce et même l'Espagne.

De même à l'université, aucun étudiant s'étant rendu au Royaume-Uni, n'avait fréquenté moins de 5 cours l'année précédant le départ, contrairement à ceux ayant choisi d'autres destinations[14]. Très peu d'étudiants s'orientant vers le nord de l'Europe, déclarent également moins de 11 heures de travail personnel par semaine, l'année précédant leur départ, contrairement à ceux se rendant au sud ou à l'est.

Migrer au nord, au sud ou bien à l'est de l'Europe, obtenir son premier choix ou au contraire accepter une place de second choix, a une réelle signification sociale. Certaines destinations requièrent une sélection parfois très sévère (variable suivant les pays et les départements), quand la demande dépasse de loin l'offre de mobilité. Dire que les étudiants italiens ou français ont une nette préférence pour l'Espagne, en regardant seulement les chiffres de la mobilité réelle (réalisée), serait par conséquence ignorer la mobilité potentielle et sa signification. Ce serait également généraliser sur les motivations des étudiants Erasmus, qui varient grandement suivant la destination choisie et le cursus suivi.

2.2. Un programme qui se heurte aux modes de financement des universités

Pour certaines destinations, comme la Grande-Bretagne, l'offre de mobilité est tendanciellement en baisse. Depuis la restriction du nombre de contrats en Grande-Bretagne, à la fin années 1990[15], réclamée par les autorités universitaires (pour des

---

[14] Le nombre de cours suivis par les étudiants en Italie peut être considéré comme un indicateur pertinent d'investissement dans les études, étant donné le large choix laissé aux étudiants italiens concernant le nombre d'examens qu'ils doivent passer chaque année.

[15] Entre l'année 1999-2000 et l'année 2001-2002, le nombre d'étudiants britanniques sortants est passé de 10 056 à 8475 et le nombre d'étudiants entrants

raisons budgétaires, étant donné le déséquilibre constaté entre entrants et sortants), les enseignants-chercheurs britanniques ont conservé leurs échanges avec les « *universités culturellement et traditionnellement proches des standards britanniques* », selon les propres termes du responsable Erasmus d'un département de Sciences Humaines de l'Université de Bristol, interviewé au cours de l'enquête.

Pendant que le gouvernement britannique diminue chaque année le montant de son aide publique par étudiant, les universités multiplient les initiatives pour augmenter leurs ressources. C'est ainsi qu'à l'Université de Bristol, pour l'année 2000-2001, un étudiant en premier cycle (*Undergraduate)* à plein temps (*Full-time student)* devait payer la somme de 1050 livres ; son homologue étranger non européen (*Overseas student*) devait quant à lui acquitter 9610 livres pour suivre des études scientifiques, 7310 livres pour suivre des études littéraires. Et les frais d'inscription pouvaient atteindre 17 810 livres pour intégrer un cursus en médecine. La politique d'accueil d'étudiants étrangers non européens présente donc manifestement un intérêt financier. Elle permet également aux établissements qui la pratiquent, encore hautement élitistes, de garder un contrôle sur le recrutement de leurs étudiants. La *London School of Economics*, au statut prestigieux, compte de ce fait aujourd'hui plus de la moitié d'étudiants étrangers dans ses effectifs. Dans ce contexte, l'étudiant Erasmus qui présente la caractéristique de s'acquitter de ses frais d'inscription dans son université d'origine, n'a pas le même statut d'étranger. Et sa part dans l'espace universitaire britannique ne cesse de décliner.

Même les départements de langues des universités britanniques, soucieux de maintenir leurs contrats avec le plus grand nombre d'universités européennes possibles (le séjour d'un an à l'étranger étant obligatoire pour un étudiant qui prépare une Licence), ont vu dans la période récente, le nombre de leurs étudiants Erasmus diminuer, au profit de formes de mobilité de plus en plus appréciées : les stages professionnels (*work placements)* à l'étranger, d'une durée comprise entre 3 et 12 mois, qui permettent à la fois aux étudiants britanniques d'obtenir un

---

de 20 685 à 17 660, selon le rapport final du SCRE *(The Scottish Council for Research in Education*) publié en avril 2004.

revenu financier et aux autorités universitaires de tutelle de ne pas être contraintes par des obligations d'échange[16].

Les auteurs du rapport du centre de recherche SCRE (Pirrie et al., 2004) notent que ce déclin des départs en Erasmus s'explique en partie aussi par un accroissement de la participation des jeunes britanniques à d'autres formes de mobilité internationale, à l'instar des dispositifs d'échanges existants avec des pays extra-européens (surtout à destination des Etats-Unis). Les faibles appétences linguistiques des jeunes britanniques constitueraient également un facteur explicatif de cette moindre mobilité (une des plus faibles d'Europe en rapport avec l'ensemble de la population étudiante, nous l'avons vu). Autre facteur, enfin : le séjour à l'étranger dans des universités encore fortement élitistes semble avoir peu d'importance dans l'obtention du diplôme et de la mention. Les étudiants Erasmus britanniques interrogés font souvent référence dans les entretiens, à un séjour qui se révèle sans grande incidence sur leurs résultats universitaires et sans grand lien avec leurs aspirations professionnelles. Tendance confirmée par les *Erasmus coordinators* également rencontrés au cours de l'enquête, manifestement plus réservés que leurs confrères français et italiens, sur l'intérêt du séjour dans l'acquisition de savoirs disciplinaires et de compétences qui augmente l'employabilité des étudiants, préférant mettre l'accent sur le rôle positif de cette mobilité dans le développement de la confiance en soi.

The year abroad doesn't change much, because with a 3-year course I would do the same without the year abroad. So it seems to me… to make sense to do a year more to go abroad and learn languages.

---

[16] Report by the Sussex Centre for Migration Research, University of Sussex, and the Centre for Applied Population Research, University of Dundee, *International student mobility,* Commissioned by HEFCE, SHEFC, HEFCW, DEL, DfES, UK Socrates Erasmus Council, HEURO, BUTEX and the British Council, July 2004/30. Issues paper.

Dans les départements de langues, les enseignants notent que le développement des postes d'assistants en langues (*language assistantships*) dans l'enseignement secondaire fait du séjour Erasmus un second choix pour beaucoup d'étudiants d'origine sociale relativement modeste. Dans les universités britanniques, la baisse de la demande pourrait ainsi conduire à réduire encore davantage le nombre de places Erasmus disponibles au sein des départements (pour les étudiants sortants et par conséquence pour les étudiants entrants).

-Learn languages for... your career maybe...
-Hum... For my career not necessarily... I didn't do in terms of... I did not do for my future, because I don't think it is really important in England to know other languages on a professional level. I wasn't really interested in the cultures of others countries, but just... if you want to communicate with somebody in another country... it is more interesting than actual learning about culture. You don't HAVE TO go abroad to find a good job in Britain... I don't really remember why I wanted to do that... probably because of my previous travels in Europe, maybe because of my year out, my dad also... My dad is Dutch. I'm actually half Dutch.

L'année à l'étranger ne change pas grand chose, parce qu'avec une licence en trois ans, j'aurais fait la même chose, sans l'année à l'étranger. Donc pour moi, c'est cohérent de devoir faire une année supplémentaire, d'aller à l'étranger pour apprendre des langues.
-Apprendre des langues pour... ta carrière peut être...
-Euh... Pour ma carrière pas nécessairement.... Je n'ai pas fait ça en termes de... Je n'ai pas fait ça pour mon futur, parce que je ne pense pas que ce soit vraiment important en Grande-Bretagne de connaître des langues d'un point de vue professionnel. Je n'étais pas vraiment intéressé par les cultures des autres pays, mais juste... si vous voulez communiquer avec quelqu'un d'un autre pays... C'est plus intéressant qu'un réel apprentissage de la Culture. TU NE DOIS PAS aller à l'étranger pour trouver un bon travail en Grande-Bretagne... Je ne me rappelle pas vraiment pourquoi je voulais faire ça... Probablement à cause de mes voyages antérieurs en Europe, peut-être du fait de mon année sabbatique avant d'entrer à l'université (*year out*)... mon père est hollandais, je suis en fait à moitié hollandais[17].

Jack, 24 ans, actuellement doctorant en mathématiques

Why did I decide to go abroad? I can't remember... I was thinking about it for a while, 'cause I like travelling but, erm... so I had it in the back of my head the whole time... I think actually that when I applied for university and noticed that you could go abroad (...) so I started thinking about it and decided it would be quite fun to go abroad. And it is not difficult, because it's almost the same so they could just... almost the same degree... you do similar exams in the fourth year and everything.

Pourquoi ai-je décidé d'aller à l'étranger ? Je ne me rappelle pas... Je pensais à ça depuis longtemps, parce que j'aime voyager mais.... Hum... Donc j'avais ça à l'esprit tout le temps. Je pense en réalité que quand j'ai

[17] Nous traduisons tous les extraits des entretiens.

« postulé » à l'université et que j'ai remarqué qu'on pouvait aller à l'étranger (...) j'ai commencé à penser à ça et j'ai décidé que ça pouvait être marrant d'aller à l'étranger. Et ce n'est pas compliqué, parce que c'est à peu près le même diplôme, donc ils peuvent seulement... Presque le même diplôme, tu passes les mêmes examens en quatrième année et tout.

John, 21 ans, actuellement en master professionnel en mécanique des fluides

Ces extraits d'entretiens montrent que pour ces étudiants britanniques le séjour Erasmus est perçu comme un accomplissement de dispositions anciennes et qu'il est peu décisif pour leur avenir professionnel. Car John et Jack ont été déjà sélectionnés à l'entrée de l'université, ils connaissent peu la compétition différée et leur avenir professionnel est quasiment assuré. Le séjour Erasmus n'est donc pas pour eux un moyen de distinction. Du reste, les étudiants britanniques interrogés dans notre étude sont majoritaires à vouloir travailler dans leur pays, comme le montre le tableau 3. Seulement 10% évoquent la possibilité de quitter la Grande-Bretagne. Ces derniers sont aussi souvent des étudiants en langues. Ce qui est bien à l'opposé des aspirations de leurs confrères italiens plus nombreux (26%) à vouloir faire un stage ou travailler à l'étranger après leur séjour. Si l'on y ajoute les 12,6% qui souhaitent poursuivre des études à l'étranger, ce sont donc près de 40% des étudiants Erasmus italiens interrogés qui souhaitent prolonger leur expérience de mobilité. Nos données construites à l'aide d'un questionnaire distribué au retour dans le pays d'origine, ne nous permettent cependant pas de vérifier la concrétisation de ces aspirations. Mais notre enquête par entretiens nous suggère que nombreux sont les étudiants italiens qui réalisent un nouveau projet de mobilité à l'étranger.

Tableau 3 - Les projets scolaires et professionnels des étudiants Erasmus (en %)

	Etudiants Erasmus Université de Provence	Etudiants Erasmus Université de Turin	Etudiants Erasmus Université de Bristol
Projet professionnel précis -secteur privé- dans le pays d'origine	37,5	31, 5	61
Enseignement ou concours -secteur publique- dans le pays d'origine	27	5,5	9,7
Création d'entreprise	0,6	0	0
Poursuite des études à l'étranger	1,3	12,6	2,4
Stage ou travail à l'étranger	9,2	18,1	4,9
Recherche dans le pays d'origine ou à l'étranger	4,6	7, 9	4,9
Pas de projet scolaire ou professionnel précis	19,8	24,4	17,1
Total	100	100	100

Pour les étudiants Erasmus britanniques originaires de l'Université de Bristol, le séjour à l'étranger semble donc être moins un moyen de se distinguer, d'élargir ses horizons ou son employabilité, que pour les étudiants Erasmus des Universités de Turin et de Provence. Ceux ayant effectué un séjour dans un pays de l'Europe du Nord ont également des discours bien différents de ceux qui se sont rendus dans des pays d'Europe du Sud, de l'Est ou pays à langue minoritaire. Les caractéristiques scolaires et sociales des étudiants Erasmus suivant la nationalité, l'établissement et/ou la discipline d'appartenance constituent également des variables explicatives jugées ici déterminantes.

3. Un outil de distinction dans une université « massifiée »

Plusieurs études principalement d'ordre statistique ont vu le jour au cours de ces dernières années, commanditées par la Commission européenne, qui prennent la mesure de la mobilité étudiante (Jallade, Gordon et Lebeau, 1996 ; Maiworm et Teichler, 1996 et 1997 ; Kelo, Teichler et Wachter, 2006)[18]. Mais la plupart évacuent les questions relatives aux caractéristiques sociales du « public » bénéficiaire.

3.1. Une population socialement favorisée et scolairement sélectionnée

Les études commanditées par la Commission européenne mettent en avant les bienfaits de l'institutionnalisation de la mobilité étudiante, son effet sur la démocratisation des séjours académiques à l'étranger. La mobilité institutionnalisée permettrait ainsi, comme le souligne du reste l'étude de Jallade, Gordon et Lebeau (1996), à des étudiants d'origine modeste, d'accéder à des séjours à l'étranger, notamment par l'attribution de bourses sur critères sociaux. Peut-on pour autant affirmer avec les auteurs de cette étude que la situation économique n'est pas un facteur influant de manière significative dans le choix de mobilité ? En se basant sur l'estimation faite par les étudiants eux-mêmes du revenu de leurs parents, les auteurs de cette enquête estiment que les étudiants Erasmus ne sont pas davantage privilégiés que leur confrères sédentaires: « *en réalité, 53% des étudiants sondés estiment le revenu de leurs parents équivalent ou inférieur à la moyenne. [...] La situation économique de la famille, exprimée par le niveau de revenu des parents, ne semble généralement pas constituer un facteur de sélection pour les étudiants Erasmus* »[19].

Ce critère issu de l'autoreprésentation des étudiants Erasmus constitue-t-il un critère suffisant d'appréciation de leur situation

---

[18] Sans oublier l'*Enquête sur la situation socio-économique des étudiants Erasmus,* Rapport publié par l'institut d'études européennes, centre de documentation européenne, BEDE 18/19, Période du 01/02/2000 au 15/02/2000.

[19] Page 5 du rapport : *Enquête sur la situation socio-économique des étudiants ERASMUS,* Rapport publié L'institut d'études européennes, centre de documentation européenne, BEDE 18/19, Période du 01/02/2000 au 15/02/2000.

socio-économique ? Assurément non, si l'on en juge par l'extrême diversité selon les pays et les universités des systèmes d'aide publique, et par conséquent sur la variété des conditions sociales de mobilité offertes aux étudiants Erasmus, de telle sorte qu'en définitive, ce public apparaît globalement comme disposant de sérieux atouts sociaux. Que ce soit à Turin ou à Aix-Marseille, le personnel des services des relations internationales, ainsi que les enseignants et étudiants rencontrés précisent que les familles doivent faire l'avance des frais engagés pour le voyage, le logement et la vie dans le pays d'accueil, puisque le paiement des bourses est conditionné par le retour de la fiche de présence avec la date de partance et le tampon de l'université d'accueil. Une partie non négligeable des sommes allouées n'est donc perçue par l'étudiant qu'à son retour. Seuls 11% des étudiants Erasmus de l'Université de Provence en 2004-2005 disent ne pas avoir reçu d'aide financière de leurs parents pour leur séjour à l'étranger. 61% d'entre eux en ont reçu une mensuellement et 28% occasionnellement. Pour les étudiants Erasmus italiens interrogés, les proportions sont respectivement de 4% (aucune aide), 69% (aide mensuelle) et 27% (aide occasionnelle).

Face à ces conditions objectives, les étudiants Erasmus apparaissent plutôt bien armés. En effet, les résultats de notre enquête montrent une surreprésentation des catégories sociales favorisées parmi les étudiants Erasmus de l'Université de Provence (cf. tableau 3), et ce de façon d'autant plus nette qu'elle concerne des disciplines où les langues ne font pas partie des enseignements obligatoires. À l'Université de Turin, 63% des étudiants Erasmus 2004-2005 toutes disciplines confondues avaient un père appartenant aux PCS intermédiaires et supérieures. À l'Université de Bristol, la surreprésentation est moins évidente, car la sélection sociale à l'entrée à l'université y est déjà largement accomplie.

Tableau 4 - Origine sociale des étudiants
Universités de Bristol, Provence et Turin en 2004-2005 (en %)

PCS	Population Erasmus			Population témoin		
	UK	FR	IT	UK	FR	IT
Père						
Ouvriers et	6,0	21,5	19,0	14,6	46,1	45,3
employés	4,0	14,1	18,3	13,5	23,5	18,0
Agriculteurs,						
commerçants	90,0	64,4	62,7	71,9	30,4	36,7
artisans						
Professions int. et	100	100	100	100	100	100
supérieures	N=81	N=149	N=126	N=96	N=102	N=150
Mère						
Ouvrières et	11,0	25,5	24,4	19,4	44,7	30,0
employées						
Agricultrices,	2,4	5,2	10,3	2,0	1,0	7,3
commerçantes,	65,5	52,3	53,5	68,4	32,4	30,0
artisans						
Professions int. et	17,1	17,0	11,8	10,2	21,9	32,7
supérieures	100	100	100	100	100	100
Femmes au foyer	N=82	N=153	N=127	N=98	N=105	N=150

Le niveau d'étude des parents confirme cette tendance. Les étudiants Erasmus se distinguent en effet par une origine socioculturelle plus élevée. Chez la majorité d'entre eux, au moins un des deux parents possède un diplôme de l'enseignement supérieur, qu'il soit de « type court » (moins de 3 ans) ou de « type long » (3 ans ou plus).

Tableau 5 - Niveau d'étude des parents
Universités de Bristol, Provence et Turin en 2004-2005 (en %)

NIVEAU d'études	Population Erasmus			Population témoin		
	UK	FR	IT	UK	FR	IT
PERE avec un diplôme universitaire (de 2 à 8 ans après le baccalauréat *A level/Maturità*)	82	58	40,5	59,7	27,5	17,1

MERE avec un diplôme universitaire (de 2 à 8 ans après le baccalauréat *A level/ Maturità*)	64,6	56,7	26,7	48	27,6	12,5
	(N=362)			(N=353)		

En France, les auteurs de l'enquête de l'OURIP[20] soulignent également le fait que les étudiants Erasmus sont plus souvent en avance ou « à l'heure » par rapport à l'ensemble des inscrits (42% contre 24,2%)[21]. À l'Université de Provence en 2004-2005, les étudiants Erasmus étaient plus de 85% à avoir obtenu leur bac en avance ou « à l'heure », contre 61% dans l'échantillon d'étudiants « sédentaires » et 62% selon les chiffres de l'OVE de l'Université de Provence. Chez les Erasmus, 37% avaient obtenu une mention Assez Bien, 18% une mention Bien, 3% une mention Très Bien, contre respectivement 24%, 9% et 2% parmi l'ensemble des inscrits français à l'Université de Provence cette même année.

Ces éclairages statistiques peuvent être complétés par les motivations antérieures et les projets postérieurs au séjour que les étudiants expriment. Sur ce plan, de profondes différences entre les pays et les disciplines se dessinent. Alors que l'étudiant Erasmus français semble vouloir se distinguer dans une université massifiée, l'étudiant Erasmus anglais envisage cette expérience davantage comme un voyage initiatique, à l'instar de celui qui a donné son nom au programme, Erasme de Rotterdam. Quant à l'étudiant Erasmus italien, son objectif semble consister plus souvent à échapper à une insertion professionnelle difficile. Ces idéaux-types ne sont ici qu'indicatifs. Ils traduisent la diversité culturelle des usages sociaux de ce dispositif, leurs variations possibles selon les contextes institutionnels, politiques et économiques des pays d'appartenance.

[20] Source : Observatoire universitaire régionale de l'insertion professionnelle (de la région Rhône-Alpes en France).

[21] Les auteurs calculent le retard pris dans l'enseignement supérieur ainsi : au moment de l'année de sortie, ils considèrent qu'un étudiant est en retard lorsqu'il est âgé de plus de 21 ans en licence, de plus de 22 en maîtrise, de plus de 23 ans en DEA, DESS ou préparation à l'agrégation et plus de 27 ans en doctorat, en soustrayant le retard au bac.

Si l'on s'intéresse notamment à ce qui a conduit les étudiants Erasmus à opter pour ce programme d'échange, on constatera que l'apprentissage d'une langue étrangère constitue la raison principale évoquée, que ce soit en vue d'une formation ou d'un emploi (qui requiert un certain niveau en langue) ou plus simplement pour rendre son « CV » plus attractif. « Gagner en autonomie » est plus souvent cité par les étudiants italiens, constituant pour 18,1% d'entre eux une raison principale. Pour les étudiants français et anglais, dans une moindre mesure, cette raison n'est que secondaire. Autre raison qui distingue les pays d'appartenance : le caractère « sabbatique » ou « détente » du séjour : alors que étudiants français et italiens l'évoquent peu (respectivement 6,5% et 5,5%), les étudiants anglais y accordent une importance bien plus grande (30,5%), ce qui confirme le faible enjeu d'étude ou de carrière que ces derniers prêtent généralement à cette expérience de mobilité.

L'idée que les études à l'étranger augmentent les chances d'entrer dans des filières sélectives est très souvent présente dans le discours des étudiants Erasmus. Pour un grand nombre d'étudiants français et italiens interrogés, le désir de mobilité est directement associé à la construction des projets académiques ou professionnels ambitieux ou bien arrêtés. Dans leurs esprits, au-delà du désir affiché de « vivre à l'étranger pendant une période assez longue », se dessinent par conséquent des stratégies distinctives et promotionnelles. L'image de grandeur et de prestige associée aux institutions étrangères de formation supérieure, représentent à ce titre un des facteurs jugés importants, comme le souligne Alex, étudiant français:

[...] ça doit aider forcément, scolairement et sur le CV évidemment c'est marqué ! « Ah, vous avez passé un an en Grande-Bretagne ! » on nous dit souvent dans les entretiens. Puisque [les Anglais] sont en avance sur nous, c'est même un prestige. Ca doit forcement aider, mais ce n'est pas la raison principale de mon départ. 'fin si, 'fin... Quand on vous vante les qualités d'Erasmus, on vous dit forcément, allez-y et puis après sur votre CV, au lieu de dire que vous avez fait trois ans à Marseille, vous avez fait deux ans à Marseille puis une année en Grande-Bretagne, ça la fout toujours mieux, quelques soient les notes, ça la fout toujours mieux que de dire que vous avez passé trois ans à Marseille. Ca veut dire que

vous êtes capable de bouger, d'avoir des initiatives et puis c'est vrai de toute façon !
Alex, 22 ans, doctorant au Muséum d'histoire naturelle de Paris

3.2. La mobilité institutionnalisée préfigure-t-elle une « fuite des cerveaux » ?

Des trois pays étudiés, l'Italie illustre de la façon la plus typique le processus d'échange inégal décelable au sein du programme Erasmus. Selon l'étude de Becher, Ichino et Peri (2002), la perte de diplômés à cause de l'émigration s'est accélérée dans les années 1990 en Italie pour représenter entre 3% et 5% de l'ensemble des diplômés chaque année. Dans ce pays qui compte un des taux les plus bas de diplômés de l'enseignement supérieur, au sein des pays de l'OCDE, on peut se demander dans quelle mesure le programme d'échange Erasmus n'accentue pas le phénomène d'émigration des diplômés. Cette interrogation prend toute son acuité quand on sait qu'aucun mouvement inverse n'est notable, le taux de diplômés étrangers sur le sol italien n'étant que de 0,3% (sources : Becher, Ichino et Peri, 2002). Ce déséquilibre est en contraste avec la situation des autres grands pays de l'Union européenne (notamment la France et la Grande-Bretagne), où le nombre de diplômés étrangers sur leur sol est égal ou supérieur à celui des diplômés émigrés.

C'est ce que confirme également la recherche d'Antonella Guarneri (2001) qui souligne que la Grande-Bretagne est aujourd'hui une destination de plus en plus prisée notamment par les jeunes étudiants et diplômés italiens, à la recherche d'une meilleure qualification et insertion professionnelle. Sans compter que le phénomène ainsi décrit est dans la réalité probablement d'ampleur encore plus grande, si l'on considère que tous les Italiens travaillant à l'étranger ne se déclarent pas comme tels et gardent comme lieu officiel de résidence leur commune d'origine en Italie.

Notre enquête nous apprend aussi qu'une part des étudiants Erasmus, après leur séjour, par les contacts qu'ils ont noués et entretenus retournent parfois dans le pays d'accueil ou émigrent dans un autre pays européen pour y prolonger leurs études ou y travailler. D'autres, par étapes successives, passent à « l'échelon » supérieur en se rendant sur un autre continent. Lorsque la mobilité devient émigration, les facteurs attractifs sont en général toujours plus ou moins liés aux conditions de travail et opportunités de carrières qu'offre le pays d'accueil. Ce sont ces éléments attractifs que relatent les Italiens rencontrés à Bristol.

Quant aux raisons qui ont motivé à l'origine leur départ de leur pays, elles peuvent se résumer par les difficultés d'insertion qu'ils rencontrent face à un marché du travail national qu'ils estiment peu concurrentiel, peu motivant et tourné vers des pratiques de clientélisme (*le raccomandazioni*).

L'Erasmus e' stata una bella scusa per andare all'estero, l'emigrazione in Inghilterra una scelta obbligata per chi come me, voleva rimanere in ambito universitario...C'e' pero' una coerenza di percorso in quanto entrambe le esperienze avevano come scopo principale lo studio. Poi, una volta terminato il dottorato in Inghilterra e' stato quasi naturale decidere di rimanerci viste le maggiori opportunita' che questo paese offre rispetto alla Francia o all'Italia.

Le séjour Erasmus a été une belle excuse pour aller à l'étranger, l'émigration en Angleterre, un choix obligé pour qui, comme moi, voulait rester dans le monde universitaire… Il y a pourtant une cohérence de parcours, car les deux expériences avaient comme objectif principal les études. Puis, une fois terminé le doctorat en Angleterre, ça a été quasiment naturel de décider d'y rester, étant donné l'opportunité supérieur que ce pays offrent en rapport à la France ou à l'Italie.
Alessia, 28 ans, doctorat en histoire à l'Université de Bristol

Contrastant avec l'enthousiasme d'un *brain movement* en vogue, qui se traduit notamment par l'expansion rapide des échanges universitaires en particulier dans les nouveaux états membres de l'Europe[22], selon les données de la Commission européenne. Les jeunes travailleurs et étudiants italiens que nous avons rencontrés en Grande-Bretagne ne vivent pas toujours la

---

[22] « *La Commission souligne que c'est l'augmentation des flux entrants et sortants dans les pays d'Europe centrale et orientale nouvellement adhérents à l'UE qui a permis la récente progression du nombre d'Erasmus. Les échanges d'étudiants ont ainsi augmenté de plus de 36% en moyenne dans ces pays (2). En outre, pour la première fois en 2004-2005, des universités turques ont pu participer au programme et quelque 1142 étudiants de ce pays ont bénéficié d'une bourse pour venir étudier en Europe* ». Observatoire Boivigny : banque de données sur l'enseignement supérieur. Source: http://www.boivigny.com.

mobilité de façon positive, tout particulièrement lorsqu'elle se transforme en une émigration vécue comme contrainte, en raison des conditions d'insertion professionnelles difficiles de leur pays d'origine. À qui profite, dans ces conditions, le développement des migrations internationales ? Aux pays d'origine autant qu'aux pays d'accueil ? Ou bien existe-t-il un réel déséquilibre des bénéfices ? Dans ce contexte, il convient de s'interroger sur les conséquences des politiques migratoires en Europe, dont le programme Erasmus constitue peu ou prou un révélateur, *a fortiori* quand les disparités de développement économique, social et politique au sein de l'Union européenne sont rendues accrues par l'addition de nouveaux états membres d'Europe Centrale et Orientale.

Après une vingtaine d'années d'existence, le programme Erasmus n'a semble-t-il pas atteint l'objectif officiel de réciprocité des échanges qu'il s'était fixé de façon prioritaire. En France, l'ouverture de l'enseignement supérieur à de nouveaux publics au cours de ces dernières années n'a fait que maintenir, voire même accentuer les différences entre les étudiants selon leur provenance sociale et scolaire (Blöss & Erlich, 2002).

Si les inégalités entre les élèves se sont déplacées vers les niveaux les plus élevés de l'enseignement et par conséquent dans l'enseignement supérieur, la question de la mobilité étudiante, dans un espace européen disparate, n'est pas non plus sans conséquence sur les cursus et les trajectoires des étudiants. L'expérience Erasmus est incontestablement plurielle. Pas plus que les étudiants « sédentaires », les étudiants « mobiles » ne constituent en effet un groupe homogène, mais plutôt un ensemble fractionné d'étudiants inscrits dans des circuits institutionnels différenciés.

Une des caractéristiques de la massification de l'enseignement supérieur français, réalisée au cours de ces dernières années, est d'avoir renforcé la sélection interne du système éducatif, i.e. son organisation autour de pôles d'excellence. Dans cette organisation, les caractéristiques scolaires des étudiants se révèlent décisives. Ce sont ces qualités scolaires mais plus largement sociales qui président aux processus de sélection des étudiants Erasmus et orientent indirectement leur choix en matière de destination. Cette première sélection se double d'une orientation différentielle des étudiants selon les pays d'accueil. Le processus d'affinité sélective ainsi désigné dans notre propos désigne en effet la probabilité inégale qu'a un étudiant de choisir sa destination en fonction du niveau de prestige institutionnel de son établissement d'origine. Tout se passe comme si l'espace universitaire européen se structurait dans l'ordre des inégalités de prestige entre établissements et plus largement entre aires culturelles. C'est, entre autres, ce que notre analyse de la mobilité étudiante tend à révéler. Le programme Erasmus semble de ce point de vue emblématique des logiques de sélection scolaire transnationales et de leur évolution, en l'occurrence de la concurrence sociale et académique entre institutions universitaires.

Bibliographie

Baudier, G. & De Teyssier, F. 2000. *La Construction de l'Europe.* Paris : PUF, Que sais-je ?

Becker, S.O., Ichino, A., Peri, G. 2002. *How large is the "brain drain" from Italy?.* European University Institute, Cesifo Working Paper n°839. Censis, December 2002. http//www.cesifo.de/DocCIDL/839.pdf

Bisseret, N. 1974. *Les inégaux ou la sélection universitaire.* Paris : PUF.

Bechelloni, G. 1977. L'università introvabile. *Rassegna Italiana di Sociologia.* n°1. Gennaio-Marzo. 9-18.

Blöss, T. & Erlich, V. 2000. Les nouveaux acteurs de la sélection universitaire : les bacheliers technologiques en question. *Revue française de sociologie.* n°4. oct.-déc. 747-775

Blumenthal, P., Goodwin, C., Smith, A., Teichler, U. 1996. *Academic mobility in a changing world.* London : Jessica Kingsley Publishers.

Bonnet, M. & Desjeux, D. 2000. *Les territoires de la mobilité.* Paris : PUF. Sciences sociales.

Buzzi, C., Cavalli, A., De Lillo, A. 2002. *Giovani del nuovo secolo. Quinto rapporto IARD sulla condizione giovanile in Italia.* Il Mulino : "Studi e ricerche".

Cassano, F. 1995. Pensare la frontiera. *Rassegna Italiana di Sociologia.* n°1. Marzo. 26-39.

Castells, M. 1996. *The rise of the network society.* Cambridge : Blackwell Publishers.

De Francesco, C. 1989. Un'università poco selettiva e poco produttiva ? In Moscati, R. (dir.) *La sociologia dell'educazione in Italia.* Bologna : Zanichelli.

Fischer, L. 1992. La sociologie de l'éducation en Italie: centralité et marginalité d'un champ de recherche. In Zagefka, P. (éd.). *Sociologie de l'éducation en Europe depuis 1945.* Fontenay/Saint-Cloud : ENS Editions. 127-154.

Guarneri, A. 2001. *La recente emigrazione italiana in Europa : Francia, Regno Unito e Svizzera a confronto.* W.P. 2/01 Istituto di Ricerche sulla Popolazione (IRP-CNR) sotto la direzione di Corrado Bonifazi, dicembre 2001. W.P. téléchargeable sur : http://www.irpps.cnr.it /sito/download/wp2_01.pdf

Jallade, J-P., Gordon, J., Lebeau, N. 1996. *Student mobility within the European Union : A statistical analysis.* Rapport publié par la Commission Européenne, European Institute of Education and Social Policy.

Kelo, M., Teichler, U., Wachter, B. 2006. *EURODATA – Student mobility in European Higher Education.* Bonn : Lemmens.

Lerot, N. 1999. *la mobilité internationale étudiante au sein de l'Espace Francophone. Etude comparative de trois sites universitaires.* Sous la direction de Robert Hérin et de Dean Louder. Thèse de doctorat non publiée. Laval : faculté des études supérieures de l'Université Laval.

Maiworm, F. & Teichler, U. 1996. *Study Aboard and Early Carer: Experiences of Former Erasmus students.* London, Bristol : J. Kingsley Publishers.

Maiworm, F. & Teichler, U. 1997. *The Erasmus Experience: Major Findings of The Erasmus Evaluation Research Project.* Luxembourg : Office for official publication of European Communities.

Morelli, U. 1999. Erasmus : laboratorio dell'Europa dei cittadini. In Cortese, G. & Morelli, U. (dir.). *Destinazione Europa orientamento, Erasmus.* Università Degli Studi Di Torino : Celid. 19-50.

Pichon, L-A., Comte, M., Poulard, X. 2002. *Les étudiants en séjour d'études à l'étranger ; Qui ? Pourquoi ? Comment ?* Rhône-Alpes : Rapport de l'OURIP.

Pirrie, A., Halmilton, S., Kirk, S., Davidson, J. 2004. *Interim Evaluation of the Socrates Programme in the UK.* FINAL REPORT. The SCRE Centre, University of Glasgow.

Tomusk, V. 2004. Three Bolognas and a Pizza Pie: notes on institutionalization of the European higher education system. *International Studies in Sociology of Education.* Volume 14. N°1. 75-94.

Vaniscotte, F., Houguenague, H., West, A. (dir.). 2003. *La mobilité étudiante en Europe, mythe ou réalité.* Paris : L'Harmattan.

Wagner, A.C. 1998. *Les nouvelles élites de la mondialisation ; une immigration dorée en France.* Paris : PUF.

Contacts culturels et identités ethniques des étudiants Erasmus en Allemagne

Alexandra Budke

Actuellement, ce sont plus de 2,4 millions d'étudiants qui poursuivent leurs études dans une université étrangère, et ce dans le monde entier (UNESCO, 2006). Certes, si l'on compare ce chiffre au nombre total de mouvements migratoires internationaux, le flux représenté par les étudiants étrangers semble mineur ; pour autant, de nombreux gouvernements attachent à ceux-ci une importance toute particulière, à des niveaux politique, économique comme scientifique. De fait, à la différence des réfugiés, des immigrants illégaux ou non qualifiés, les étudiants étrangers ne sont pas perçus comme une charge économique, un défi humanitaire, ou encore un danger culturel. Ainsi, les pays industrialisés s'efforcent d'accueillir le plus grand nombre d'étudiants étrangers possible, et ceux-ci sont particulièrement performants dans la compétition internationale que se livrent les États pour l'accueil de ces étudiants. Au total, six pays seulement concentrent plus de 67% de la totalité des flux migratoires estudiantins : les États-Unis sont la destination la plus prisée, avec plus de 570 000 étudiants étrangers accueillis chaque année, suivis par la Grande-Bretagne, l'Allemagne, la France, l'Australie et enfin le Japon (UNESCO, 2006). De plus, en 2004, environ 53% des flux migratoires internationaux relatifs à l'éducation ont eu lieu soit de pays non européens vers l'Europe, soit entre pays européens. Par conséquent, ce sont surtout les pays européens industrialisés qui, à côté des États-Unis, attirent le plus d'étudiants étrangers. Ainsi, la politique européenne en matière d'éducation, dont la mise en place du programme européen d'échange d'étudiants “Erasmus” est une bonne expression, contribue à accroître d'année en année le nombre de migrants intereuropéens.

Ainsi, pour l'année universitaire 2005/2006, ce sont 154 544 étudiants qui ont reçu une bourse Erasmus pour effectuer une partie de leurs études dans l'un des 31 pays participants. Les pays d'accueil les plus recherchés étaient l'Espagne, la France, l'Allemagne, la Grande-Bretagne et l'Italie, 63% des étudiants

Erasmus poursuivant leurs études dans l'un de ces pays (DAAD, 2007).

À l'heure actuelle, les échanges universitaires sont largement soutenus par l'Union européenne, dans la mesure où ceux-ci doivent permettre aux jeunes Européens d'acquérir les compétences nécessaires à l'amélioration de la coopération européenne, ce aussi bien dans le domaine économique, scientifique que politique. De plus, le programme Erasmus a également pour but de favoriser la propagation et l'assimilation de l'idée d'une "Europe unie" ; en effet, les échanges d'étudiants doivent conduire à approfondir l'identification des citoyens vis-à-vis de la communauté européenne (Smith, 1996 : 131). Ainsi, de manière à ce que la période passée à l'étranger soit une expérience positive, il est naturellement attendu des étudiants étrangers qu'ils acquièrent certaines compétences durant leur séjour : ils doivent bien sûr progresser dans une langue étrangère (celle du pays qui les accueille ou une *lingua franca*) et développer une meilleure compréhension "culturelle" des autres, mais aussi élargir leurs connaissances universitaires au sens strict du terme (Teichler, 1999). En outre, il est vivement espéré que les étudiants nouent des contacts avec la population autochtone et les autres étrangers, conditions *sine qua non* pour l'échange interculturel.

Néanmoins se pose maintenant la question de savoir si le comportement des étudiants lors de la situation d'échange correspond véritablement à ces attentes. L'étudiant parvient-il vraiment à nouer des contacts avec les autochtones ? Ses opinions évoluent-elles réellement positivement vis-à-vis du pays d'accueil et de ses habitants ? Voilà autant de questions qu'il conviendra de nous poser, afin de déterminer les bénéfices réels de l'échange Erasmus. Pour ce faire, on choisira de se pencher sur un pays en particulier, l'Allemagne, troisième plus grosse destination des étudiants Erasmus ; ainsi, on traitera des questions relatives aux contacts sociaux établis par les étudiants étrangers en Allemagne, et à leurs opinions sur les Allemands et l'Allemagne. On s'appuiera pour ce faire sur des enquêtes empiriques, prenant la forme d'une série de 75 interviews qualitatives menées avec des boursiers Erasmus, et ce dans six villes universitaires allemandes : Cologne, Mayence, Wernigerode, Osnabrück, Cottbus et Greifswald. De fait, partant du postulat que les contacts sociaux des étudiants Erasmus dépendaient en grande partie des possibilités de prise de contact qui leur étaient offertes, nous avons eu à cœur de choisir des universités de taille et d'histoire différentes (situées à la fois en Allemagne de l'Ouest et en Allemagne de l'Est). Ainsi, en analysant le contenu des transcriptions des interviews, nous avons été à même de mettre à jour les perceptions subjectives des étudiants Erasmus quant à leurs possibilités de prises de contact avec des Allemands, avec d'autres étudiants Erasmus, ou encore avec des étudiants de leur nationalité, et quant à leurs relations avec leurs contacts, leur motivation, et leurs opinions sur l'Allemagne. Ensuite, à partir des hypothèses ainsi mises à jour, nous avons élaboré un questionnaire destiné à les tester statistiquement. Un recensement total des étudiants Erasmus immatriculés dans les six universités allemandes concernées durant le premier semestre de l'année universitaire 1999/2000 a été effectué (NB : les enquêtes ont été réalisées à la fin du séjour des étudiants) ; celui-ci a permis d'établir que sur 458 personnes sollicitées, 197 ont répondu, soit un quote-part de 43%.

1. Contacts sociaux

1.1. Description des contacts

Au cours de l'enquête quantitative (questionnaires), il a été demandé aux personnes interrogées de définir avec quel groupe d'individus (étudiants allemands, étudiants étrangers issus du même pays, étudiants étrangers issus d'autres pays et personnes non étudiantes) elles entraient le plus en relation dans le cadre de leurs différentes activités. On pourra estimer que la part des activités exercées avec tel ou tel groupe d'individus peut être considérée comme un indicateur de l'intensité des contacts sociaux entretenus par les étudiants avec les différents groupes. Ainsi, l'analyse des données quantitatives nous montre que le groupe d'individus avec lesquels les étudiants Erasmus entretiennent le plus de contacts est sans conteste le groupe « étudiants de même nationalité » (41% des contacts). Le second groupe d'individus le plus fréquenté par les étudiants Erasmus est celui des « autres étudiants étrangers », c'est-à-dire ceux n'étant pas de même nationalité que l'étudiant interrogé (32% des contacts). Le troisième groupe est celui des « étudiants allemands » (25% des contacts). Enfin, le dernier groupe, avec lequel les étudiants Erasmus n'entretiennent somme toute qu'assez peu de rapports, est celui des « personnes qui n'étudient pas » : en effet, celles-ci ne représentent que 2% des contacts des étudiants Erasmus (cf. graph. n°1).

Graphique 1 - Contacts des étudiants Erasmus pendant leur séjour en Allemagne

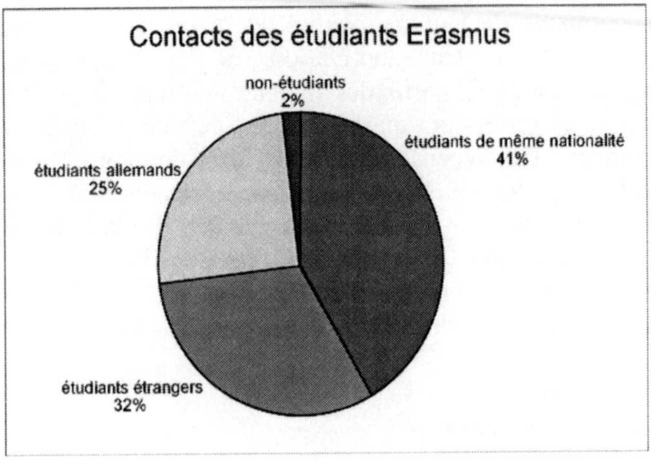

Au final, on retiendra de cela que la majorité des contacts des étudiants Erasmus sont des étudiants de même nationalité qu'eux ; de fait, 95% des sondés disent rencontrer quotidiennement des compatriotes et parler avec eux dans leur langue maternelle. D'après les données récoltées, les « étudiants de même nationalité » sont en effet les contacts les plus fréquents des étudiants Erasmus pour les activités suivantes : aller manger au restaurant universitaire, cuisiner à la maison, voyager, regarder la télévision, aller au cinéma, au théâtre ou à un concert, se raconter sa journée. Ainsi, comme le montrent les résultats de l'enquête, ce sont essentiellement des étudiants issus du même pays qu'eux que les étudiants Erasmus choisissent comme amis. C'est pour cette raison que l'on parle, dans la quasi-totalité des interviews, de groupes « nationaux », ceux-ci étant de loin, et ce pour la majorité des étudiants, le groupe de référence majoritaire en Allemagne.

Jasmin, étudiante grecque en séjour à Osnabrück, témoigne :

J : Oui, mais ce que l'on peut remarquer à coup sûr, c'est que les nationaux passent leur temps ensemble, toujours, toujours.

I : Les nationaux ?
J : Je veux dire les Espagnols avec les Espagnols, nous toujours ensemble, les Russes ensemble, tous les groupes sont toujours des groupes[1].

Ainsi, la majorité des interrogés choisissent comme intimes durant leur séjour en Allemagne des étudiants de même nationalité. Les groupes nationaux se distinguent essentiellement les uns des autres par la langue que les étudiants parlent entre eux, c'est-à-dire leur langue maternelle ; au final, les groupes à nationalités mixtes ou les groupes nationaux dans lesquels on parle l'allemand sont donc plutôt rares.

Pour autant, les contacts avec des étudiants étrangers n'ayant pas la même nationalité (groupe « autres étudiants étrangers »), même s'ils sont moins importants que ceux entretenus avec les étudiants de même nationalité, sont tout de même assez fréquents. Certes, les étudiants de ce groupe sont rarement très intimes avec les interrogés, les échanges avec ceux-ci ayant le plus souvent lieu dans le cadre de soirées en discothèque ou dans un bar, ou encore au restaurant universitaire, etc. Toutefois, les relations avec cette catégorie d'étudiants sont généralement assez bonnes, et sont souvent sources d'échanges lors desquels les étudiants comparent l'Allemagne à leurs pays respectifs, et se font part mutuellement des expériences et des impressions qu'ils ont eues au travers du « prisme de l'étranger ». On notera à ce titre qu'un certain nombre d'acteurs tentent de favoriser la prise de contact avec les étrangers : en effet, l'on a pu constater, dans toutes les villes où ont été menées nos enquêtes, que des événements étaient régulièrement organisés par le Service des Relations Internationales (SRI) des institutions d'accueil, ainsi que par divers autres organismes d'accompagnement[2] ; néanmoins, ces occasions profitent surtout aux étudiants étrangers eux-mêmes, qui font ainsi connaissance entre eux.

Cependant, on notera que les étudiants Erasmus comptent tout de même parmi leurs amis un certains nombre d'étudiants allemands. Ces derniers sont très rarement des amis proches, les contacts avec ceux-ci se faisant surtout dans le cadre des activités

---

[1] Les extraits d'entretiens sont traduits de l'allemand, sauf ceux issus d'entretiens avec des Francophones qui se sont déroulés en français.

[2] Organisations pour les étudiants étrangers en responsabilité des étudiants allemands ou des instituts universitaires.

sportives organisées par l'université. Par ailleurs, on remarquera que les discussions (sur les différences entre l'Allemagne et les pays d'origine des étudiants étrangers, etc.) entre étudiants allemands et étudiants Erasmus sont la plupart du temps de l'initiative des étudiants allemands. À ce titre, les étudiants étrangers interrogés semblaient globalement être quelque peu déçus de la faible intensité de leurs rapports avec les étudiants du cru ; en effet, 74% des étudiants rencontrés ont décrit leurs contacts avec les étudiants allemands comme « trop peu fréquents » et/ou « pas assez intensifs ». Généralement, les étudiants étrangers émettent de nombreux regrets à ce sujet, dans la mesure où l'un des principaux motifs de leur départ était tout de même d'améliorer leur niveau en langue allemande par le biais de conversations avec des Allemands.

Ce dernier point est d'autant plus compromis que si les contacts des étudiants Erasmus avec des étudiants allemands sont faibles, ceux entretenus avec d'autres personnes allemandes (non-étudiantes) le sont encore plus (2%). En fait, hormis les étudiants allemands, les étudiants étrangers n'ont pour ainsi dire aucun contact avec la population allemande, vraisemblablement, selon eux, du fait qu'ils n'ont que peu de possibilités de la rencontrer.

Pour conclure, l'on pourra dire que la plupart des étudiants Erasmus n'entretiennent en réalité durant leur période d'échange que des contacts assez rares et superficiels avec les étudiants allemands, et avec la population allemande en général. Ainsi, l'objectif du programme Erasmus visant à favoriser un échange interculturel intensif entre les étudiants étrangers et la population du pays d'accueil serait loin d'être atteint.

1.2. Justifications des contacts sociaux

Il pourra maintenant sembler judicieux de se demander pourquoi les étudiants étrangers choisissent le plus souvent, lors de leur période d'échange universitaire en Allemagne, de nouer des liens d'amitié avec des compatriotes ou des ressortissants de « pays tiers » plutôt qu'avec des Allemands. En vue d'apporter une réponse à cette question, l'on a élaboré un modèle multi-varié, calculé à l'aide de la fonction de « régression logarithmique », et combinant tous les facteurs personnels et environnementaux susceptibles d'expliquer le niveau d'intensité des contacts des étudiants étrangers avec des Allemands.

En fait, l'analyse multi-variée nous montre qu'une seule et unique variable semble suffire à expliquer les contacts effectifs avec les étudiants allemands, sans compter que toutes les autres variables seraient des résultantes de celle-ci. Cette variable-clé serait le lieu d'études ; en effet, la fréquence et l'intensité des contacts entretenus par les étudiants Erasmus avec les étudiants allemands varient fortement selon l'université allemande dans laquelle ils sont inscrits. De fait, le graphique n°2 nous montre clairement que presque tous les étudiants Erasmus interrogés qui sont accueillis à l'Université de Wenigerode (85,7%), ainsi que la majeure partie de ceux qui fréquentent l'Université d'Osnabrück (64,9%) ont des contacts à la fois fréquents et intenses avec des étudiants allemands. À l'Université de Greifswald, les rapports entre les étudiants étrangers et allemands sont assez faibles, mais restent corrects (40% des interrogés ont des contacts fréquents et intensifs avec des Allemands). En revanche, seule une minorité des étudiants Erasmus suivant leurs études dans les Universités de Mayence (27,9%), de Cologne (24,6%) et de Cottbus (20%) disent avoir de bons contacts avec des étudiants allemands.

Graphique 2 - Contacts allemands en fonction de l'université d'accueil

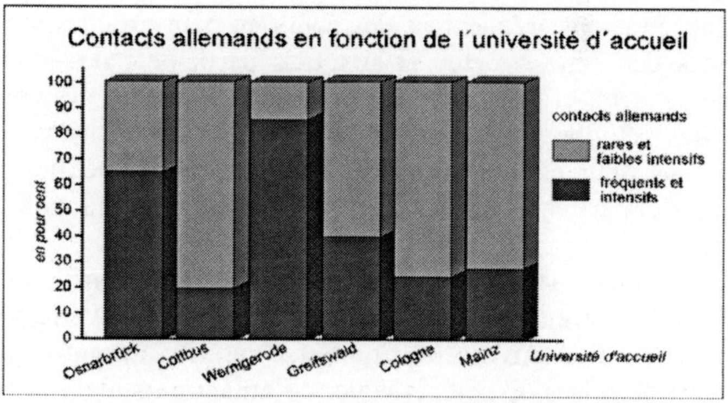

Pour tenter d'expliquer ces résultats, nous nous tournerons vers la théorie de l'action « *assimilation et intégration des migrants* » établie par Hartmut Esser (1980). Ce dernier part du principe selon lequel les contacts sociaux des migrants se construiraient à partir de choix rationnels : les acteurs déterminent eux-mêmes par « *rational choice* » quels contacts ils vont avoir, choisissant ceux leur procurant le plus grand nombre d'avantages. Deux choses déterminent particulièrement leurs choix : d'une part, leur perception de la situation, laquelle dépend d'une part des « possibilités » de prise de contact, des « barrières » et des « alternatives », et, d'autre part, les facteurs individuels du migrant (sa motivation, sa cognition, ses attributions, et sa résistance).

De ce fait, les différences observées dans la fréquence et l'intensité des contacts des étudiants Erasmus avec des étudiants allemands suivant l'université qu'ils fréquentent pourront s'expliquer de la manière suivante : tout d'abord, en fonction de la fréquence des possibilités offertes de contact interculturel, et ensuite, en fonction de caractéristiques propres à chaque étudiant étranger. En effet, l'on constate que ces différents facteurs varient suivant l'université concernée.

De fait, l'analyse des données - ne pouvant être rendue ici dans son intégralité (Cf. Budke, 2003) - révèle que les possibilités de prises de contact sont variables d'une université à une autre. Celles-ci ne dépendent pas, comme nous l'avons admis au préalable, de la taille de l'université allemande recevant l'étudiant étranger, mais de diverses autres variables, avec, en première place, les modalités d'organisation des cours. En effet, celles-ci jouent un rôle particulièrement important ; de fait, lorsque les étudiants Erasmus fréquentent des cours en petit groupes, où sont présentés des exposés, etc., et auxquels participent des étudiants allemands, ceux-ci ont davantage de chances d'établir des contacts avec des étudiants allemands que s'ils suivent des cours spécifiques pour étudiants étrangers ou des cours avec un grand nombre de participants, dans lesquels aucune interaction n'est possible.

Une autre variable influant considérablement sur les possibilités de contacts entre étudiants étrangers et allemands est l'organisation des universités. En effet, l'enquête a montré que les occasions de prises de contact étaient d'autant plus légitimées que les sphères privées des étudiants étrangers et allemands étaient proches. Ainsi, les opportunités de prises de contacts se voient multipliées lorsque l'université dispose d'un campus universitaire, offrant aux étudiants étrangers de nombreuses occasions de rencontrer leurs condisciples allemands dans leur logement, dans les salles communes, dans les bars d'étudiants, etc. (NB : parmi les universités concernées par l'enquête, seules les Universités de Mayence, de Cottbus et de Wernigerode disposaient de campus universitaires). Ainsi, il semble qu'il soit important de faire en sorte qu'une part d'étudiants allemands habitent à proximité ou soient colocataires d'étudiants Erasmus pour que des contacts puissent se nouer. De même, il est appréciable que soit observée lors des activités de loisirs une certaine mixité entre étudiants étrangers et allemands.

Bien entendu, les affinités des étudiants étrangers ne sauraient être expliquées uniquement par la fréquence des occasions légitimées de prise de contact interculturel s'offrant aux étudiants dans le cadre de leurs études, de leur logement, ou encore de leur temps libre. En effet, il est aussi des facteurs plus personnels qui entrent en jeu. Une dimension particulièrement significative sera notamment l'intérêt et la motivation de l'étudiant à nouer des contacts avec des étudiants allemands ; son niveau en langue allemande aura également sur ce point une incidence élevée.

Au final, si l'on prend en compte non seulement les différentes possibilités de prise de contacts interculturels offertes aux étudiants Erasmus dans les six universités concernées par l'enquête, mais aussi les prédispositions à l'établissement de ce type de contacts qui sont propres à chaque étudiant étranger, les importantes divergences en ce qui concerne les contacts avec des étudiants allemands établis par les étudiants Erasmus s'expliquent.

En résumé, on pourra dire que le choix pour un étudiant Erasmus de nouer ou pas des liens d'amitiés avec des étudiants allemands tient principalement à deux facteurs : d'une part, l'importance plus ou moins grande que revêtent les contacts avec des Allemands pour l'étudiant (volonté d'améliorer ses connaissances linguistiques, etc.), et d'autre part le « coût » plus ou moins élevé de la prise de contact (le coût est considéré comme d'autant plus faible que les étudiants étrangers parlent bien l'allemand, que la prise de contact avec des Allemands ne va pas à l'encontre d'amitiés déjà établies, que les opportunités de prise de contact sont fréquentes et facilitées, etc.).

Ainsi, l'analyse des données ici collectées montrent qu'il ne suffit pas de ramener les comportements sociaux des étudiants Erasmus à leurs identités culturelles nationales, comme cela fut fait dans des études antérieures (Kotenkar, 1980 ; Tjioe, 1972 ; Thomas, 1996 ; Wahab, 1998) ; de fait, l'utilisation des théories de l'action (Esser, 1980) semble permettre d'expliquer les divers comportements individuels visibles, lesquels résultent de la combinaison de facteurs personnels et de facteurs liés à l'environnement.

En plus de permettre l'établissement de contacts entre étudiants étrangers et allemands, le programme Erasmus a également pour ambition le démantèlement des préjugés qui pourraient être entretenus vis-à-vis de la population du pays d'accueil et d'amener les étudiants à se sentir partie prenante de la communauté européenne.

C'est sur ce second objectif que nous nous pencherons dans un deuxième temps, afin de voir si sa réalisation est ou non effective ; pour ce faire, l'on tâchera d'analyser l'image de l'Allemagne et de leurs propres pays d'origine qu'ont les étudiants Erasmus (Teichler, 1999).

2. Perceptions nationales

2.1. Quelles perceptions nationales ?

Au moyen d'une analyse quantitative des interviews réalisées, nous avons pu établir que, bien souvent, l'image que les étudiants Erasmus ont de leur pays d'origine et celle qu'ils ont de l'Allemagne ne peuvent pas être traitées comme de pures perceptions des espaces physiques, et doivent plutôt être comprises comme des symboles entrant en jeu dans le cadre de la réalisation d'actions individuelles. De fait, pour les étudiants étrangers, le terme « Allemagne », ainsi que celui désignant leur pays d'origine, ne renvoient qu'assez peu à des éléments purement spatiaux, et sont plutôt ancrés dans une dichotomie entre le « Même » et l' « étranger » ; ainsi, ils sont des éléments d'identification ou de dissociation. Les attitudes des étudiants étrangers vis-à-vis de l'Allemagne doivent donc être interprétées, conformément aux approches géo-sociales mises en œuvre depuis peu, comme des « abstractions spatiales », ne renvoyant à l'espace réel seulement sous certaines conditions (cf. Hard, 1986 ; Klueter, 1986 ; Werten, 1995) ; aussi analyserons-nous ici ces attitudes en tant que catégories de communication et d'action sociale. De fait, pour la plupart des étudiants interrogés, l'« Allemagne » est perçue comme étant synonyme soit de libération soit de déracinement, et ce suivant les valeurs que chaque individu attribue à sa propre patrie.

Considérons par exemple le cas de Maurice, étudiant français, qui lui associe « Allemagne » avec libération des obligations :

M : En réalité, rien ne me manque vraiment ici. J'éprouve ici quelque chose de très profond, de complet. En France cela ne serait pas du tout possible, parce que je dois étudier sérieusement, et je dois travailler deux ou trois jours dans la semaine. Ici, j'ai tellement de liberté. Je peux faire ce que je veux.

Ainsi, pour Maurice, le terme « France » est synonyme d'obligation d'étudier et de nécessité de gagner de l'argent ; donc, comme d'après ses représentations personnelles, il peut se défaire de ces obligations durant son séjour en Allemagne, cela le conduit à identifier l' « Allemagne » comme un lieu de liberté.

Par ailleurs, on notera que parmi les étudiants Erasmus sondés, quelques-uns tout de même se considèrent comme des « Européens », ou encore comme des « citoyens du Monde ». Pour ces derniers, l'image qu'ils ont de l'Allemagne et celle qu'ils ont de leur pays d'origine ne sont pas perçues comme un couple antonymique, et ces étudiants ont tendance à souligner les similitudes entre les deux pays, plutôt qu'à en démarquer les différences. C'est le cas, entre autres, d'une étudiante italienne, Farida[3] :

I : Et que signifie patrie pour toi ?
F : (...) c'est un état naturel. Je suis patrie. Je suis ma patrie finalement.
I : Où que tu sois, c'est ta patrie ?
F : Oui, pourquoi pas.
I : Alors ta patrie est ici
F : Oui, avec toi[4]. Pour le moment avec toi.

Cet extrait de l'interview montre bien que Farida se considère véritablement comme une « citoyenne du Monde », capable de se sentir chez elle n'importe où et avec n'importe qui. Pour elle, la patrie n'est plus un lieu unique, spatialement défini, et ne renvoie

[3] Traduit de l'allemand.
[4] Référence au chercheur.

donc plus exclusivement au nom de son pays d'origine ; la patrie devient partie intégrante de la personne, et par conséquent évolue en fonction du lieu de résidence. Ainsi, les étudiants se considérant comme « citoyens du Monde » ne regrettent pas la vie qu'ils menaient dans leur pays d'origine, et pour eux la décision de venir étudier en Allemagne ne s'apparente pas non plus à une libération des contraintes et des exigences propres à la patrie. Pour les « citoyens du Monde », il n'existe donc pas seulement une patrie, mais plusieurs, et même théoriquement une infinité, puisque pour eux tous les lieux de résidence d'une personne sont susceptibles de devenir sa patrie. Ainsi, l'on n'aurait non pas une patrie pour toute une vie, mais plusieurs patries « temporelles ».

Comme nous l'avons déjà signalé précédemment, l'analyse de l'enquête réalisée nous a montré que les images qu'ont les étudiants Erasmus de l'Allemagne et de leur pays d'origine sont rarement basées sur les caractéristiques géographiques et physiques du pays, mais plutôt sur certaines propriétés qui leur sont assignées, et qui varient suivant les populations.

Le graphique n°3 est une représentation de ce phénomène : il nous montre comment les étudiants Erasmus interrogés jugent les étudiants allemands, ainsi que les étudiants ayant la même nationalité qu'eux. Cette étude a été réalisée sur la base de propriétés alléguées lors de l'enquête qualitative, et les douze adjectifs choisis pour caractériser les étudiants ont été au préalable testés selon un protocole bien défini.

Graphique 3 – Comparaison des caractéristiques de l'image qu'ont les étudiants Erasmus de l'Allemagne et du pays d'origine

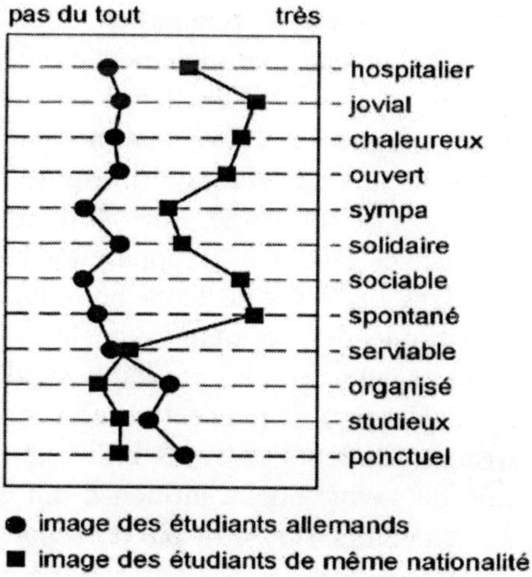

Au final, l'enquête aura permis de faire ressortir qu'en moyenne, les étudiants Erasmus ont tendance à considérer les étudiants de même nationalité qu'eux comme beaucoup plus joyeux, chaleureux, ouverts, communicatifs et spontanés, et comme un peu plus hospitaliers, solidaires, amicaux et serviables ; en revanche, les étudiants allemands sont souvent jugés plus organisés, sérieux et ponctuels. Ainsi, les étudiants étrangers ont globalement une image beaucoup plus positive de leurs compatriotes que des étudiants allemands.

Ces résultats tendent à laisser penser que l'ambition du programme Erasmus visant à conférer une image positive de la population allemande aux étudiants étrangers accueillis, de manière à atténuer le sentiment de différences nationales entre les pays de la communauté européenne, est encore loin d'être une réalité.

2.2. Explications des perceptions nationales

Se pose maintenant la question de savoir quels sont les facteurs qui influent dans la construction de l'image du pays d'origine et celle de l'Allemagne par les étudiants étrangers. Comment, par exemple, expliquer le fait qu'il y ait, aux yeux de certains des étudiants interrogés, de si grandes différences culturelles entre les personnes de même nationalité qu'eux et les Allemands, et que ceux-ci attribuent à leurs compatriotes des caractéristiques largement plus positives qu'à la population allemande ? Aussi, comment expliquer le fait que, parallèlement à cela, il se trouve d'autres étudiants qui eux nient l'existence de « différences de mentalité » et ne fassent pas de différenciation qualitative entre la population allemande et celle de leur pays d'origine ?

Si l'on se réfère aux réflexions sur la théorie de l'action d'Esser, déjà mentionnées plus haut, il apparaitra que les attitudes des étudiants interrogés vis-à-vis de leurs homologues allemands sont à interpréter comme des résultantes de leurs décisions. En effet, l'on partira du principe que les étudiants sondés optent pour telle ou telle attitude parce qu'ils pensent qu'elle contribue à faible « coût » à la réalisation de leurs objectifs individuels. À cet égard se pose la question de savoir quelle influence ont exactement les images qu'ont les étudiants sur telle ou telle population, et les attitudes qui en découlent.

Au vu de l'analyse que nous avons réalisée à partir des données extraites des enquêtes qualitatives, il apparaît que c'est surtout l'ampleur des contacts entretenus par l'étudiant Erasmus avec des étudiants allemands qui détermine ses attitudes ($r = 0,341$, avec un niveau de signification de 99 %). En effet, on constate que les étudiants étrangers ayant des contacts fréquents et soutenus avec des étudiants allemands développent une image beaucoup plus positive de leurs homologues germaniques que ceux n'ayant pas d'amis allemands. Ainsi, plus les étudiants Erasmus ont de camarades parmi les étudiants allemands, plus l'image qu'ils ont de la population allemande en général se rapproche de celle qu'ils ont des personnes de même nationalité qu'eux. Afin d'estimer au mieux l'influence de l'ampleur des contacts allemands sur les représentations qu'ont les étudiants étrangers de l'Allemagne et de leur pays d'origine, on considérera le graphique n°4.

Graphique 4 - Influence de l'ampleur et de l'intensité des contacts avec les étudiants allemands sur la caractérisation des images du pays d'origine et de l'Allemagne

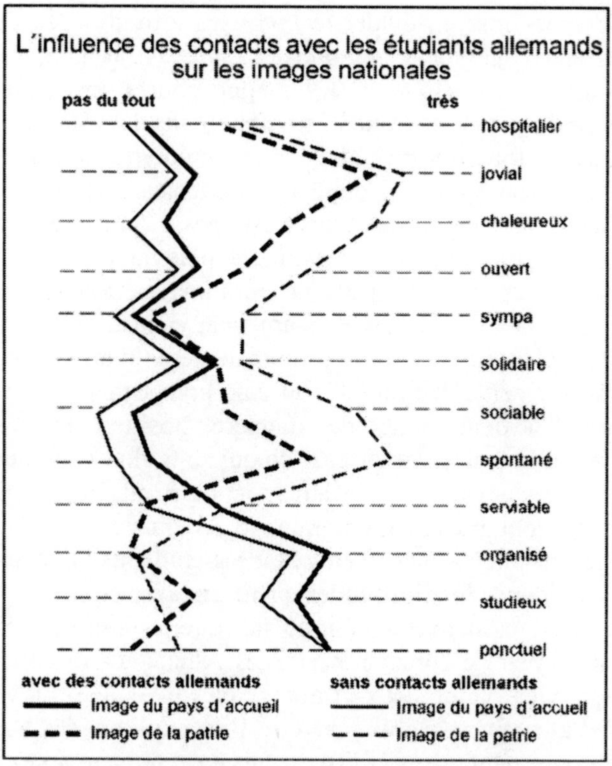

Sur ce graphique, les lignes en trait plein représentent l'image que les étudiants ont du pays d'accueil, c'est-à-dire de l'Allemagne, et les lignes en pointillés représentent l'image qu'ils ont de leur pays d'origine, de leur patrie. Par ailleurs, les lignes en gras figurent les représentations des étudiants Erasmus ayant des contacts fréquents et intensifs avec des Allemands (soit 1/3 des étudiants sondés), tandis que les lignes plus fines indiquent elles les perceptions des étudiants étrangers ayant assez peu de contacts avec leurs homologues allemands (soit 2/3 des interrogés).

Si l'on étudie ce graphique, l'on remarque que les étudiants Erasmus ayant peu de contacts avec des Allemands jugent de manière beaucoup plus positive les étudiants ayant la même nationalité qu'eux que les étudiants allemands ; cela montre que moins les étudiants étrangers ont de contacts avec des étudiants allemands, plus ils ont une image positive de leur pays d'origine et une image négative de l'Allemagne.

Le lien ici mis en évidence entre les attitudes des étudiants étrangers interrogés et le nombre de contacts sociaux qu'ils ont établis durant leur séjour en Allemagne pourra être expliqué de manière socio-psychologique. En effet, dans la mesure où l'on établit que la fonction principale des stéréotypes sociaux est de « stabiliser » son propre groupe d'appartenance et de le définir positivement par rapport aux autres groupes, l'on comprend mieux pourquoi les étudiants Erasmus jugent plus favorablement leurs compatriotes : ceux-ci construisent leurs images du pays d'origine de telle sorte que ces dernières stabilisent et justifient les amitiés existantes. Comme ils ont principalement d'autres étudiants étrangers de même nationalité qu'eux pour amis, les étudiants Erasmus identifient donc de manière positive les étudiants originaires du même pays qu'eux, ce qui se traduit entre autres par une vision plus négative des Allemands. En revanche, les étudiants Erasmus qui ont un certain nombre d'Allemands pour amis ont davantage tendance à mettre en avant les étudiants allemands, et à mettre en évidence les similitudes qu'ils ont avec eux.

Une autre explication quant au fait que les étudiants Erasmus disposant de peu de contacts parmi les Allemands se construisent une image négative de ceux-ci pourra être invoquée. En effet, les théories d'attribution établissent que l'on explique ses succès de manière « interne », c'est-à-dire en faisant référence à ses propres actes, à ses traits caractéristiques, à ses capacités, etc., tandis que l'on justifie nos échecs par des explications « externes », par des facteurs non inhérents à notre volonté, de manière à ne pas nous auto-dénigrer (Stoebe, 1992 ; Weiner, 1986). Ainsi, comme beaucoup d'étudiants Erasmus voient dans l'insuffisance de leurs contacts allemands des échecs qu'ils ne veulent pas assumer, ils en rejettent la responsabilité sur la « mentalité » des Allemands, qui seraient peu accueillants. Pour les étudiants étrangers qui n'arrivent pas à nouer de liens avec les Allemands, une perception négative de ceux-ci leur permet d'une certaine manière de s'auto-protéger.

De fait, les résultats montrent que bien des perceptions des étudiants Erasmus interrogés quant aux « caractéristiques » des étudiants allemands ou d'autres nationalités sont souvent dictées par l'utilité que représente pour eux la relation avec tel ou tel groupe d'étudiants. Ainsi, comme nous avons pu le remarquer lors de l'analyse des données que nous avons récoltées, les caractéristiques propres qu'un étudiant Erasmus attache à chacune des nationalités représentées parmi les étudiants qu'il côtoie dépend surtout de *sa* propre nationalité.

Il s'agira maintenant de mettre en relation les images qu'ont de l'Allemagne et de leurs propres pays d'origine les étudiants des quatre nationalités les plus représentées dans les universités sondées, à savoir les étudiants polonais, espagnols, français et anglais (lesquels représentent à eux quatre près de 75 % des étudiants interrogés). On considèrera ainsi le graphique n°5, qui met en parallèle les images qu'ont les étudiants des quatre nationalités susmentionnées des ressortissants allemands (carrés) et de ceux de leur propre pays d'origine (ronds).

Graphique 5 - Caractéristiques des images du pays d'origine et de l'Allemagne pour des personnes de nationalités différentes

Image des étudiants allemands et image des étudiants de même nationalité

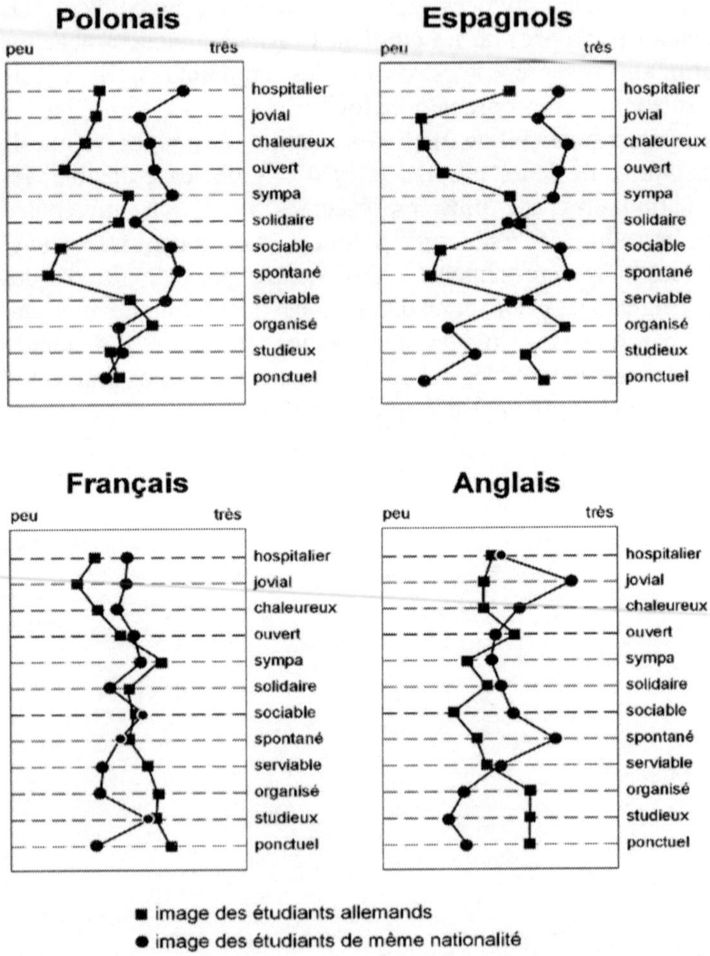

Il apparaîtra d'emblée que l'image qu'ont les étudiants Erasmus des étudiants allemands est fort différente de celle qu'ils ont des étudiants de même nationalité qu'eux. Pour les étudiants polonais, par exemple, les étudiants allemands seraient moins hospitaliers, moins sociables, moins spontanés que leurs compatriotes. Les étudiants espagnols, eux, voient les étudiants allemands comme plus froids, plus fermés, plus sérieux, plus organisés, plus ponctuels et moins spontanés, moins sociables qu'eux. Les Français, quant à eux, n'ont pas une image des étudiants allemands aussi différente de celle des étudiants de même nationalité que ne l'ont les étudiants polonais ou espagnols ; ils considèrent seulement les étudiants allemands comme plus sérieux, plus organisés et plus ponctuels. Enfin, pour ce qui est des étudiants anglais, ils perçoivent les étudiants allemands comme plus sérieux, plus organisés, plus studieux, plus ponctuels et moins sociables que les étudiants de même nationalité qu'eux.

L'on retiendra surtout de cela que, quelque soit la caractéristique évoquée, les étudiants Erasmus estiment que les étudiants allemands et les étudiants de même nationalité qu'eux n'ont pas la même attitude à ce sujet, ce qui montre qu'il règne tout de même chez les étudiants Erasmus un sentiment de différence culturelle assez fort. Cela pourrait peut-être s'expliquer par le fait que les étudiants étrangers auraient une tendance assez systématique à avoir recours aux divers stéréotypes nationaux qui circulent habituellement (Stroebe, 1992). Ainsi, les étudiants Erasmus ne se forgeraient pas, durant leur séjour à l'étranger, une vision complètement nouvelle des groupes nationaux qu'ils côtoient, mais tendraient plutôt à puiser dans les stéréotypes nationaux dont ils sont déjà imprégnés pour stabiliser et légitimer leurs propres groupes d'appartenance, ce qui expliquerait pourquoi les étudiants étrangers perçoivent généralement les étudiants de même nationalité de manière beaucoup plus positive que les étudiants allemands.

De ce fait, les stéréotypes nationaux qui circulent couramment seraient donc largement captés par les étudiants Erasmus, qui les utilisent pour pouvoir définir leur propre groupe national et le délimiter par rapport aux autres, et notamment celui des Allemands. De cette manière, le critère « nationalité » est probablement utilisé si fréquemment pour la création d'identité de groupe qu'il en devient un critère de différenciation évident et généralement admis.

Conclusion

En résumé, au vu de l'analyse que l'on aura faite des perceptions qu'ont les étudiants Erasmus des ressortissants de chaque nationalité qu'ils côtoient, on pourra dire que celles-ci naissent et découlent les unes des autres. Ainsi, les images qu'ont les étudiants étrangers des étudiants ayant la même nationalité sont très fréquemment plus positives que celles qu'ils ont des étudiants allemands. De fait, l'étudiant associe à ses compatriotes et aux Allemands des caractéristiques bien différentes, d'ailleurs bien souvent basées sur les divers stéréotypes nationaux qui circulent couramment. Ce dénigrement relatif des Allemands et le recours aux stéréotypes traditionnels de la part de l'étudiant Erasmus dépendra en fait surtout, comme nous l'avons montré, du nombre de contacts qu'il entretient avec des personnes de nationalité allemande, et de l'intensité de ces contacts.

Les perceptions des caractéristiques de chaque nationalité que se forge chaque étudiant étranger ont certes de l'importance durant son séjour même, mais aussi à son retour dans son pays d'origine ; ainsi, l'étudiant parti en Erasmus y sera alors considéré comme un « expert » local du pays où il a vécu, et les différentes images qu'il pourra communiquer à ses compatriotes seront considérées là-bas comme ayant force de loi. Néanmoins, l'on observe tout de même que bien souvent, les perceptions que l'étudiant relate à son retour ne sont pas forcément toujours conformes à celles qu'il défendait durant son séjour : en effet, de manière à ce que leur expérience à l'étranger soit perçue de manière positive par leurs familles et amis, et que leur réussite personnelle soit ainsi soulignée, les étudiants Erasmus ont tendance à donner une vision des Allemands plus positive que celle qu'ils soutenaient durant leur séjour.

Ainsi, au final, l'on pourrait dire que l'objectif du programme Erasmus visant à donner à l'étudiant une image plus positive de la population du pays où il a séjourné, et ainsi à déplacer l'accent mis sur les différences nationales au profit d'un sentiment d'appartenance à une même communauté européenne, pourrait être atteint *a posteriori*, ce de manière certes quelque peu paradoxale.

Bibliographie

Budke, A. 2003. *Wahrnehmungs- und Handlungsmuster im Kulturkontakt. Studien über Austauschstudenten in wechselnden Kontexten.* Göttingen : Osnabrücker Studien zur Geographie. Bd. 25.

Esser, H. 1980. *Aspekte der Wanderungssoziologie. Assimilation und Integration von Wanderern, ethnischen Gruppen und Minderheiten. Eine handlungs-theoretische Analyse.* Darmstadt : Soziologische Texte. Bd. 119.

Hard, G. 1986. Der Raum - einmal systemtheoretisch gesehen. *Geographica Helvetica Bd.* 2. 77-83.

Klüter, H. 1986. *Raum als Element sozialer Kommunikation.* Gießen : Gießener Geographische Schriften.

Kotenkar, A. 1980. *Ausländische Studenten in der Bundesrepublik.* Stuttgart : Klett-Cotta.

List, J. 1998. *Lehr- und Forschungsstandtort Deutschland. Wie attraktiv sind deutsche Hochschulen?.* Köln : Dt. Inst.-Verlag.

Smith, A. 1996. Regional Cooperation and Mobility in a Global Setting: The Example of the European Community. In Blumenthal, P., Crawford, G., Smith, A., Teichler, U. (eds.). *Academic mobility in a changing world.* London : Jessica Kinsley. 329-350.

Stroebe, W., Hewstone, M., Codol, J.-P., Stephenson, G. (éds.). 1992. *Sozialpsychologie. Eine Einführung.* Berlin : Springer-Verlag.

Teichler, U., Maiworm, F., Schotte-Kmoch, M. 1999. *Das ERASMUS-Programm. Ergebnisse der Begleitforschung.* Bonn : Bundesministerium für Bildung und Forschung.

Tajfel, H. 1982. *Gruppenkonflikt und Vorurteil. Entstehung und Funktion sozialer Stereotypen.* Bern : Huber.

Thomas, A. (éd.). 1996. *Psychologie interkulturellen Handelns.* Göttingen : Hogrefe.

Wahab, L. 1998. *Lebens- und Lernkonflikte ausländischer Studierender in der Bundesrepublik Deutschland am Beispiel der Universität Frankfurt.* Mikrofiche. Edition Wissenschaft. Reihe Pädagogik. Bd. 39.

Weiner, B. 1986. *An attributional theory of motivation an emotion.* New York : Springer Verlag.

DAAD (2007) http://eu.daad.de/imperia/md/content/eu/downloads/erasmus/publikationen/statistikband_0506.pdf Visité le 17.6.06

UNESCO. GLOBAL EDUCATION DIGEST. 2006. *Comparing Education Statistics Across the World.* Montreal : Unesco. http://www.uis.unesco.org/TEMPLATE/pdf/ged/2006/GED2006.pdf. Visité le 17.6.06.

Changer en échangeant ?
Mobilités et expériences langagières

Marion Perrefort

Introduction

Parmi les bénéfices attendus de la mobilité, qu'elle soit d'ordre scolaire ou académique, celui du perfectionnement linguistique semble relever de l'évidence. Et, effectivement, la corrélation positive entre amélioration des compétences dans la langue cible et séjour est attestée par de nombreuses études (Byram, 1997 ; Coleman, 1996 ; Teichler, 1997). Certaines enquêtes à orientation sociolinguistique notent même l'émergence de comportements langagiers marqués par une adaptation au langage familier et un affranchissement de la norme grammaticale (Regan, 1995). Les travaux se sont multipliés au cours de la dernière décennie mettant l'accent sur la grande variation individuelle des facteurs influençant le processus d'apprentissage (Coleman, 1998) ainsi que sur la nécessité de prendre en compte des variables externes (notamment la durée limitée du séjour) et leur lien avec l'acquisition de compétences autres que linguistiques. D'autres études font valoir l'importance des représentations sociales dans l'apprentissage et la pratique de la langue étrangère (Hu, 2001 ; Cavalli et al., 2003 ; Perrefort, 2001). S'inscrivant dans le cadre théorique général de ces recherches, notre intérêt porte par conséquent moins sur les progrès mesurables de l'apprentissage linguistique que sur les comportements langagiers dans leurs dimensions interactionniste, culturelle et identitaire. Dans l'opinion courante, une communication réussie en langue étrangère se résume à la maîtrise du lexique, de la grammaire et de la syntaxe. Or, parler couramment une langue étrangère, même sans accent, n'implique pas nécessairement la maîtrise *sans accent* des règles culturelles qui sous-tendent les interactions quotidiennes (Perrefort, 2005). Bien au contraire, le perfectionnisme et une attitude normative, puriste envers la langue ainsi qu'une conception essentiellement instrumentale peuvent s'ériger en obstacle à l'ouverture sur l'altérité et entraver la relation interpersonnelle. Des incidents en apparence parfois anodins (« *language cultural incidences »,* Agar, 1994 : 253 ; Béal, 2002) montrent qu'il est bien plus difficile de gérer les styles communicatifs étrangers que de maîtriser la langue étrangère d'un point de vue purement formel. Mais de tels dysfonctionnements ouvrent aussi la voie pour s'affranchir d'une conception trop attachée à la forme, pour la sensibilisation à l'ancrage culturel des styles communicatifs et, par là-même, au développement d'une capacité emphatique. En ce sens, les expériences langagières ont un pouvoir potentiellement formateur.

1. Objectifs de l'analyse

En nous basant sur des données empiriques recueillies auprès de jeunes en mobilité, nous voulons appréhender les comportements langagiers tels qu'ils sont perçus, traités et interprétés par les acteurs eux-mêmes. L'objet de la présente analyse est triple.

Dans une situation linguistiquement et culturellement hétérogène, l'accomplissement des tâches interactionnelles entre mobiles et groupe d'accueil demande des stratégies de coopération et d'intercompréhension spécifiques ainsi qu'un effort communicatif commun et soutenu. Nous nous intéressons à la question de savoir si de telles expériences langagières conduisent au développement de compétences sociales telles que l'adaptabilité, l'empathie, la prise de risque, la capacité d'écoute et d'observation.

Analyser les bénéfices de la mobilité d'un point de vue constructiviste implique la prise en compte de productions situées. De nombreux travaux insistent sur le rôle crucial des interactions entre mobiles et groupe d'accueil (Murphy-Lejeune, 2003 ; Papatsiba, 2006) pour la réussite ou l'échec d'un séjour à l'étranger. En accord avec ce postulat, nous voulons focaliser notre attention aussi bien sur le « non natif » que sur le « natif ». En croisant les regards des mobiles et du groupe d'accueil sur l'expérience, notre deuxième objectif sera donc de saisir les éventuels nœuds de crispation dans la relation interpersonnelle et le rôle des attitudes respectives dans l'ajustement interculturel.

Le dernier centre d'intérêt concerne le sens que mobiles et groupe d'accueil donnent à leur vécu commun et les formes de savoirs, en particulier représentations sociales et stéréotypes, qu'ils mobilisent pour son élaboration.

2. Cadre théorique

Notre contribution se situe dans le cadre général de l'analyse conversationnelle d'inspiration ethnométhodologique appliquée aux interactions exolingues et qui a mis en évidence les nombreuses stratégies d'intercompréhension (Dausendschön-Gay et al, 1991 ; Py, 1991 & 1995 ; Perrefort, 1990). Pour appréhender la façon dont les acteurs attribuent du sens aux comportements respectifs, nous solliciterons la notion de *catégorisation* (Sacks, 1992 ; Gülich, 1997 ; Mondada, 1999) qui permet non seulement aux acteurs de s'identifier et d'identifier leurs partenaires, mais de rendre intelligibles leurs activités réciproques. En fonction du contexte interactionnel, les catégorisations répondent à des tâches ou à des problèmes et participent à l'organisation des activités langagières.

Nous combinons les outils proposés par ces approches avec ceux de l'approche ethnosociologique des récits de vie (Bertaux, 2001) et de l'entretien compréhensif (Kaufmann, 2004), s'inspirant de la sociologie compréhensive élaborée par Max Weber (1992) et de la *Grounded Theory* (Strauss, 1992 ; Schütz, 1987). La démarche consiste à élaborer progressivement à partir d'une enquête fondée sur le terrain un ensemble d'hypothèses, un modèle fondé sur les observations, et qui contient des descriptions des mécanismes sociaux et des propositions d'interprétation (plutôt que d'explication) des phénomènes observés et des récurrences relevées. Cette fonction descriptive est essentielle et conduit vers ce que l'ethnologue Geertz (1973 : 9-10) appelle « *thick description* », à savoir une description en profondeur de l'objet.

2.1. Méthodologie

À partir des interviews réalisés, nous avons progressivement élaboré des descriptions, interrogé les indices et thématiques récurrents sur leur signification, dégagé des catégories, tenté une classification des différents niveaux (les événements, les relations avec le groupe d'accueil, les attentes, etc.), soumis des séquences particulièrement cruciales pour nos questionnements concernant les expériences langagières à des micro-analyses discursives et avancé quelques interprétations.

Compte tenu de nos postulats théoriques au sujet de la place centrale des interactions entre mobiles et groupe d'accueil, il est évident que le passage par l'entretien instaure un biais dans le statut épistémologique des données et change leur nature. Il s'agit en effet pour les participants de parler des actions, de les décrire et non de les accomplir au sens ethnométhodologique du terme. Nous pensons néanmoins que ce biais est relativisé par le fait que la situation d'entretien est *de facto* une interaction. Nous avons délibérément choisi des conditions d'entretien déformalisées propices au développement de procédures de catégorisation.

2.2. Les données

Nous proposons de mettre en perspective des données recueillies sous forme d'entretiens individuels auprès de trois publics différents :

- Mobilité scolaire : des élèves français et allemands ayant participé à un programme d'échange scolaire ;
- Mobilité académique : des étudiants Erasmus allemands en séjour d'études en France (Université de Franche-Comté) ;
- Groupe d'accueil : étudiants germanistes à l'Université de Franche-Comté (Département d'allemand).

Mobilité scolaire

Il s'agit d'un programme d'échange individuel de longue durée, le « Programme Voltaire », créé par l'Office Franco-Allemand pour la Jeunesse (OFAJ) en 2000. Ce programme se base, entre autres, sur l'hypothèse que l'intensité, la durée et l'individualité s'articulent positivement avec l'acquisition de compétences interculturelles. Un dispositif d'accompagnement scientifique a été mis en place en 2001[1]. La recherche a pour objectif général d'appréhender de façon aussi holistique que possible, la construction de l'identité personnelle et sociale chez des individus en situation d'immersion, les apprentissages

---

[1] Le groupe de recherche interdisciplinaire comprend six chercheurs français et allemands issus des Sciences de l'éducation, des Sciences sociales et des Sciences du langage.

informels et les effets à long terme. La présente étude prend en compte 42 entretiens individuels réalisés entre 2002 et 2004 avec des élèves français et élèves allemands, dont 15 « couples », c'est-à-dire des partenaires respectifs. La moitié de ces élèves a été interviewée à deux reprises, pendant leur séjour et peu de temps après la fin du programme.

Mobilité académique

À la Faculté des Lettres de l'Université de Franche-Comté, les étudiants Erasmus allemands suivent en général des cours en Lettres modernes, Langues Vivantes, Sciences du langage et en Histoire. Dans le département de germanistique, ils s'inscrivent à des cours de traduction et à des séminaires sur les études interculturelles et les relations franco-allemandes. Les entretiens ont été réalisés avec six étudiants à la fin de leur séjour d'une durée de 9 mois (2005-2006). Ils venaient de différentes universités allemandes. Leur maîtrise du français se situait entre les niveaux B2 et C1 du Cadre européen commun de référence pour les langues. Trois des étudiants interrogés se destinent à l'enseignement du français et de l'histoire, les autres s'orientent vers des métiers de journalisme ou de la communication.

Le groupe d'accueil

Le groupe d'accueil concerné par la présente analyse comprend dix étudiants français suivant une formation en germanistique. Leurs perspectives professionnelles sont incertaines, certains envisagent une carrière dans l'enseignement de l'allemand dans le secondaire, d'autres s'orientent vers l'enseignement primaire ou toute autre activité professionnelle. Leurs compétences en allemand varient entre bonnes et moyennes. Nous avons interviewé six étudiants de ce groupe. Les Erasmus et les étudiants germanistes se retrouvaient régulièrement pendant la semaine dans les mêmes cours. Ayant assuré moi-même un cours, l'observation participante vient consolider le travail d'analyse des témoignages.

2.3. Ressemblances et différences entre les deux populations mobiles

La mobilité scolaire étudiée se distingue en quatre points essentiels de la mobilité académique :

- Réciprocité : L'élève français est accueilli par un correspondant allemand dans sa famille. A l'issue des six mois passés en Allemagne, l'élève français retourne en France, accompagné de son correspondant.
- Asymétrie : L'asymétrie de l'échange dans sa temporalité implique qu'en Allemagne, les deux élèves sont dans l'échange, présent ou futur. De retour en France, l'échange relève du passé pour le correspondant français, mais non pour l'élève allemand.
- Groupe d'accueil : Accueil dans une famille et par conséquent dans un milieu social diversifié et complexe.
- Age : Les élèves sont en moyenne âgés entre 15 et 16 ans, voire 16 et 17 ans pour les Allemands.

Tandis qu'individualité et longue durée sont des caractéristiques communes aux deux populations, elles se distinguent par des variables telles que l'âge, le statut, l'absence de réciprocité et les réseaux sociaux. Les compétences linguistiques étaient à peu près équivalentes, se situant dans les deux populations sur une échelle entre les niveaux B1 et C1 du Cadre européen commun de référence pour les langues.

2.4. Statut des données

Quant au statut des données, il est évident que le nombre des entretiens réalisés avec les mobiles scolaires est plus important que ceux menés avec les deux autres populations et assure aux hypothèses dégagées une stabilité et représentativité certaines[2]. L'impact de ce déséquilibre doit néanmoins être relativisé par le fait que notre connaissance approfondie du terrain (longue expérience d'enseignement dans le système universitaire français et suivi des étudiants Erasmus depuis 15 ans) vient étayer et

---

[2] Dans le cadre de la présente contribution, nous nous limiterons aux hypothèses concernant les objectifs énoncés plus haut et ne citerons que de très brèves séquences. Pour un aperçu général de la recherche collective, voir Perrefort (dir.) 2006.

contrôler le travail de conceptualisation des données recueillies auprès des Erasmus et du groupe d'accueil. Cette connaissance nous a mis en mesure d'entrer « *dans le système de valeur, dans la vie de l'informateur, en étant ouvert à la compréhension des expressions les plus discrètes* » (Kaufmann, 2004 : 87). Mais néanmoins nos analyses des entretiens avec les Erasmus et le groupe d'accueil doivent être considérées plutôt comme des études de cas, qui ont permis de faire émerger des hypothèses au statut encore non stabilisé. Notons enfin que la longueur des entretiens – en moyenne entre deux à trois heures – témoigne d'un besoin très fort de mettre le vécu en mots et d'élaborer l'expérience par et dans le discours.

3. Les expériences langagières dans le cadre de la mobilité scolaire

Une première différence entre les deux populations étudiées réside dans le degré d'occurrence de la réflexion sur les expériences langagières dans les entretiens. Contrairement aux témoignages recueillis auprès des étudiants mobiles qui développent relativement peu cette thématique, le vécu linguistique est un objet de discours saillant dans les témoignages des élèves. Les élèves vivent en effet l'altérité linguistique dans la culture du quotidien, ils sont amenés à interagir quotidiennement avec des natifs, toutes générations confondues, dans des situations sociales très diversifiées, et par conséquent caractérisées par un large spectre de variations langagières et de conduites communicatives. Le recours à la langue maternelle ne se fait que très exceptionnellement, puisque le principe de réciprocité les amène à passer une sorte de contrat didactique : « un pays-une langue ».

Passer de la catégorie d'élève et d'apprenant à celle d'acteur social prenant en charge son apprentissage linguistique, développe l'accès à l'autonomie et stimule une ambition linguistique qui est avivée et encouragée par les réactions du milieu d'accueil : *J'aime le fait d'être française et de pouvoir me dire que je peux parler comme eux* ! (EF)[3]. Comprendre et être compris s'assimilent à un

[3] Nous désignerons les élèves français par « EF », les élèves allemands par « EA». Les citations sont extraites des entretiens et traduites par nous.

bonheur tout à fait inédit : *J'aime avoir le sentiment de m'exprimer et d'être comprise* (EF).

3.1. Prise de risques

Plongés dans une vie quotidienne, évoluant dans un espace d'autonomie liée à la mobilité et au fait d'être ailleurs, un espace d'expression et d'action inédit, les élèves sont amenés à relever des défis : *J'aime me surpasser* (EF). Les apprentissages au contact avec l'altérité ne peuvent se développer sans prises de risque. La pratique de la langue de l'autre en fait partie, dans la mesure où elle implique non seulement de se confronter à d'autres styles communicatifs mais aussi de faire sien des mouvements articulatoires que l'on peut considérer comme *gestes culturels* (Hagège, 1996 : 170). Acquérir ces gestes, les accomplir et les exposer au regard d'autrui peut être potentiellement menaçant pour la face. Par conséquent, la peur du ridicule peut habiter l'individu qui pratique une langue étrangère et le rendre peu sûr de lui : *Ich mag nicht, wenn sich andere über meinen Akzent lustig machen oder mich nicht wahrnehmen*[4]. Surmonter l'insécurité linguistique contribue à l'estime de soi et développe la compétence de prise de risque :

> J'aime bien parler donc cela m'énervait de rester assise d'écouter et de comprendre et de pas pouvoir dire, de pas pouvoir parler ben j'osais pas m'introduire dans la conversation sans / juste comme ça, d'être assise et de m'introduire comme ça dans un groupe et donc après je me suis dis 'non mais ça va plus là il faut parler' et donc c'est comme ça que j'ai été vers une personne et donc après quand les autres ont vu que je parlais avec cette personne il y a quelques-uns qui sont venus (EF).

3.2. Transgression langagière et liberté communicative

Le passage de frontière offre la possibilité d'une expérience hors de l'ordinaire incontournablement accompagnée de transgression. Celle-ci se manifeste de diverses façons, par exemple dans l'affranchissement de tabous langagiers, ce qui contribue à

[4] Je n'aime pas quand d'autres se moquent de mon accent ou ne prennent pas note de ma présence.

décriminaliser l'erreur et à désacraliser l'image d'une langue homogène et normative forgée dans le cadre scolaire :

Pour le déjeuner il y avait de la viande avec de la matière grasse et tout ça et j'ai dit à la mère de ma corres 'ouais, c'est dégueulasse'. Au lycée tout le monde dit 'ouais, c'est dégueulasse!' et moi 'ouais, c'est dégueulasse' et la mère dit 'oh, comment tu parles!' (EA s'exprimant en français).

Se matérialisant dans des marques discursives emblématiques, faisant office de marqueurs identitaires, de telles transgressions langagières lèvent des inhibitions et contribuent à prendre de l'assurance :

Il y a un peu de victoire, car j'arrive maintenant à m'exprimer et puis peut-être un sentiment de puissance : j'ai deux langues, je peux me faire comprendre par deux fois plus de personnes (EF).

Le bonheur de vivre la langue étrangère sur le mode de la liberté fait des élèves des locuteurs joyeux : *J'adore articuler en allemand : c'est trop dur* ou encore *Les fautes me font rire* (EF). Le vécu sensoriel, ludique et flatteur de la langue avive le goût de l'exploration et développe l'aptitude sociale de se confronter à l'inconnu. Certains savourent la matérialité des sons étrangers avec la même volupté qu'ils éprouveraient à goûter des mets exquis :

Les accents de phrases en allemand, c'est mélodieux, j'ai l'impression de manger quelque chose, de mettre une saveur sur les mots quand je parle allemand, quelque chose de très doux (EF).

En revanche, la détresse langagière, l'expérience de ne pas pouvoir se dire aiguisent chez certains la sensibilité pour les phénomènes d'exclusion par la langue, participent à l'abandon du logocentrisme, incitant à un retour conscient sur sa propre langue et culture :

L'allemand, la langue, m'a rendue plus curieuse pour la langue française. Il y a des trucs, ça me vient même pas à l'idée en France de regarder ça et puis bon quand t'apprends une langue étrangère tu regardes ça et puis tu dis 'bah, c'est bizarre'. Je trouve que quand on est dans un pays étranger, c'est plus facile, on a plus de choses à dire, on peut expliquer comment ça se passe chez nous, alors que chez nous tout le monde sait comment ça se passe (EF).

Ces expériences langagières sont à considérer comme des apprentissages autres que seulement linguistiques et notamment une ouverture et sensibilité aux autres :

On est plus ouvert pour le monde, j'ai appris à être plus sensible avec des gens, je fais plus gaffe et avec des gens, je formule mes phrases avant que je les dis (EA s'exprimant en français).

4. Les expériences langagières des Erasmus

La situation de notre population Erasmus ne se distingue guère de celle décrite dans de nombreuses études dans la mesure où les relations avec le groupe d'accueil ne relevaient ni de l'évidence ni du quotidien (Papatsiba, 2003, 2006 ; de Federico, 2003). Alors que le nouveau paysage sonore suscite des réactions d'enthousiasme chez beaucoup d'élèves : *En Allemagne, j'étais halluciné, j'étais dans les rues, tout le monde parlait allemand, je pouvais pas y croire, j'étais là, tout le monde parle allemand – t'es en Allemagne !* (EF), la citation suivante paraît significative de la façon dont la majorité des étudiants Erasmus interrogés évolue dans le nouvel environnement langagier :

Man hat halt so wenig Kontakt mit Franzosen, dass man nie richtig das Gefühl hat, jetzt bin ich in Frankreich. Oder ich bin jetzt in einem Land, wo Französisch gesprochen wird[5].

Certes, les étudiants apprécient la langue française, trouvent du plaisir à s'exprimer dans une langue jugée belle et considérée comme prestigieuse et l'investissement émotionnel de la langue est bien entendu variable selon les individus. Mais leur pratique de la langue de l'autre est plus discontinue. À l'université, ils sont exposés au langage normatif, académique, où l'écoute et la prise de note priment sur l'expression orale. Les occasions d'expérimenter d'autres variétés sont limitées et le caractère relativement éphémère des contacts avec le groupe d'accueil en minimalise les enjeux et par conséquent les prises de risque. Les relations avec

---

[5] On a tellement peu de contact avec les Français qu'on n'a forcément jamais vraiment le sentiment 'maintenant je suis en France'. Ou dans un pays où on parle français.

d'autres étudiants allemands entraînent un usage de la langue maternelle régulier et quotidien :

Man spricht halt, wenn man sich halt mit Erasmus trifft, und da es halt unheimlich viele Deutsche gibt, unheimlich viel Deutsch[6].

Il est intéressant de noter dans cette séquence l'emploi répétitif de la particule modale *halt*. Elle procure à l'énoncé la valeur d'une justification en présentant le fait de parler sa langue maternelle comme s'imposant de lui-même et donc incontestable, eu égard le contexte. Pour la locutrice, la pertinence du contexte ne peut être ignorée, puisqu'elle explique et légitime l'attitude de résignation adoptée.

Même l'amélioration des performances linguistiques est perçue comme moins spectaculaire que ne laissait espérer le mythe de l'appropriation automatique (Ehrenreich, 2004) par la « plongée » dans le « bain » linguistique :

An der Uni, dadurch, dass man halt nie gefordert wird zu sprechen und dass es auch nicht möglich ist, es einem nicht möglich gemacht wird, hat man keine Sprachpraxis. Man/ also man/also mein passiver Sprachwortschatz hat sich bestimmt/also schon, ich hab schon was dazugelernt auf jeden Fall. Das würde ich jetzt nicht/aber halt nicht so, wie ich das gedacht hatte[7].

Les nombreuses auto-interruptions, les généralisations et l'emploi du passif orientent la catégorisation vers la paire *enseignant/apprenant*, catégorisation à laquelle sont associés des droits et des obligations, lesquels, selon l'informatrice, non pas été pris en compte par la communauté d'accueil, thématisée ici explicitement par *Uni* (fac). Les marqueurs d'incertitude et l'absence des bases verbales sont autant d'indices de la difficulté

---

[6] Forcément, quand on se rencontre avec des Erasmus, c'est normal, quoi, et comme il y a énormément d'Allemands, c'est vrai, on parle énormément allemand.

[7] À la Fac, dans la mesure où on n'est pas invité à parler et que ce n'est pas possible/ qu'on ne nous en donne pas la possibilité, on ne pratique pas la langue. On/bon on/ bon, mon vocabulaire passif s'est certainement/ bon, d'accord, j'ai appris quelque chose c'est sûr. Je ne / mais pas du tout comme je l'avais imaginé, ça non.

de la locutrice à se positionner par rapport aux bénéfices langagiers du séjour qui restent opaques.

D'après les témoignages des étudiants, la pratique de la langue étrangère est avant tout perçue comme fonctionnelle, au service d'une amélioration des compétences linguistiques formelles. Leurs expériences langagières sont vécues sur un mode plus neutre, moins investies d'affectivité et n'ont apparemment pas stimulé autant que chez les élèves des prises de conscience et apprentissages tels que les avons décrits.

5. Trouver sa place dans le groupe d'accueil

Nous ne prétendons pas à l'originalité en constatant le faible degré des interactions entre étudiants mobiles et groupe d'accueil. Mais nous avons néanmoins été interpellée par le fait que même au bout de plusieurs semaines passées ensemble en cours ni les étudiants français ni les étudiants allemands ne connaissaient vraiment leurs prénoms respectifs. Connaître l'identité nominative de quelqu'un, c'est être capable de l'inclure dans un réseau de relations et d'appartenances multiples. En revanche, dire que l'on ne connaît même pas le nom de quelqu'un sous-entend qu'on est privé d'indices d'orientation et par conséquent dans l'impossibilité de situer autrui et, corrélativement, de se positionner par rapport à lui. L'anonyme dénote l'étranger, l'inconnu ou tout de moins celui que l'on méconnaît. La procédure nominative peut donc être un indice subtil, un de ces lieux cruciaux où s'expriment les rapports de places et où se révèlent les contradictions, les réticences, les attitudes parfois ambivalentes face à l'altérité (Perrefort, 1993). La catégorisation nominative *les Erasmus* peut s'assimiler à un xénisme latent (Ehlich, 1986) dans la mesure où son énonciation réintroduit à chaque fois un signe de non-appartenance dans les interactions : *Man ist irgendwie Erasmus, aber ich gebe ja meine Identität nicht ab, ich bin ja trotzdem noch auch immer ich*[8].

Le fait d'être ainsi catégorisé comme non membre peut être ressenti de diverses manières, souvent paradoxales d'ailleurs, négativement, positivement, changeant au gré des situations, des interlocuteurs et peser sur la perception qu'a le mobile de sa place

[8] On est d'une certaine façon Erasmus, mais ce n'est pas pour autant que je n'ai plus mon identité, je continue malgré tout à être moi en même temps.

au sein du groupe d'accueil. Ceux des Erasmus qui disent ne pas l'avoir trouvée tendent à rester confinés dans une marginalité qui relève plus d'un repli sur soi que d'une marginalité constructive propice à un retour sur soi et sur l'autre. Ce positionnement en marge revient à garder le statut d'hôte, de visiteur - bref de touriste-spectateur qui visite plus qu'il ne vit la culture d'accueil : *Ich bin stolz in einem Land gelebt zu haben mit einer so glorreichen Vergangenheit* [9].

Les attentions associées aux rites de l'hospitalité sont néanmoins attendues, d'autant qu'elles sont valorisantes pour l'image de soi. Mais elles tardent parfois à venir ou sont inexistantes : *Es wird einem schwer gemacht, sich willkommen zu fühlen*[10].

Procédures d'hétérocatégorisations négatives à l'égard du groupe d'accueil

À partir d'une position de spectateur, déçu et frustré par rapport aux attentes, il est relativement tentant de juger le groupe d'accueil et de légitimer, en pointant surtout les différences, le maintien d'une extériorité aux autres :

Ich hatte häufig das Gefühl, ich befinde mich in der Schule und guck eigentlich nur zu. Ich hab' dann auch oft gar keine Lust mehr weiter mit den Leuten zu reden, weil ich denke ‚ihr seid noch nicht reif genug'[11].

Certains informateurs attribuent le manque de contact avec le groupe d'accueil aux conditions universitaires. De leurs témoignages se dégage une représentation de l'étudiant français sous l'emprise constante du travail à fournir pour l'université, se pliant passivement aux injonctions des enseignants et vivant dans un stress permanent. La catégorisation des étudiants français comme "élèves", récurrente dans les entretiens, est procéduralement pertinente pour définir le contexte universitaire comme scolaire :

---

[9] Je suis fière d'avoir vécu dans un pays au passé si glorieux.
[10] On ne nous donne pas tellement le sentiment d'être les bienvenus.
[11] J'avais souvent le sentiment de me retrouver à l'école et d'être seulement spectatrice. Et souvent je n'ai même plus envie de parler avec ces gens, parce que je me dis 'vous êtes encore trop immatures'.

Die sitzen da einfach nur rum und sie nehmen auf, sind aber irgendwie ausschließlich passiv und schreiben alles mit. Und da habe ich gedacht, das ist aber seltsam, die stehen ja irgendwie, im troisième année, die stehen vor ihrem Abschluss, ungefähr… und kriegen dann da beigebracht, dass man zur Referatsvorbereitung auch mehrere Bücher heranziehen kann. Und da mussten wir etwas lachen, ehrlich gesagt[12].

Le changement pronominal (*ich/je-wir/nous*) indique que la catégorisation participe à l'instauration de relations inégalitaires et hiérarchiques entre la culture d'origine et la culture d'accueil en référence au collectif. Il en va de même pour les jugements de valeur qui s'y associent :

Das habe ich auch/ wir haben auch mal darüber gesprochen unter Erasmus, unter Deutschen vor allen Dingen und nicht unter anderen, man hat wirklich das Gefühl, man verblödet[13].

Dans ce contexte d'évaluation négative, même la rentabilité du séjour en termes d'acquisition de nouvelles connaissances factuelles sur la culture d'accueil est minimisée. Tout en présentant des variations selon les individus, les témoignages convergent plus ou moins vers le constat que la participation aux cours n'a que peu enrichi les connaissances sur la France : *Hinzu gelernt habe ich nicht so viel. Was ich jetzt nicht vorher wusste oder was ich nicht vorher schon mal gehört hätte oder so*[14].

6. Attitudes et comportements langagiers du groupe d'accueil

Comment le regard du groupe d'accueil sur les Erasmus s'articule-t-il avec les catégorisations que nous venons de décrire ? Etant donné qu'il s'agit d'étudiants français germanistes, on peut

---

[12] Ils sont simplement assis là et ingurgitent ce qu'on leur raconte, mais je sais pas, ils sont complètement passifs et notent tout. Et puis je me suis dit c'est bizarre, ils sont, je sais pas, en troisième année, ils passeront bientôt leur examen final et on leur apprend qu'on peut également consulter plusieurs livres pour préparer un exposé. Et là, quand même, on a été obligé de rire, croyez-moi.

[13] Moi, j'ai/ nous en avons parlé, entre Erasmus, surtout entre Allemands et pas avec les autres, on a vraiment le sentiment de s'abêtir.

[14] Je n'ai pas appris beaucoup plus que ce que je ne savais déjà auparavant ou de ce que j'avais déjà pu entendre avant.

supposer que la présence des Erasmus dans certains cours devrait être saluée, le contact recherché, la curiosité avivée, les échanges riches en apprentissages réciproques. Mais la première phase, marquée par l'attrait de l'exotique et l'utopie de l'universalisme, euphorique, fusionnelle, riche en marqueurs de bonne volonté (Perrefort, 1990) a vite cédé le terrain à une relative indifférence et un faible degré d'interactions. Le non-ordinaire de l'Erasmus se vit en effet dans l'ordinaire du groupe d'accueil.

Autocatégorisations négatives et hétérocatégorisations positives

Les catégorisations accomplies nous en fournissent une explication possible. Le choix des langues dans les interactions peut se négocier de diverses façons, dans le sens d'un mouvement de convergence, où les asymétries langagières n'auraient que peu d'importance ou, au contraire, dans celui de la divergence, tendant vers des relations inégalitaires, des postures d'exclusion et de repli sur soi. Dans le cas présent, l'emploi presque exclusif du français par les Erasmus tant en cours que dans l'espace informel, a paradoxalement participé à l'instauration d'un rapport hiérarchique, redistribuant les places et les rôles. Estimant que leurs performances en allemand étaient largement inférieures à celles des Allemands en français, les germanistes français se sont catégorisés comme *locuteur faible*, infériorisant leurs compétences linguistiques en allemand, tout en instaurant les partenaires dans la catégorie du *locuteur fort*.

La présence des étudiants germanophones a été ressentie progressivement comme pesante et les étudiants français interviewés évoquent tous un sentiment d'insécurisation latent : *Parfois on était même soulagé quand ils n'étaient pas avec nous en cours.* Lorsqu'ils devaient s'exprimer en allemand en cours, l'insécurité offrait un terrain favorable à des processus de régression qui se traduisaient par un sentiment d'infériorité : *On s'est senti petit. On avait honte de parler devant eux.*

Sous-tendu par une attitude normative vis-à-vis de la langue étrangère, le mythe de l'incompétence quasi génétique et culturellement spécifique des Français pour les langues étrangères est sollicité pour rendre intelligible cette catégorisation et pour la légitimer :

Parler français pour eux c'est nettement plus évident que pour moi parler allemand, quand je dois causer en allemand, il faut que je réfléchisse, enfin ça ne me vient pas, je dois faire des fautes monstres. C'est peut-être aussi pour ça que les Français hésitent un peu de parler une langue étrangère qu'ils ne maîtrisent pas vraiment, ils ont peur de faire des fautes d'avoir l'air ridicule ou j'en sais rien.

Le doute de soi provoqué par la confrontation à l'altérité est propice à l'ouverture aux autres s'il s'accompagne de la volonté de remettre des évidences en question. Pour les étudiants français, il a produit l'effet inverse : il les a enfermés dans une catégorisation auto-dévalorisante qui a infléchi les comportements langagiers. C'est le constat que fait une des étudiantes allemandes interviewées :

Ich glaub' schon, dass die Mädels auf französisch bleiben wollten. Also sie hätten das schon machen können, dass wir jetzt auf französisch reden und die Mädels auf Deutsch antworten, oder so, aber/ also sie haben sich einfach nicht getraut. Haben von Anfang angesagt, 'nee, das könnte ich nie so, so gut wie ihr französisch redet, würden wir auf deutsch nie reden können. Nee, wir bleiben bei französisch'[15].

Chez certains étudiants français, l'appréhension de partir en pays germanophone a été renforcée : *On y va, mais à reculons*. Mais aussi certains Erasmus évoquent un désenchantement par rapport à leurs attentes et l'image qu'ils avaient de la France. Avant le séjour, la majorité d'entre eux n'avait pas exclu la possibilité de s'établir en France, mais les expériences faites lors du séjour les ont rendus plus réticents face à une telle perspective. En revanche, presque tous expriment leur désir d'un retour en France hors Erasmus afin de connaître vraiment les Français :

Ich finde auch dieses ganze Erasmusdings ist zwar nett, also man macht andere Erfahrungen. Man wird schon ein bisschen selbstbewusster, ein bisschen selbstsicherer auch, ein bisschen selbstvertrauter auch. Aber es

[15] Je pense que les filles voulaient « rester en français ». Pour sûr, elles auraient pu faire en sorte que nous on parle en français et que les filles répondent en allemand ou quelque chose comme ça, mais /enfin elles n'ont tout simplement pas osé. Elles l'ont annoncé dès le départ 'non, ça je ne le pourrais jamais, parler aussi bien que vous en français, nous, on ne le pourrait jamais en allemand. Non, on va parler en français'.

bringt irgendwie für die Sprache fast gar nichts und um wirklich Land und Leute kennen zu lernen, eigentlich auch nichts. Also diese Erasmusgesellschaft ist für mich mehr so eine Parallelgesellschaft. Und um Frankreich und Franzosen wirklich kennen zu lernen, möchte ich noch mal wiederkommen, und das anders machen[16].

Le désenchantement semble ainsi au service d'une curiosité avivée et différente de celle qui a motivé le départ. Ceci ouvre la porte sur une approche différente de l'altérité, pour un vrai passage de frontière où les apprentissages ne seraient pas brouillés, voire noyés par un vécu en marge de la culture d'accueil en raison du caractère exotique du séjour Erasmus.

7. Les élèves et le milieu d'accueil

Concernant les interactions des élèves avec le milieu d'accueil, il est évident que les contextes sont si différents que la comparaison semble difficile et doit se faire avec beaucoup de prudence. Un aspect nous semble toutefois comparable, du moins à certains égards : la réflexion menée par les élèves sur les attitudes de la classe d'accueil et leur propre positionnement à l'égard de leurs hôtes. Nous avons choisi de développer ces aspects en nous basant sur deux séquences dans lesquelles des élèves français racontent leur arrivée dans la classe en Allemagne. Même si leurs témoignages ne sont certainement pas représentatifs statistiquement pour la population interrogée, ils sont néanmoins significatifs de la diversité des catégorisations et des apprentissages possibles. Dans la séquence ci-dessous, Patricia, élève française de 16 ans, décrit la manière dont elle s'est adaptée à sa nouvelle classe en Allemagne :

P. : Au début de l'échange ça m'a un peu peinée parce que je me suis dit 'dans la classe ils vont venir vers moi parce que je suis étrangère' et j'osais pas trop aller vers eux et au bout de trois semaines je me suis dit 'il faut bien que j'aille vers eux sinon je ne parlerais pas' et donc je me suis

---

[16] Tout ce truc Erasmus c'est bien gentil, d'accord, on fait d'autres expériences. On s'affirme un peu plus, on prend un peu plus d'assurance, on gagne un peu de confiance en soi. Mais pour la langue, cela n'apporte pour ainsi dire rien et, au fond, rien du tout non plus pour connaître le pays et les gens. Pour moi, toute cette société Erasmus est plutôt une société parallèle. Et pour connaître vraiment la France et les Français, j'aimerais revenir et le faire autrement.

mise à parler mais sinon enfin ils sont pas venus vers moi cela m'a un peu/l'intégration j'ai trouvé ça assez difficile parce qu'il y a pas eu de curiosité

I[17]. : tu avais une certaine attente ?

P. : qu'ils viendraient vers moi

I . : tu arrives dans la classe/

P. : et tac ils parlent pas je me suis dit 'est-ce qu'ils ont peur que je comprenne pas ?' 'est-ce que je fais peur ?' (rires) euh mais en même temps il y avait un garçon qui/ c'est pas qu'il parlait pas français mais qui me disait 'comment ça va ?' à chaque fois en français et à un moment il a commencé une phrase et il s'est tu et il a dit 'de toute manière je ne sais pas pourquoi je parle je sais pas quoi dire' donc je pense que les autres c'était pareil ils savaient pas quoi dire devant quelqu'un étranger et c'est pour ça qu'ils sont pas venus vers moi je pense que c'est/.

Comme dans les témoignages des étudiants, nous trouvons trace des attentes déçues, d'un scénario possible projeté sur la façon dont se passerait l'accueil et qui n'a pas eu lieu. Mais le travail d'interprétation se distingue fondamentalement de celui relevé dans les entretiens avec les étudiants. L'élaboration du sens se fait pendant toute la séquence à partir de l'auto-catégorisation *étrangère*, impliquant un pôle catégoriel opposé qui se construit autour du pronom *ils*, lequel ne fait pas objet de précision, laissant subsister un certain flou référentiel. Au groupe ainsi désigné, la locutrice attribue les propriétés « attitude réservée », « peur » (*ils sont pas venus vers moi, il y a pas eu de curiosité, est-ce qu'ils ont peur - est-ce que je fais peur ?*), « insécurité » (*ils savaient pas quoi dire*), traces discursives de la catégorie « étranger ». Le travail énonciatif porte les marques fortes d'une prise en charge subjective (l'autocitation introduite par « je me suis dit », le commentaire métadiscursif « j'ai trouvé ») et le paradigme autour duquel la locutrice élabore son interprétation relève plus d'une représentation de type anthropologique que de type ethnique / national.

L'extrait suivant présente certaines ressemblances avec le précédent en ce qui concerne les catégorisations. Mais il est également intéressant en ce sens qu'il thématise explicitement le fait qu'une intégration laborieuse peut être déclencheur d'apprentissages :

[17] I = Interviewer.

J'ai découvert quelque chose. Comme je pouvais pas/ comme les autres ne venaient pas vers moi et donc que je restais souvent seule au début, j'ai remarqué que je pouvais écouter longtemps et observer les gens et donc apprendre à déduire un peu le caractère et connaître un peu avant les gens sans leur parler et en regardant leurs réactions. En les observant, en les écoutant, on arrive à connaître un peu le caractère de la personne sans leur parler et ça je trouve ça assez bien parce que avant je savais pas/ écouter bon, d'accord, mais faire autant attention, je crois que c'était pas aussi important pour moi.

La catégorisation d'« observateur-ethnologue » que le locuteur accomplit dans cet extrait est particulièrement significative. En effet, tel un ethnologue, il se sert de ce qu'on est tenté d'appeler *observation participante* pour explorer le nouveau terrain avant d'en négocier l'accès et la place qu'il y occupera. La remarque introductive « *j'ai découvert quelque chose* » établit la pertinence qu'il attribue à cette catégorisation et aux activités qui lui sont associées.

« Savoir écouter » et « observer » peuvent se comprendre comme compétences sociales et participent au développement de la capacité d'adaptation. Un tel apprentissage par le silence et par l'observation se différencie profondément de l'apprentissage responsif qui est de mise dans l'institution scolaire. Toutefois, il arrive que le groupe d'accueil se trompe sur le sens de ce silence en l'interprétant en termes relevant du psychologique (introversion, désintérêt, indifférence…). C'est ce dont témoigne le dernier extrait. En France depuis cinq mois et vivant douloureusement certains échecs communicatifs, l'élève allemande prend la mesure des difficultés éprouvées par sa correspondante en pareille situation en Allemagne :

Je regrette d'avoir agi ainsi. Je le regrette vachement, je sais maintenant comment c'est. Avant j'ai toujours pensé 'enfin, ma nenette, cela fait maintenant quatre mois que tu es là, maintenant tu peux dire quelque chose sans qu'on te demande, tu peux aller toute seule vers le gens' et ici, même au bout de 5 mois je suis contente quand les gens se tournent vers moi dans une conversation et quand des Français me font une remarque, de sorte que je peux entrer dans la conversation. Je le regrette énormément, car en plus elle est extrêmement timide, que je ne l'ai pas assez aidée et quand en plus on s'est retrouvé à trois, qu'elle s'est sentie toute bête, elle est restée assise là, comme ça, pendant trois heures et beaucoup de choses, elle ne les a pas comprises et je ne l'ai pas aidée à entrer dans la conversation, je le regrette énormément, je ne peux plus le changer maintenant, elle était totalement exclue[18].

Ce n'est qu'en se trouvant dans une situation identique à celle vécue auparavant par sa correspondante que l'informatrice prend conscience de la relativité de son propre système de référence.

Il me semble qu'une des forces de ce type de mobilité scolaire réside justement dans l'opportunité donnée aux participants d'être tour à tour accueilli et accueillant, étranger et autochtone. Ces changements successifs des rôles, des statuts et places semblent participer fortement à l'émergence et au développement d'une capacité empathique.

8. Interpréter l'altérité - les savoirs mobilisés par les élèves et les Erasmus

Quels types de savoirs sont mobilisés pour donner sens au vécu de l'altérité langagière et culturelle ? Nous avons déjà noté dans les commentaires qui précèdent, certaines différences entre les populations étudiées que l'on peut résumer ainsi :

Tandis que dans la reconstitution narrative de leurs expériences, les élèves effectuent un travail d'interprétation pour lequel les stéréotypes comme outil sémiotique ne sont que rarement sollicités, le recours au stéréotypage est en revanche plus fréquent chez une grande partie des Erasmus et le groupe d'accueil interrogés.

La faible occurrence des stéréotypes dans les témoignages des élèves peut s'expliquer par l'enjeu identitaire de ce vécu particulier qui s'assimile pour des jeunes de cet âge à bien des égards à un

[18] Es tut mir total leid, ich weiss jetzt, wie das ist, ich hab mir immer gedacht 'Mensch, Mädchen, du bist jetzt vier Monate hier, jetzt kannst du doch mal selber was sagen, selber mal ein bischen auf die Leute zugehen' und hier, selbst nach fünf Monaten bin ich froh, wenn im Gespräch Leute sich an mich wenden und wenn Franzosen, die machen irgendeine Bemerkung zu mir, so dass ich einschreiten kann in das Gespräch. Das tut mit total leid, denn sie ist ja auch total schüchtern, dass ich ihr da nicht genug geholfen hab und wenn wir dann noch zu dritt waren, dass sie sich dann total blöde gefühlt hat, sie hat drei Stunden rumgesessen und sie hat auch manches nicht verstanden, ich hab sie nicht einbemüht, das tut mir total leid, ich kann es jetzt nicht ändern, sie war total ausgeschlossen.

voyage initiatique et à un rite de passage. Il s'agit en effet d'une phase de la vie, subjectivement et socialement pertinente, marquant et initiant le passage vers l'âge adulte. Potentiellement, la situation contient tous les éléments susceptibles de provoquer un choc culturel et donc propice à la sollicitation des stéréotypes afin de remettre de l'ordre dans le désordre sémiotique. Mais ce choc s'estompe devant les autres défis sociaux et identitaires auxquels les élèves doivent faire face. Vivre au quotidien dans un milieu inconnu et de surcroît dans une langue étrangère exige un travail d'adaptation et d'intégration et confronte les adolescents à d'autres systèmes de normes, de valeurs, de règles et à eux-mêmes. La gestion de cette différence déplace les enjeux de la rencontre interculturelle au sens classique sur un autre terrain. De sorte que les stéréotypes cèdent le pas à une interprétation contextualisée et subjective. Le changement de milieu et de vie provoque donc moins un choc culturel dans le sens d'une mise en échec de conduites culturellement spécifiques que des interrogations identitaires, de plus typiques pour l'âge de ces adolescents. L'altérité fournit en quelque sorte l'arrière-plan pour le travail sur soi-même, pour le développement de la personnalité et l'acquisition de compétences sociales telles qu'autonomie, assurance et contrôle de soi.

8.1. Stéréotypage ethnique et pannes interprétatives

En revanche, le stéréotypage ethnique, accompagné parfois de jugements de valeur, est beaucoup plus présent dans le travail d'interprétation accompli par les Erasmus interrogés. Nous avons vu que les techniques de modalisation relativement fréquentes tendent à nuancer ou atténuer le degré de validité du stéréotypage, comme par exemple la présence de très nombreux marqueurs de vague et d'incertitude. À notre avis, ce sont autant d'indices du fait que le stéréotypage ethnique est commandé par des pannes interprétatives. Contrairement aux élèves qui évoluent dans un réseau social complexe, susceptible de leur fournir de l'aide dans l'interprétation, les Erasmus doivent accomplir le travail de construction du sens soit dans une relative solitude soit avec les autres membres du groupe des Erasmus, allemands ou étrangers. Et, dans ce cas, il est bien connu que le stéréotypage se renforce dans un groupe, lui assure une cohésion interne tout en le démarquant de ceux qui ne partagent pas les mêmes références et valeurs (Ladmiral & Lipiansky, 1989 ; Tajfel, 1982).

8.2. Co-construction des stéréotypes

Mais il convient, dans ce contexte, de revenir sur le rôle du groupe d'accueil dans les procédures de construction du sens. Il est arrivé que les étudiants germanistes du groupe d'accueil étaient sollicités, en tant qu'experts de la culture d'accueil, pour expliquer tel ou tel phénomène. Peu habitués à réfléchir sur les *évidences invisibles* (Carroll, 1987) de leur culture, ils mesuraient difficilement le degré de connaissances ou d'ignorance de leurs interlocuteurs et l'apport nécessaire à la compréhension qu'ils devaient leur fournir. Mais, plus important encore, peu sensibilisés aux représentations sociales pouvant circuler dans l'autre culture sur la culture d'accueil, ils ignoraient à quel point leurs paroles allaient faire écho à ce savoir collectif. Devant la difficulté d'expliciter ce qui jusqu'alors leur apparaissait comme évidence, leurs explications actualisent la doxa sur la France et tendent à des simplifications et généralisations abusives. Elles avaient la plupart du temps pour effet de confirmer des hétérostéréotypes. À titre d'anecdote, voici un exemple : à l'approche du 11 novembre, jour de commémoration de la fin de la Première Guerre Mondiale, les Allemands posaient des questions sur la signification de cette journée. Certains ignoraient totalement son sens historique. L'explication donnée par les Français du groupe d'accueil peut se résumer ainsi : « *Cela rappelle la fin de la Première Guerre Mondiale, tout le monde se réunit autour du monument aux morts, il y a des drapeaux, on joue de la fanfare et on chante la Marseillaise* ». Je n'ai pas été surprise de trouver par la suite dans les entretiens des remarques à propos du sentiment national très prégnant chez les Français : *Verfestigt hat sich auf jeden Fall der Eindruck in Bezug auf das Nationalgefühl, dass das eben sehr ausgeprägt ist in Frankreich*[19]. La représentation qui sous-tend la notion de « natif » est celle d'« expert », de « représentant », d'« authentique ». Elle paraît particulièrement inadéquate, car comme le montre précisément l'exemple, le « natif » n'est pas

[19] Mon impression que le sentiment national des Français est très développé s'est en tout cas confirmée et renforcée.

toujours en mesure de passer d'une compétence monoculturelle à une compétence interculturelle et d'effectuer le retour réflexif nécessaire à l'explicitation des dimensions largement invisibles et inconscientes de sa propre culture.

Le contexte dans lequel évoluent les Erasmus participe à une certaine fragmentation de leur perception identitaire. La multiplicité des procédures catégorielles - tant externes qu'internes - révèle des positionnements difficiles, fragmentaires. Le stéréotypage, souvent négatif, est notamment accompli lorsque seule la référence à un savoir collectif familier semble apte à donner du sens. L'altérisation (Dervin, 2007) a alors la fonction de se rassurer par rapport à soi-même et de restabiliser sa position sociale. Une certaine vulnérabilité est inhérente au changement culturel et accentue le besoin d'aide et de reconnaissance sociale. L'opacité des règles, l'absence d'explication ou de témoignages d'encouragement peuvent ralentir ou même faire échouer l'élaboration d'un sentiment d'appartenance et contribuer à pointer les différences au détriment des ressemblances.

Conclusion

Nous avons appréhendé les expériences langagières comme possibles processus de socialisation dans un espace fait d'ailleurs. La mise en perspective des deux types de mobilité et le croisement avec les témoignages du groupe d'accueil ont montré qu'elles varient considérablement en fonction des contextes et impliquent forcément des apprentissages différents et variables. Pour les élèves, les canaux d'apprentissage sont multiples en raison des interactions complexes et discontinues avec le milieu d'accueil. Le principe de réciprocité nécessite des stratégies d'adaptation continuelles et favorisent, comme nous l'avons vu, les apprentissages sociaux.

Nos résultats concernant les étudiants tendraient à confirmer ceux d'autres travaux qui montrent que les interactions avec le milieu d'accueil sont moins riches en ressources communicatives et que ce n'est pas sur ce terrain que vont se développer les apprentissages les plus importants. Bien au contraire, l'analyse des entretiens avec les Erasmus et le groupe d'accueil, indique que leurs rapports semblent avoir été plutôt placés sous le signe d'une hiérarchisation des relations entraînant le repli sur soi et confirmant les stéréotypes réciproques.

Chez la population scolaire, les procédures d'interprétation attestent une capacité réflexive assez élevée dans lesquelles les stéréotypes nationaux comme instrument herméneutique ne sont que très peu sollicités. Le double vécu de l'altérité - accueillir l'autre différent chez soi et être à son tour l'autre différent - ainsi que l'étayage de la construction du sens par les apports polyphoniques du milieu d'accueil ont certainement contribué au développement d'une telle capacité. Un tel étayage semble avoir fait défaut chez les Erasmus, ce qui peut expliquer le maintien, voir le renforcement de stéréotypes et le faible enjeu des expériences langagières.

Interagir avec l'autre différent signifie tout d'abord une confrontation intensive avec soi-même. Pour ce qui est de la mobilité scolaire, cette confrontation a participé chez beaucoup des élèves interrogés à l'émergence d'une compétence d'altérité comprise dans une acception anthropologique, en tant que capacité de réfléchir sur soi par le retour sur l'autre. Il est certain que le critère de réciprocité, impliquant l'inversement des rôles et des perspectives, a considérablement favorisé le développement d'une telle compétence. L'étude à long terme, prévue dans la recherche, pourrait montrer si cette compétence évoluera vers une compétence de *médiation interculturelle* (Alred & Byram, 2006 : 228).

Les bénéfices pour les Erasmus apparaissent comme étant bien plus flous et semblent de l'ordre des acquis connus tels que plus d'assurance, adaptabilité, sentiment identitaire renforcé, meilleure connaissance de soi-même, perfectionnement linguistique et connaissances essentiellement factuelles sur l'autre culture. Ce qui apparaît nettement dans la comparaison entre les deux types de mobilité c'est que le développement de ces compétences ne peut se faire sans guidance et sans que celle-ci ne soit réciproque – en s'adressant à la fois aux mobiles et au groupe d'accueil. La mise en place de guidance sous forme de dispositifs d'étayage, d'aide à l'interprétation des données nouvelles semble incontournable dans le développement de réelles compétences interculturelles. Elle doit intégrer aussi le fait que les acteurs de la mobilité sont des multiplicateurs et que leurs récits vont s'inscrire dans la mémoire familiale culturelle et collective avec des retombées possibles sur l'intercompréhension entre personnes de milieux culturels différents.

Bibliographie

Agar, M. 1994. *Language Shock. Understanding in the culture of conversation.* New York : Morrow.

Alred, G., Byram, M. 2006. British students in France : 10 years on. In Byram, M. & Feng, A. (eds). *Living and studying abroad, research and practice.* Clevedon : Multilingual Matters. 210-231.

Béal, Ch. 2002. Comment prendre en compte le rôle des préjugés dans les malentendus interculturels ? *Marges linguistiques.* http://www.marges-linguistiques.com, visité le 13 février 2007.

Bertaux, D. 2001. *Les récits de vie.* Paris : Nathan Université.

Byram, M. 1997. *Teaching and assessing intercultural communicative competence.* Clevedon : Multilingual Matters.

Carroll, R. 1987. *Evidences invisibles. Américains et Français au quotidien.* Paris : Seuil.

Cavalli, M., Coletta, D., Gajo, L., Matthey, M., Serra, C. 2003. *Langues, bilinguisme et représentations sociales au Val d'Aoste.* Aosta : IRREVDA.

Coleman, J.A. 1996. *Studying Languages: a survey of British and European students. The proficiency, background, attitudes and motivations of students of foreign languages in the United Kingdom and Europe.* London : CILT.

Coleman, J.A. 1998. Evolving intercultural perceptions among university language learners in Europe. In Byram, M. & Fleming, M. (eds.). *Language learning in intercultural perspective.* Cambridge : Cambridge University Press. 45-75.

Dausendschön-Gay, U., Gülich, E., Krafft, U. 1995. Exolinguale Kommunikation. In Fiehler, R., Metzing, D. (eds.). *Untersuchungen zur Kommunikationsstruktur.* Bielefeld : Aisthesis Verlag. 85-117.

De Federico, A. 2003. *Réseaux d'identification à l'Europe. Amitiés et identifications d'étudiants Européens.* Thèse de doctorat. Université de Lille et Université de Navarre.

Dervin, F. 2007. Podcasting and intercultural imagination: othering and self-solidifying around tapas and siesta. *Journal of Culture, Language and Representation.* (4). 67-91.

Ehlich, K. 1986. Xenismen und die bleibende Fremdheit des Fremdsprachensprechers. In Hess-Lüttich, E. (éd.). *Integration und Identität. Soziokulturelle und psychopädagogische Probleme im Sprachunterricht mit Ausländern.* Tübingen : Gunter Narr. 43-54.

Ehrenreich, S. 2004. *Auslandsaufenthalt und Fremdsprachenlehrerbildung. Das assistant-Jahr als ausbildungsbiographische Phase.* Münchener Arbeiten zur Fremdsprachenforschung Bd. 10, hg. von Friederike Klippel. München : Langenscheidt.

Gülich, E. 1997. Les stéréotypes nationaux, ethniques et culturels : une recherche pluridisciplinaire. In Matthey, M. (éd.). *Les langues et leurs images*. Lausanne : IRDP. 35-57.

Geertz, C. 1973. Thick description: Toward an interpretive theory of culture. In Geertz, C. *The interpretation of cultures: Selected essays*. New York : Basic Books. 3-30.

Hagège, C. 1996. *L'enfant aux deux langues*. Paris : Editions Odile Jacob.

Hu, A. 2002. Zwischen Subjektivität und dem Anspruch auf Exploration authentischer Perspektiven : forschungsmethodische Anmerkungen zu einer interpretativ-ethnographischer Fallstudie. In Müller-Hartmann, A. & Schocker-V. Dithfurth, M. (éds.). *Qualitative Forschung im Bereich Fremdsprachenlehren und lernen*. Giessener Beiträge zur Fremdsprachendidaktik. Tübingen : Gunter Narr Verlag. 62-83.

Kaufmann, J.C. 2004. *L'entretien compréhensif*. Paris : Armand Colin.

Ladmiral, J.R. & Lipiansky, E.M. 1989. *La communication interculturelle.* Bibliothèque européenne des Sciences de l'éducation. Paris : Armand Colin.

Mondada L. 1999. L'accomplissement de "l'étrangéité" dans et par l'interaction : procédures de catégorisation des locuteurs. *Langage*. 134. 20-34.

Murphy-Lejeune, E. 2003. *L'étudiant européen voyageur : Un nouvel étranger*. Paris : Didier.

Papatsiba, V. 2003 *Des étudiants européens. ERASMUS et l'aventure de l'altérité.* Bern : Peter Lang.

Papatsiba, V. 2006. Study abroad and experiences of cultural distance and proximity : French Erasmus students. In Byram, M. & Feng, A. (eds). *Living and studying abroad, research and practice*. Clevedon : Multilingual Matters. 108-133.

Perrefort, M. 2001. *J'aimerais aimer parler allemand.* Paris : Economica.

Perrefort, M. 2005. Interagir dans la langue de l'autre au quotidien. *Französisch heute*. N°4, 36. Jhg., Kallmeyer. 330-343.

Perrefort, M. 2006. Catégorisations et enjeux identitaires dans les interactions en langue étrangère. In Martinez, H. & Reinfried, M. (éds.). *Unter Mitarbeit von Marcus Bär Mehrsprachigkeitsdidaktik gestern, heute und morgen Festschrift für Franz-Joseph Meißner zum 60. Geburtstag.* Giessener Beiträge zur Fremdsprachendidaktik, Tübingen : Gunter Narr Verlag. 167-179.

Perrefort M. (dir.). 2006. *L'immersion dans une autre culture. L'évaluation scientifique des échanges scolaires individuels et de longue durée* (Programme Voltaire). Berlin, Paris : Textes de travail, OFAJ/DFJW.

Py, B. 1991. Bilinguisme, exolinguisme et acquisition. Rôle de L1 dans l'acquisition de L2. *TRANEL* 17. Neuchâtel. 147-161.

Py, B. 1995. Migration, apprentissage et réorganisation des compétences linguistiques. In Lüdi, G., Py, B., de Pietro, J.-Fr., Franceschini, R., Matthey, M., Oesch-Serra, C., Quiroga, Ch. *Changement de langage et langage du changement. Aspects linguistiques de la migration interne en Suisse.* Lausanne : Editions. L'âge d'Homme. 117-146.

Regan, V. 1995. The acquisition of sociolinguistic native speech norms : effects of a year abroad on second language learners of French. In Freed (ed.). *Second Language Acquisition in a Study Abroad Context.* Amsterdam, Philadelphia : Benjamins. 245-267.

Sacks, H. 1992. *Lectures on conversations* [1964-1972]. Oxford : Basil Blackwell.

Strauss, A. 1992. *La trame de la négociation. Sociologie qualitative et interactionnisme.* Paris : L'Harmattan.

Tajfel, H. 1982. *Gruppenkonflikt und Vorurteil: Entstehung und Funktion sozialer Stereotypen.* Berlin/ Wien : Hans Huber.

Teichler, U. 1997. *The Erasmus Experience. Major findings of the Erasmus evaluation research.* Luxembourg : Office for Official Publications of the European Communities.

Weber, M. 1992. *Essais sur la théorie de la science.* Paris : Presses Pocket.

Mobilité universitaire et activités de prise de notes : une approche interculturelle

Sophie Babault & Martine Faraco

Introduction

Élément central du travail universitaire, conditionnant en partie la réussite aux examens, la prise de notes est une activité complexe qui pose souvent problème aux étudiants en mobilité, non seulement pour des raisons linguistiques évidentes mais également, de manière plus subtile, à cause des déterminants culturels qui semblent entourer son fonctionnement. Prend-on toujours des notes de la même façon d'un cours à l'autre, d'une discipline à l'autre, d'un pays à l'autre ? En fonction de quels critères sélectionne-t-on les éléments à prendre en note ? Fait-on toujours la même exploitation des notes prises ? Ces questions, qui laissent entrevoir la diversité des modalités de mise en œuvre des activités de prise de note, sont cruciales pour l'adaptation des étudiants en mobilité dans leur nouvelle université mais font souvent l'objet d'une prise de conscience progressive, voire tardive, comme en témoignent ces deux étudiantes, désagréablement surprises par les résultats de leurs examens en France :

> J'ai vraiment été déçue par mon résultat de droit constitutionnel parce que j'aimais le cours et j'ai étudié très dur (E70, étudiante écossaise).
> J'avais des choses qui me semblaient importantes, et qui n'étaient peut-être pas importantes pour le prof (E59, étudiante bolivienne).

L'étude de la variation interculturelle en contexte universitaire, explorée depuis une vingtaine d'années, a ouvert de vastes perspectives pour la compréhension de phénomènes reposant sur des règles implicites profondément intériorisées par les différents acteurs sociaux et ne donnant que trop rarement lieu à remise en question (Babault, 2006). Nous citerons en particulier trois formes de variation interculturelle pouvant avoir un impact sur les pratiques de prise de notes :

- variation interculturelle liée aux représentations du savoir : il existe à ce jour de nombreuses études mettant en évidence les implications culturelles des représentations du savoir et de ce qui a été décrit notamment par Charlot comme le rapport au savoir, « *ensemble organisé des relations qu'un sujet entretient avec tout ce qui relève du savoir et de l'apprendre* » (1997 : 94). Citons par exemple l'influence de la philosophie confucéenne sur les représentations du savoir des étudiants asiatiques (Yang, 1986) ;

- variation interculturelle liée aux styles d'apprentissage : plusieurs études ont été menées à partir du modèle du *Study Processes Questionnaire* (SPQ) proposé par Biggs (1978 ; 1987). Ce modèle distingue trois approches fondamentales de l'apprentissage : l'approche approfondie (orientée vers le sens et l'utilisation d'informations), l'approche superficielle (orientée vers la mémorisation et la reproduction d'informations) et enfin l'approche d'accomplissement (orientée vers la réussite, quelle que soit la nature du contenu)[1]. Ces différentes études comparatives menées auprès d'étudiants de diverses nationalités inscrits dans les mêmes universités, ont mis clairement en avant l'existence de divergences au niveau des stratégies privilégiées par les différents groupes (Richardson, 1994 ; Kember, 2000 ; Ramburuth & Mc Cormick, 2001 ; etc.). Développant son propre modèle d'analyse, Reid (1987) constate pour sa part dans des universités américaines non seulement des divergences entre les différents groupes d'étudiants, mais également des démarches d'adaptation de certains étudiants étrangers à leur environnement universitaire américain ;

- variation interculturelle liée aux styles d'enseignement : les perceptions des enseignants concernant le savoir, les types d'apprentissage, les relations envisagées entre théorie et pratique, etc., sont, elles aussi, fortement conditionnées par des valeurs culturelles (Samuelowicz & Bain, 1992 ; Kember, 1997). Observant directement les pratiques d'enseignants canadiens de l'enseignement supérieur, Saroyan & Snell (1997) distinguent trois manières de dispenser des cours magistraux, selon qu'ils privilégient le contenu, le contexte ou l'approche pédagogique. Enfin, quelques recherches explorent les interactions pouvant se former entre, d'un côté, les représentations et les attentes des

---

[1] Biggs emploie les termes de « *surface, deep and achieving approaches* ».

enseignants et, de l'autre, les styles d'apprentissage développés par les étudiants, les observations des chercheurs allant de l'absence totale d'interaction et de convergence entre les deux parties (Norton, 1990) à des processus d'auto-influence extrême (Kember, 2000).

À l'intérieur de ce champ de recherche consacré à la variation interculturelle en contexte universitaire, notre objectif est double. Il s'agit, d'une part, de parvenir à cerner certaines formes de variation, liées à des phénomènes de représentations culturelles, se rapportant directement aux activités de prise de notes chez les étudiants en mobilité et, d'autre part, d'inscrire ces formes dans une configuration plus large en cherchant à les mettre en résonance avec d'autres facteurs de variation interculturelle déjà clairement identifiés, tels que le rapport au savoir ou les styles d'apprentissage et d'enseignement. À cet effet, nous analyserons d'un point de vue à la fois qualitatif et quantitatif les réponses à un questionnaire apportées par 99 étudiants étrangers en situation de mobilité dans une université française, complétées par les réponses d'un groupe témoin de 32 étudiants français inscrits dans les mêmes filières. Avant d'entrer dans l'analyse proprement dite, un bref tour d'horizon de certaines études qui ont été d'ores et déjà menées pourra nous permettre d'entrevoir l'étendue des sources de variation.

0. Quelques travaux sur prise de notes et variation

Les prises de notes varient en fonction des critères suivants, allant des plus généraux aux plus directement liés à la variation interculturelle : prosodie du discours de l'enseignant, coût cognitif, type de langue/culture source.

0.1. Aperçu général de la variation

Pour la comparaison des prises de notes en L1 et L2 avec la prosodie du discours de l'enseignant, l'analyse exploratoire de Faraco, Kida, Barbier & Piolat (2002) dégage un lien complexe entre l'information consignée dans les notes, la compétence linguistique du noteur et la prosodie didactique. Dans une analyse plus détaillée, M. Faraco & T. Kida (2003) montrent que, dans le cadre d'une observation graphique en temps réel, deux facteurs affectent de façon significative les notes des étudiants : rapidité du discours de l'enseignant et déficiences linguistiques de l'étudiant. En outre, et à condition que le noteur ait une compétence linguistique suffisante, les pauses et les accents didactiques du discours de l'enseignant influent directement sur le nombre de mots notés. Le rythme auquel le discours didactique est produit n'affecte globalement pas la prise de notes du natif, même si cette compétence n'est pas nécessairement positive pour la sélection du contenu informationnel du cours.

Dans la perspective du coût cognitif généré par la prise de notes en L2, Faraco (2002) note que les abréviations et icônes appartiennent aux noteurs expérimentés et que c'est le natif qui en utilise le plus. L'observation des pauses du discours de l'enseignant montre que, pour tous les scripteurs, les pauses correspondant aux unités de macrostructure sont plus coûteuses cognitivement. Pour les non-natifs peu compétents en L2, ces pauses sont démesurées et correspondent à des décrochages. Les non-natifs compétents en L2 ont un comportement similaire : plus de pauses P3[2] et P4 - mais relativement courtes, entraînant plus de structuration. Les non-natifs peu experts en français prennent trop de temps pour les pauses intra et inter-mot. Il est possible qu'un non-natif expert en français, ayant développé des stratégies compensatoires réussisse mieux la prise de notes qu'un natif qui prendrait des notes de façon trop linéaire ou en surabondance.

0.2. Variation inter-langue/culture

C'est d'abord sur la perspective de la variation interculturelle, parmi nos voisins européens les plus proches, que se sont centrées certaines études. Le public était plus précisément les étudiants étrangers accueillis à l'Université de Provence dans le cadre de cursus LEA Europe (voir Faraco, 1997a et 1997b). La seconde recherche adopte une perspective longitudinale portant uniquement sur des publics européens (espagnol, allemand et anglais). Deux recueils de données sur ce même public ont été faits. Pour le premier dépouillement, il a été observé qu'en général les mots longs et usuels ne sont pas abrégés. Les anglophones utilisent des

---

[2] Pauses de micro-structure : pause intra-mot (P1) et pause inter-mot (P2). Pauses de macro-structure : pause inter-proposition (P3) et pause inter-unité de sens (P4).

abréviations propres au domaine de l'économie, mais pas les deux autres groupes. Quand il y a de rares abréviations, ce sont des troncations (Anglais, Allemands). « *En somme tous les groupes linguistiques suivent la même logique : pas ou peu d'abréviations et de timides essais avec troncations, abréviations contextuelles ou encore traces d'évolution et d'instabilité* » (Faraco, 1997b : 47). Les hispanophones prennent tout en note et « *le résultat ressemble davantage à la transcription d'un enregistrement qu'à des notes de cours* » (*Ibid.* : 48). Le *code switching* (alternance codique) fait partie des stratégies scripturales : caractère parenthétique pour les Espagnols, structuration argumentative pour les Allemands et phénomène courant au titre de reformulation inter-linguistique pour les Anglais. Pour le deuxième dépouillement (3 mois plus tard), il y a certes des changements, mais les scripteurs non natifs, de façon intéressante, continuent à se distinguer les uns des autres en fonction de leur groupe linguistique d'appartenance. L'exemple le plus flagrant est celui du *code switching*.

Ce que nous apprend cette observation longitudinale est que la variation interculturelle semble résister au temps, les scripteurs de groupes linguistiques différents, même ceux des groupes appartenant à l'Union européenne, continuent à avoir un comportement distinct en fonction de leur langue/culture source.

Comme le souligne une autre étude (Faraco, 2001), le problème du scripteur non-natif qui prend des notes en L2 est qu'il « *se trouve aux prises avec deux langues (L1 et L2), deux types de discours en L2 (langue courante et langue de spécialité), deux savoir-faire (compréhension orale et expression écrite) et quatre codes (oral, écrit, écrit oralisé et écrit spécifique à la prise de notes)* » (*Ibid.* : 111).

D'autres études intègrent des publics ayant des langues éloignées, le cas du japonais est étudié dans Barbier, Faraco, Piolat & Branca (2004). Les procédés de condensation sont étudiés à partir de corpus de prises de notes d'étudiants étrangers, en fonction des caractéristiques de leur langue maternelle (anglais, espagnol et japonais). Deux groupes de variables ont été utilisés : (1) les procédés de condensation au niveau lexical ; (2) les opérations de condensation au niveau discursif. Troncatures de la fin, suppression de lettres isolées et signes de ponctuation se retrouvent pour les trois groupes linguistiques. Les résultats montrent que les étudiants anglais et espagnols tendent à procéder de façon analogue. Ces étudiants dont les deux langues renvoient à des systèmes d'écriture alphabétique, semblent avoir développé des pratiques de condensation communes et adaptées à la prise de notes en français L2. Les étudiants japonais ont, quant à eux, développé un *pattern* d'utilisation comparable des procédés de condensation. Mais des différences importantes sont observées entre ce groupe d'étudiants et les deux autres, différences qui sont sans doute liées à un effet de leur langue native. Les Japonais notent moins, ils n'utilisent pas du tout les abréviations par charpentes de consonnes (ex. tjrs). Rappelons que ce procédé est impossible en japonais (écriture syllabique). Ce groupe utilise aussi des signes de ponctuation en guise d'idéogrammes (? = question). Les Espagnols, eux, transfèrent directement leurs habitudes de prise de notes en L1 vers L2 sans beaucoup de modifications. Les Japonais, quant à eux, ne transfèrent que peu leurs habitudes de prise de notes en japonais vers le français et préfèrent prendre moins de notes et écrire les mots en entier. Ceci est sans doute dû à l'éloignement entre le français L2 et le japonais L1.

1. Résultats généraux de l'étude

Les questionnaires sur lesquels la présente étude s'appuie ont été remplis au cours de l'année universitaire 2004-2005 par un effectif total de 131 étudiants inscrits dans les universités de Lille 3, Aix-Marseille 1, Rouen et Caen. Les réponses aux questionnaires ont été analysées à l'aide du logiciel *Le Sphinx Lexica*. Les étudiants, en grande majorité des filles (77,9 %), sont âgés de 18 à 28 ans, pour une moyenne d'âge de 21,6 ans. Parmi les 99 étudiants étrangers, 87 participent à un échange académique, tandis que 12 sont inscrits de manière individuelle dans leur université française. La répartition des nationalités, de l'université française dans laquelle les étudiants sont inscrits, ainsi que des disciplines étudiées, figure dans les tableaux suivants :

Tableau 1 - répartition des nationalités des étudiants

nationalité	Nb. cit.	Fréq.
française	32	24,4%
italienne	17	13,0%
allemande	13	9,9%
britannique	11	8,4%
grecque	7	5,3%
autre europe (langue non romane)	7	5,3%
espagnole	6	4,6%
polonaise	5	3,8%
vietnamienne	5	3,8%
hongroise	4	3,1%
autrichienne	4	3,1%
néerlandaise	4	3,1%
américaine	4	3,1%
chinoise	4	3,1%
irlandaise	3	2,3%
finlandaise	2	1,5%
tchèque	1	0,8%
amérique du sud	1	0,8%
japonaise	1	0,8%
TOTAL OBS.	**131**	**100%**

Tableau 2 - université française de rattachement

université française	Nb. cit.	Fréq.
Lille 3	74	56,5%
Aix	15	11,5%
Rouen	35	26,7%
Caen	7	5,3%
TOTAL OBS.	**131**	**100%**

Tableau 3 – discipline étudiée

discipline étudiée en France	Nb. cit.	Fréq.
lettres modernes	42	32,1%
droit	34	26,0%
langues	29	22,1%
communication	9	6,9%
économie et gestion	9	6,9%
histoire de l'art	5	3,8%
culture et tourisme	2	1,5%
psychologie	1	0,8%
TOTAL OBS.	**131**	**100%**

Les questionnaires comprenaient 52 questions visant, après un certain nombre de questions d'ordre général, à interroger les étudiants sur les représentations qu'ils avaient de leurs pratiques de prise de notes, sur la façon dont ils mettaient en relation leur prise de notes avec la préparation des examens, ainsi que sur leur positionnement face à leurs études. Dans un premier temps, nous avons cherché à déterminer des profils d'étudiants en fonction de leur style de prise de notes. Nous avons pour cela croisé les réponses apportées aux questions suivantes :

Décrivez avec précision comment vous faites pour prendre note d'un cours (question 25)
Êtes-vous satisfait des notes que vous prenez ? Pourquoi ? (question 26)
Prenez-vous vos notes de la même façon pour tous les cours que vous suivez ce semestre ? Pourquoi ? (question 28)
Pendant un cours, comment reconnaissez-vous ce que vous devez prendre en note et ce que vous n'avez pas besoin de noter ? (question 29)
Relisez-vous (parfois, souvent, jamais) les notes de vos camarades pour compléter vos propres notes ? (question 30)
Quand vous comparez les notes de vos camarades et les vôtres, quelles différences remarquez-vous ? (question 33)
Y a-t-il, dans l'ensemble de vos cours de ce semestre, un cours pour lequel il vous est particulièrement difficile de prendre des notes ? (question 35)

La mise en parallèle des réponses apportées à ces questions nous a permis de définir trois axes de description des pratiques de prise de notes.

1.1. Axe « sélection des informations »

Sur cet axe, cinq tendances se sont très rapidement dessinées parmi les pratiques de prise de notes des étudiants[3]. Nous avons ainsi pu distinguer les profils suivants :

A - étudiants exhaustifs : cherchent à écrire le maximum d'informations, ayant pour seule limite leur vitesse d'écriture

Ex : *je note tout ce que j'entends* (E52)

B - étudiants sélectifs : mettent l'accent sur la nécessité de bien choisir les informations qu'ils vont noter

Ex : *j'écoute le professeur et j'écris les choses les plus importantes* (E71)

C - étudiants minimalistes par choix : préfèrent ne noter que les concepts principaux ou quelques mots clés

Ex : *je liste seulement des points clés car ça me suffit pour me rappeler ce dont on a parlé* (E82)

D - étudiants minimalistes par défaut : ne parviennent à noter que des mots-clés en raison de problèmes de compréhension

Ex : *je ne prends pas beaucoup de notes parce que les profs parlent trop vite* (E15)

E - étudiants flexibles : s'adaptent au comportement de l'enseignant et seront plutôt exhaustifs ou plutôt sélectifs en fonction de ce qui leur semble être le souhait de l'enseignant

Ex : *j'écoute si le professeur lit son papier ou s'il parle librement ; s'il lit ça veut dire qu'il veut qu'on écrive presque tout ce qu'il dit ; s'il parle librement c'est plus facile de prendre des notes et on peut choisir soi-même ce qui est important* (E 54).

1.2. Axe « formulation »

Une fois qu'un principe de sélection des informations est intériorisé par les étudiants, les pratiques de prise de notes de ces derniers peuvent différer en fonction du mode de rédaction des

[3] Ou plus exactement la présentation qu'ils en font. Nous précisons bien que nous n'analysons pas ici les pratiques réelles de prise de notes, contrairement à ce que nous avons pu faire lors d'autres recherches, mais bien les représentations que les étudiants en ont ou veulent en donner.

informations qu'ils privilégient. Quatre types principaux de formulation ont été retenus sur cet axe :

A - mot à mot : les étudiants reprennent les propres mots de l'enseignant, reproduisant généralement des phrases complètes ;
B - version personnelle : les étudiants reformulent le discours de l'enseignant ;
C - mots-clés : les étudiants se contentent de prendre leurs notes sous forme de mots-clés ;
D - système : certains étudiants mettent en place un véritable système organisé, qu'ils présentent souvent eux-mêmes par ce terme, mis en œuvre soit au moment même de la prise de notes (par l'utilisation d'un ensemble d'abréviations, de symboles, etc.) soit lors de la relecture

> Ex 1 *: j'utilise des abréviations, je fais des renvois, j'utilise des étoiles qui expliquent mieux un concept* (E38)
> Ex 2 *: 1) j'écris tout sans forcément comprendre ; 2) je relis ; 3) je donne du sens* (E98).

1.3. Axe « autonomie »

Enfin, les étudiants peuvent être caractérisés par leur degré d'autonomie dans les pratiques de prise de notes. Nous avons ainsi distingué trois groupes :

- étudiants autonomes : revendiquent leur autonomie, soit par forte confiance personnelle, soit par méfiance face aux modalités de prise de notes des autres

> Ex *: j'ai rarement recours aux notes des autres car j'assiste à la plupart des cours et j'ai confiance en moi* (E64)

- étudiants non entièrement autonomes : ont parfois recours aux notes des autres étudiants

> Ex *: parfois, pour vérifier si j'ai bien compris* (E84)

- étudiants très dépendants : seraient totalement perdus sans l'aide des autres

> *Ex 1 : je regarde les têtes des autres : si elles sont baissées je commence à écrire* (E1)

Ex 2 *: j'ai essayé de faire les notes moi-même, mais c'est pas possible de noter tout ; mes notes n'ont pas de sens ; je copie les notes des Français* (E68).

Évoquons rapidement les parallélismes qui peuvent, assez logiquement, être observés entre les trois axes. On remarque ainsi l'apparition de nettes régularités entre le premier et le deuxième axe, donnant lieu à de nombreux profils AA (étudiants exhaustifs transcrivant à l'identique le discours de l'enseignant) ou BB (étudiants sélectifs reformulant le discours de l'enseignant). Les profils AB ou BA ne sont cependant pas inexistants, comme le montrent les exemples ci-dessous :

J'écris ce que le professeur dit, mais en choisissant les faits les plus importants parce que je ne peux pas physiquement écrire tout ce qu'il dit tout le temps. Je préfère écrire exactement les phrases que le prof dit parce que je saurai plus tard que mes notes sont correctes (E88) → profil BA

Généralement je note tout car parfois je n'ai pas le temps de faire la sélection. (...) J'essaie de prendre le maximum d'informations en faisant beaucoup d'abréviations et de raccourcis (E118) → profil AB

Sur l'axe formulation, les profils C (mots-clés) et D (système) semblent compatibles avec chacune des cinq tendances de l'axe sélection des informations.

Les correspondances s'établissant entre l'axe autonomie et les deux autres axes peuvent prendre diverses formes. Parmi les étudiants exhaustifs, le degré d'autonomie peut ainsi être très variable et relié à des objectifs divers, comme le montrent les exemples suivants :

Je note presque tout ; comme chez moi, j'écris tout ce que dit le prof ; je n'utilise jamais les notes de mes camarades (E89) → profil A+[4]

J'écris très vite ce que dit le professeur, mais j'arrive jamais à tout écrire. En plus moi aussi j'arrive pas à comprendre tout ce que j'écris. À la fin je prends les notes d'autres personnes (E26) → profil AA-

[4] Les trois profils définis sur l'axe « autonomie » sont désignés par les symboles suivants : + : autonome ; ~ : pas totalement autonome ; - : très dépendant.

Je note tout ; Je fais des abréviations et je copie sur le voisin (…) ; Je suis satisfait de mes notes car tout est noté (E129) → profil A-

Notons pour finir les incompatibilités liées au caractère choisi ou subi du minimalisme (axe sélection des informations) et, respectivement, à la dépendance ou à l'autonomie du preneur de notes. Inversement, les étudiants revendiquant un profil minimaliste par choix sont nombreux à mettre en avant leur autonomie, à l'image du témoignage suivant :

je sélectionne des mots-clés ; je n'ai jamais recours aux notes des autres étudiants car je ne leur fais pas confiance (E106) → profil CC+

De manière quantitative, sur l'ensemble de l'échantillon, les profils inscrits le long des trois axes sont répartis comme indiqué dans les tableaux suivants[5] :

Tableau 4 - répartition des profils d'étudiants sur l'axe « sélection des informations »

SELECTION INFORMATIONS	Nb. cit.	Fréq.
Non réponse	11	8,4%
A: exhaustif	38	29,0%
B: sélectif	59	45,0%
C: minimaliste par choix	10	7,6%
D: minimaliste par défaut	9	6,9%
E: flexible	4	3,1%
TOTAL OBS.	**131**	**100%**

[5] Le nombre important de non-réponses dans ces trois tableaux s'explique par l'impossibilité de définir de manière précise les profils complets de certains étudiants, leurs réponses aux questions ouvertes mettant parfois l'accent plus sur un axe que sur un autre.

Tableau 5 - répartition des profils d'étudiants sur l'axe « formulation »

FORMULATION	Nb. cit.	Fréq.
Non réponse	45	34,4%
A: mot à mot	15	11,5%
B: version personnelle	32	24,4%
C: mots clés	17	13,0%
D: système	22	16,8%
TOTAL OBS.	**131**	**100%**

Tableau 6 - répartition des profils d'étudiants sur l'axe « autonomie »

AUTONOMIE	Nb. cit.	Fréq.
Non réponse	5	3,8%
+: autonome	39	29,8%
~: pas totalement autonome	71	54,2%
-: très dépendant	16	12,2%
TOTAL OBS.	**131**	**100%**

Nous allons maintenant chercher à déterminer si des corrélations sont envisageables entre la répartition des étudiants suivant ces différents profils et certaines caractéristiques des étudiants.

2. Des variations dans la perception des activités de prise de notes

La caractéristique liée à l'appartenance nationale des étudiants étant souvent prise comme critère de différenciation dans le domaine de la variation interculturelle, nous commencerons par mettre cette variable à l'épreuve en sélectionnant les trois nationalités les plus représentées dans l'échantillon total (allemande, britannique et italienne), auxquelles nous ajouterons le groupe témoin d'étudiants français. L'examen des graphiques suivants montre de manière très nette la prépondérance d'un type de profil pour chaque nationalité.

Sur l'axe « sélection des informations », les étudiants allemands se présentent ainsi majoritairement avec une tendance exhaustive, alors que plus de la moitié des étudiants des autres nationalités (jusqu'à 64,3 % des Italiens) s'inscrivent plutôt dans le profil sélectif. Notons en particulier chez les Italiens le poids non négligeable de la tendance au minimalisme choisi, correspondant en fait à une sélection maximale, à comparer avec les profils allemands et britanniques, pour lesquels les seules formes de minimalisme rapportées sont par défaut.

Graphiques 1 - Profils par pays (axe « sélection des informations »)

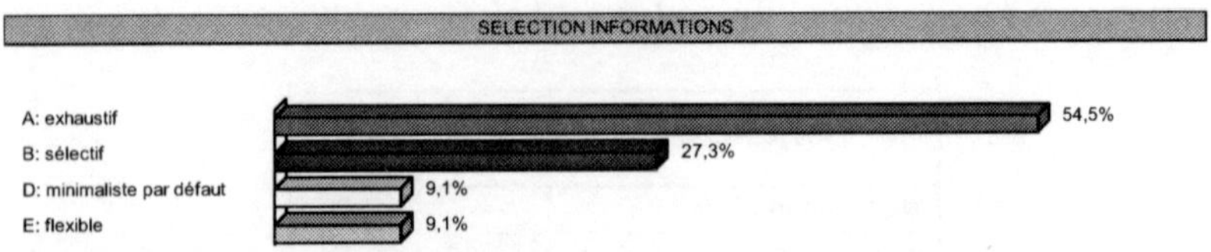

(Graphique 1.1. - Allemagne)

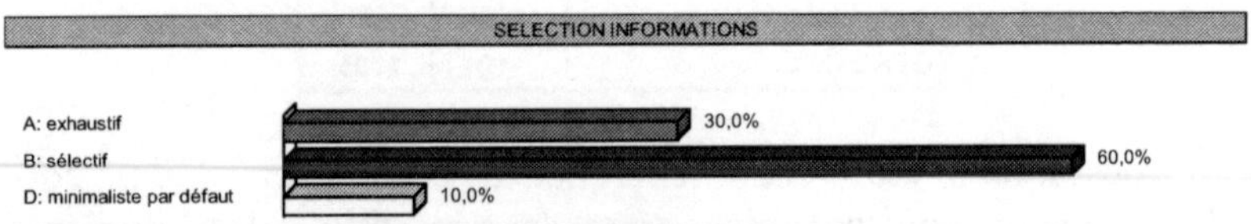

(Graphique 1.2 - Grande-Bretagne)

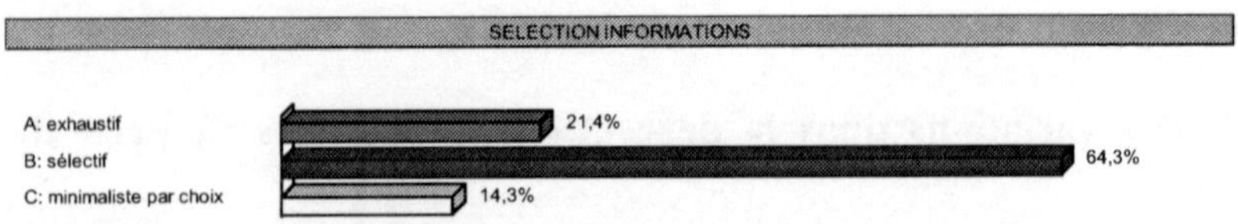

(Graphique 1.3 - Italie)

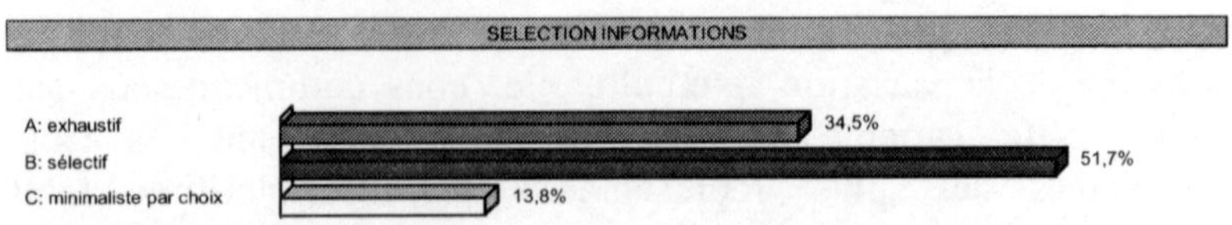

(Graphique 1.4 - France)

L'axe « formulation » indique lui aussi des tendances assez nettes d'une nationalité à l'autre, les étudiants allemands se démarquant à nouveau par une tendance spécifique, tandis que les

Britanniques et les Italiens affichent une tendance forte à la reformulation, complétée par la mise en œuvre de systèmes organisés chez ces derniers.

Graphiques 2 - Profils par pays (axe « formulation »)

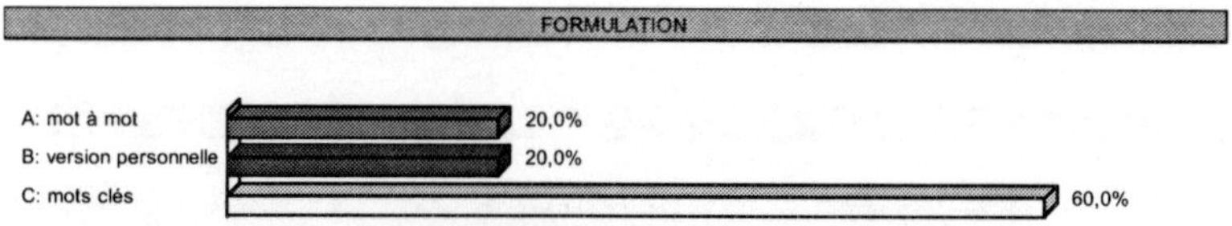

(Graphique 2.1 - Allemagne)

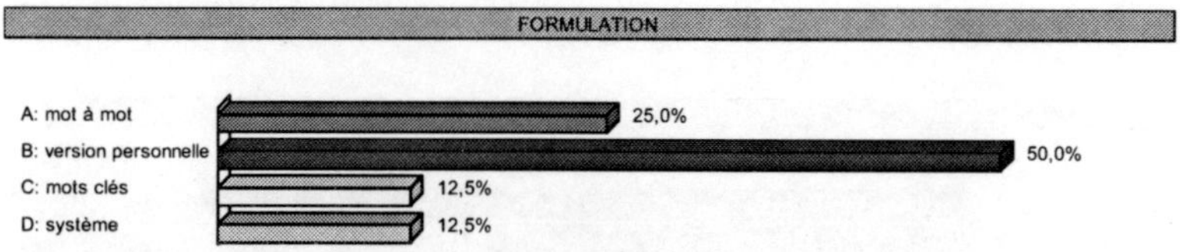

(Graphique 2.2 - Grande-Bretagne)

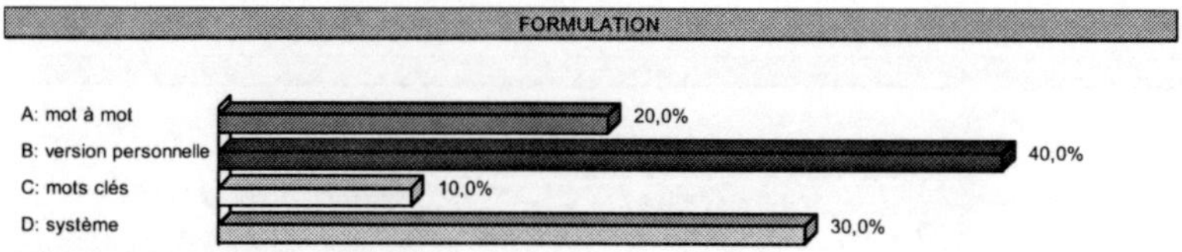

(Graphique 2.3 - Italie)

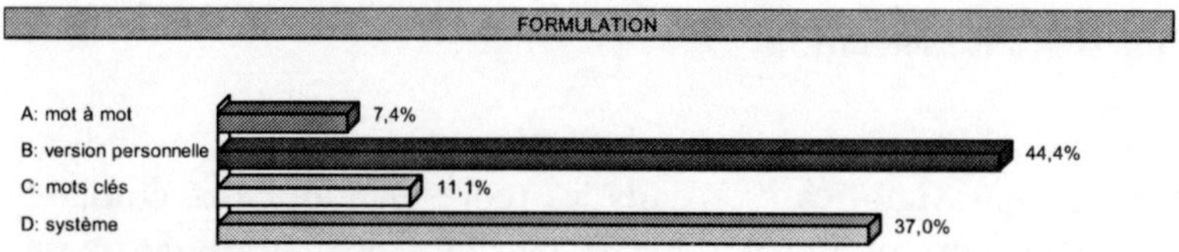

(Graphique 2.4 - France)

Enfin, sur l'axe « autonomie », si les Allemands n'affichent pas de tendances très marquées vers un pôle ou vers l'autre, on remarque une assurance plus forte chez de nombreux Britanniques et Italiens, conjointement à la présence d'assez nombreux cas de non-autonomie chez les Italiens.

Graphiques 3 - profils par pays (axe « autonomie »)

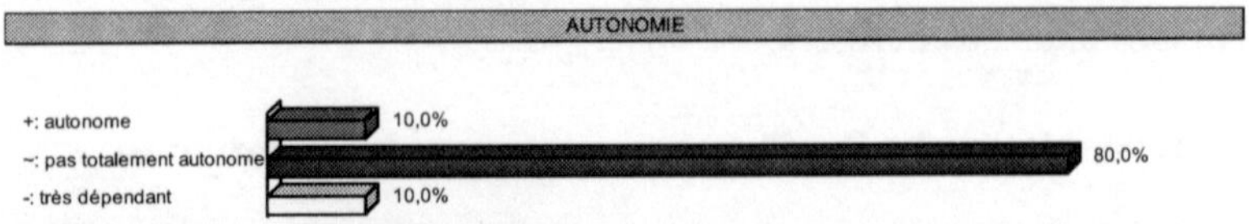

(Graphique 3.1 - Allemagne)

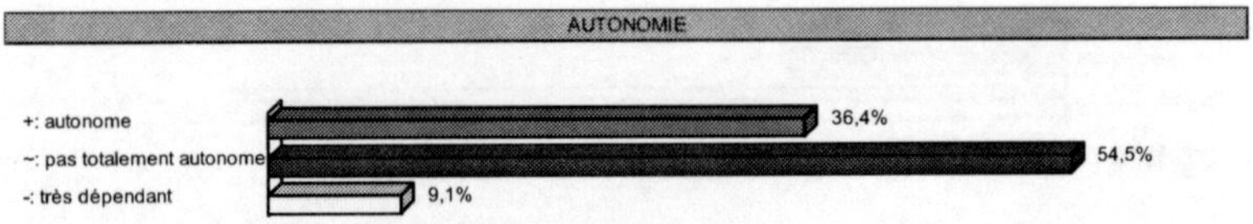

(Graphique 3.2 - Grande-Bretagne)

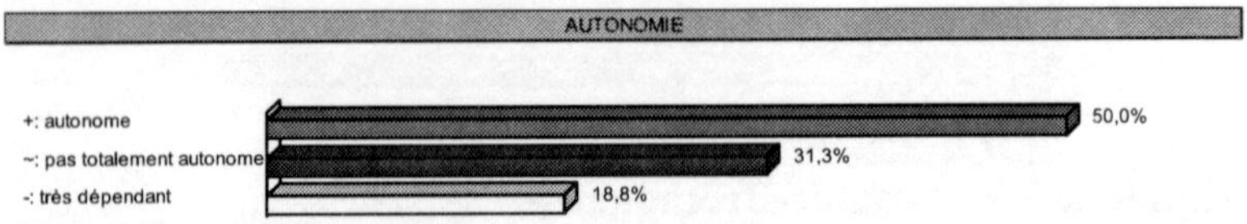

(Graphique 3.3 - Italie)

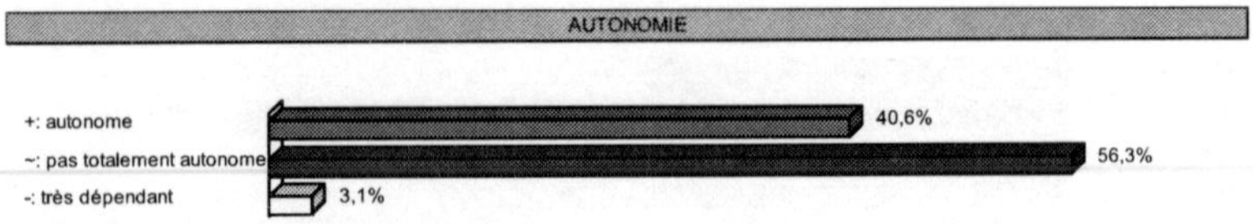

(Graphique 3.4 - France)

3. Facteurs de variation

Même si l'analyse à partir de l'élément « nationalité » indique des variations significatives dans les représentations des étudiants concernant leurs pratiques de prise de notes, il importe de ne pas perdre de vue les configurations de variables constitutives de cet élément, qui sont elles-mêmes sources de variation. Ainsi, la prise en compte de la variable « nationalité » peut entraîner dans son sillage des différences au niveau des compétences linguistiques des étudiants de chaque groupe ou encore sur le plan des disciplines étudiées, qui elles-mêmes sont susceptibles d'influer sur les comportements et les prises de position des étudiants. Nous avons retenu au total quatre facteurs principaux pouvant contribuer à expliquer les tendances observées dans les graphiques ci-dessus :

- compétence en français des étudiants
- discipline étudiée
- positionnement par rapport aux examens
- perception du système universitaire français

Nous terminerons notre analyse en cherchant à évaluer le poids possible de chacun de ces facteurs dans les résultats obtenus précédemment. Faute de place, nous nous limiterons au traitement des profils définis sur le premier axe (sélection des informations) en restreignant l'échantillon aux seuls étudiants allemands et italiens, qui présentent des profils particulièrement distincts, et en recourant si nécessaire à une comparaison avec le groupe témoin français ou avec l'échantillon total.

3.1. Compétence en français

La répartition en fonction des niveaux de compétence en français résulte pour les étudiants de Lille 3 des résultats d'un test de placement effectué au début du semestre dans le cadre des cours de français qui sont proposés aux étudiants inscrits dans un programme d'échange. Pour les autres étudiants, elle est due à notre propre évaluation en fonction des réponses apportées aux questionnaires (compréhension des questions + formulation). Les différents niveaux envisagés reprennent les grilles du Cadre européen commun de référence pour les langues.

Les étudiants allemands ont en moyenne une compétence en français plus faible que les étudiants italiens, près de 70 % des Allemands ayant un niveau A2 ou B1, contre 47 % des Italiens, qui sont en revanche nombreux à avoir une compétence B2, comme l'indiquent les graphiques ci-dessous :

Graphiques 4 - compétence en français

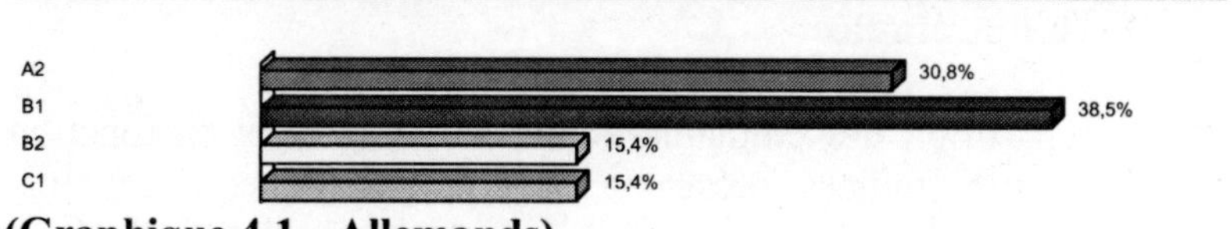

(Graphique 4.1 - Allemands)

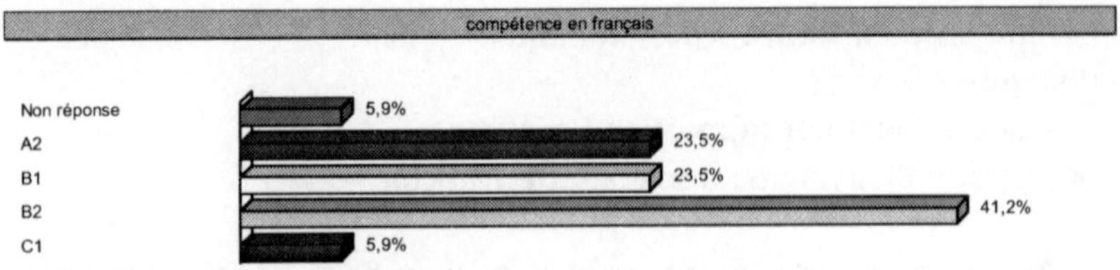

(Graphique 4.2 - Italiens)

Cette différence pourrait expliquer au moins en partie le nombre important des étudiants allemands présentant un profil « minimaliste par défaut », profil totalement absent chez les étudiants français et caractérisé par une forte relation de dépendance avec le niveau B1 sur l'échantillon total, comme l'indique le tableau suivant, qui résulte d'un croisement de deux variables :

Tableau 7 - compétence en français et profil de sélection des informations (échantillon total)

SELECTION INFORMATIONS compétence en français	Non réponse	A: exhaustif	B: sélectif	C: minimaliste par choix	D: minimaliste par défaut	E: flexible	TOTAL
Non réponse	0,0%	12,5%	50,0%	25,0%	12,5%	0,0%	**100%**
A2	23,8%	33,3%	28,6%	4,8%	9,5%	0,0%	**100%**
B1	6,9%	34,5%	41,4%	0,0%	17,2%	0,0%	**100%**
B2	3,8%	19,2%	61,5%	11,5%	3,8%	0,0%	**100%**
C1	0,0%	33,3%	40,0%	0,0%	0,0%	26,7%	**100%**
natif	9,4%	31,3%	46,9%	12,5%	0,0%	0,0%	**100%**
TOTAL	**8,4%**	**29,0%**	**45,0%**	**7,6%**	**6,9%**	**3,1%**	**100%**

(Dépendance très significative : Chi^2=61,79)

En revanche, on constate sur ce même tableau qu'en dépit des tendances observées sur les graphiques 4 pour les Allemands et les Italiens, rien ne permet de considérer comme significative la corrélation entre le niveau de compétence en français et un profil exhaustif ou sélectif.

3.2. Discipline étudiée

La répartition des étudiants allemands et italiens en fonction des disciplines étudiées, présentée dans les graphiques ci-dessous, témoigne elle aussi de tendances divergentes, les Allemands étant majoritairement inscrits en Lettres modernes, tandis que les Italiens sont particulièrement nombreux en cursus de langues. Notons la présence d'étudiants allemands dans les filières de droit, alors qu'aucun Italien de notre échantillon ne fait partie de ce type de filières.

Graphiques 5 - discipline étudiée

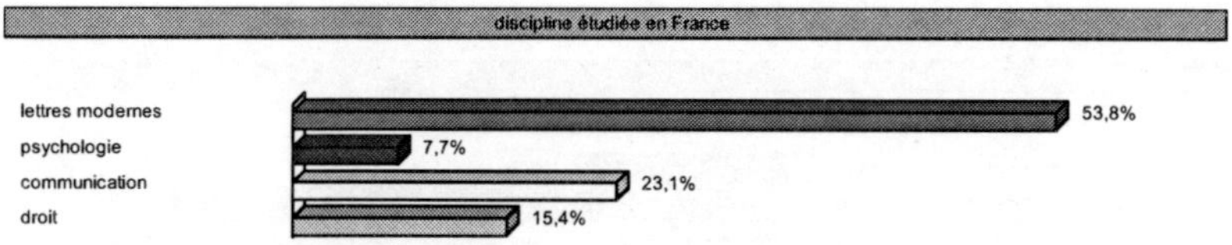

(Graphique 5.1 - Allemands)

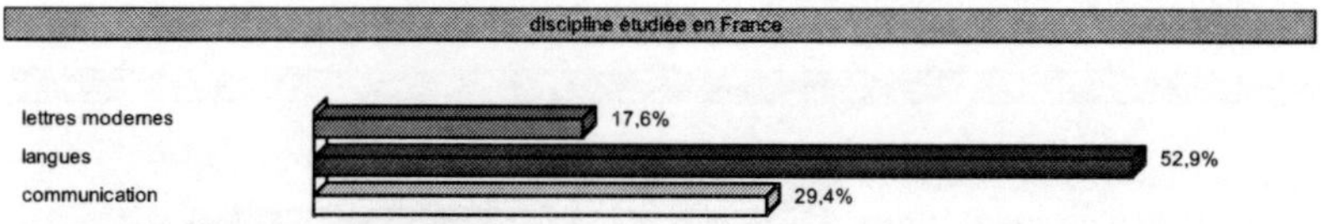

(Graphique 5.2 - Italiens)

Cependant, le croisement des variables « discipline étudiée » et « profil de sélection des informations » n'indique pas de dépendance significative entre ces deux types de variables, ni au sein de l'échantillon total ni parmi le groupe témoin d'étudiants français. Nous ne pouvons donc pas conclure sur une forte variation des styles de sélection des informations en fonction des disciplines étudiées.

3.3. Positionnement par rapport aux examens

Nous avons retenu un premier facteur possible de variation à partir de l'hypothèse suivant laquelle les étudiants accorderaient une attention accrue ou au contraire réduite à leurs pratiques de prise de notes en fonction de la prise en compte ou non, dans leur université d'origine, des résultats des examens passés en France. Si les réponses apportées par les étudiants allemands et italiens indiquent des divergences (pour les étudiants italiens, les notes obtenues en France seront majoritairement enregistrées dans leur université d'origine, alors que les réponses sont plus diversifiées pour les Allemands), le croisement des variables n'indique pas de dépendance très significative.

Nous avons cherché à compléter ces réponses par l'évocation des objectifs personnels des étudiants concernant les examens. Toutefois, dans ce cas particulier, les positionnements des étudiants allemands et italiens connaissent une répartition sensiblement analogue, comme l'indiquent les graphiques suivants :

Graphiques 6 - objectifs personnels pour les examens

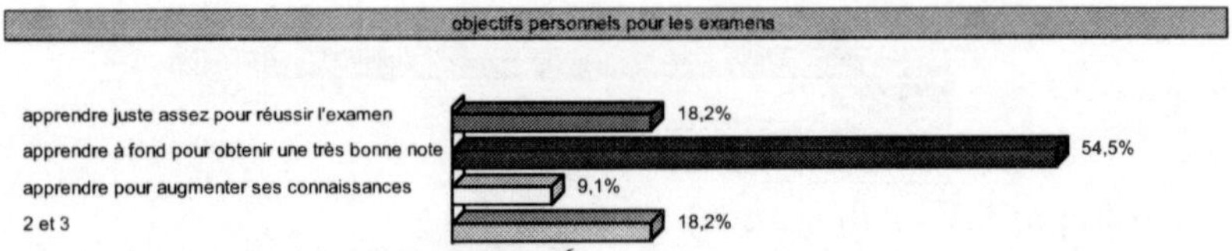

(Graphique 6.1 - Allemands)[6]

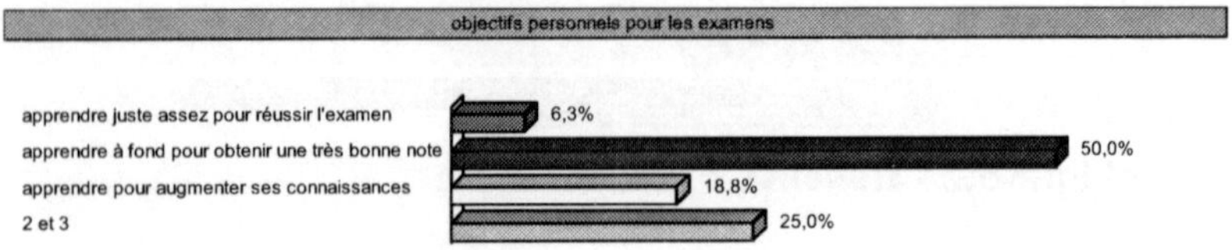

(Graphique 6.2 - Italiens)

3.4. Perception du système universitaire français

Comme cela a déjà été envisagé dans d'autres recherches (Reid, 1987 ; Faraco, 1997a, 1997b et 2001**),** la prise de notes en L1 et en L2 des étudiants en mobilité ne suit pas nécessairement des schémas similaires, certains étudiants étant amenés à mettre en œuvre des stratégies d'adaptation à leur nouvel environnement. Il ne s'agit pas ici de juger du caractère approprié de ces stratégies d'adaptation, mais de comprendre dans quelle mesure elles peuvent conditionner les pratiques de prise de notes. À cet effet, une

[6] Les graphiques 6.1. et 6.2. reprennent les réponses à une question fermée dans laquelle, parmi trois assertions (1- Mon objectif est d'apprendre juste assez pour réussir l'examen ; 2- mon objectif est d'apprendre à fond le sujet pour obtenir une très bonne note à l'examen ; 3- pour moi, réussir ou non l'examen n'est pas l'objectif principal : j'apprends surtout pour augmenter mes connaissances), les étudiants devaient choisir laquelle correspondait le mieux à leurs objectifs pour les examens. Un certain nombre d'étudiants ont coché à la fois la 2e et la 3e réponses, ce qui explique la présence de la réponse intitulée « 2 et 3 » dans les graphiques.

analyse qualitative des modalités de perception du système universitaire français apporte des réponses assez significatives.

Si certains étudiants disent explicitement reproduire en France leur principe de prise de notes, d'autres insistent sur un changement de leurs pratiques dans une perspective d'adaptation au système français. Les éléments les plus récurrents sont, d'une part, le rôle central qui leur semble être accordé aux notes dans la préparation des examens en France :

La préparation des examens est très différente! En Italie on doit étudier des livres (pour certains examens 6 ou 7 livres) mais ici souvent il n'y a pas de livre, on doit étudier les notes (E6)

Ce n'est pas du tout pareil: en France on se prépare en étudiant les notes ; aux Pays-Bas il faut se préparer en lisant le livre et on se prépare mieux grâce aux notes mais on arrive à passer l'examen aussi si on n'a pas toutes les notes (E35)

et, d'autre part, la manière dont se déroulent de nombreux cours magistraux :

Ici il y a des professeurs qui font des vraies dictées et qui coupent leurs phrases en petites unités pour qu'on ne puisse pas prendre de notes individuelles (E49)

Les cours se déroulent presque toujours de la même façon : le prof parle, les étudiants notent (E53)

En France, il faut noter plus car la théorie est traitée en cours. En Autriche, on prépare la théorie tout seul avec des livres et on pose des questions aux cours. Comme ça, il faut pas tout noter, seulement les choses qu'on n'a pas comprises. On va au cours pour comprendre, pas comme en France pour noter toute la théorie et essayer de comprendre tout seul à la maison (E85)

Certains étudiants se contraignent donc, en France, à prendre des notes de manière exhaustive, convaincus qu'ils se donnent ainsi les meilleures chances pour réussir leurs examens ou qu'ils n'ont de toute façon pas d'autre alternative. Ce choix n'est pas nécessairement très satisfaisant pour eux : les uns évoquent le manque d'intérêt de ce type de pratique ; d'autres reconnaissent les failles de leur technique :

Réponse à la question « comment reconnaissez-vous les informations à prendre en note » : je n'y arrive pas le plus souvent, il n'y a pas de distinction ; je suis tellement fixée à prendre des notes que j'écris souvent des choses qui ne sont pas de grande importance (E35)

Quelques étudiants, enfin, jettent un regard très critique sur le système français, à l'image du témoignage suivant, apporté en réponse à la question « quels conseils donneriez-vous à un étudiant de votre pays qui veut venir étudier en France ? » :

Note tout, ne pense pas, laisse les profs penser pour toi, ne te laisse pas démotiver par des cours trop théoriques et ennuyeux, apprends tout par cœur (E85).

Conclusion

Cette étude nous a permis de mettre en évidence de nettes tendances dans la manière dont les étudiants de nationalités diverses envisagent leur prise de notes dans le contexte universitaire français où ils se trouvent pour une période donnée. On observe ainsi des corrélations très marquées entre la nationalité des étudiants et le type de prise de note qu'ils décrivent. La prise en compte de certains facteurs objectifs tels que le niveau de compétence en français ou la discipline étudiée, considérés comme pouvant conditionner la variation liée au critère de nationalité, n'entraîne pas nécessairement de co-variations significatives. Ceci ne peut que renforcer l'idée de la prééminence de schèmes culturels nationaux dans la construction mentale et la mise en œuvre des activités de prise de notes. Insistons enfin sur le caractère dynamique de ces schèmes culturels, qui n'interviennent pas simplement comme des modèles figés mais disposent d'un espace de prise en charge des *inputs* contextuels liés aux perceptions individuelles des spécificités du nouvel environnement. Il conviendra de vérifier, par des investigations supplémentaires, comment, à quel rythme et avec quels résultats les étudiants parviennent à se positionner par rapport à ce système de double référenciation. Dans une perspective complémentaire, il importera également de chercher à comprendre ce qui pousse certains étudiants à modifier leurs pratiques de prise de notes suivant ce qu'ils perçoivent du contexte alors que d'autres semblent rester fidèles à leurs pratiques habituelles. Faut-il y voir les effets d'une sensibilité plus ou moins aiguë à la variation ? Peut-on expliquer ces divergences en termes de distance culturelle, les individus ne percevant la variation ou ne mettant en place des stratégies d'adaptation qu'à partir d'un certain seuil d'éloignement interculturel ?

Bibliographie

Babault, S. 2006. Centres universitaires de FLE : de nouvelles orientations pour l'enseignement du français sur objectifs spécifiques. In Castellotti, V. & Chalabi, H. (dir.). *Le français langue étrangère et seconde. Des paysages didactiques en contexte.* Paris : L'harmattan. 261-273.

Barbier, M.-L., Faraco, M., Piolat, A., Branca, S. 2004. Prises de notes et procédés de condensation en français L2 par des étudiants anglais, espagnols et japonais. In Andrieux-Reix, N., Branca, S., Puech, C. (éds.). *Écritures abrégées. Notes, notules, messages, codes...* Gap/ Paris : Bibliothèque de Faits de Langues, Ophrys. 143-161.

Biggs, J.B. 1978. Individual and group differences in study processes. *British Journal of Educational Psychology.* n° 48. 266-279.

Biggs, J.B. 1987. *Study Process Questionnaire.* Melbourne : Australian Council for Educational Research.

Charlot, B. 1997. *Du rapport au savoir. Éléments pour une théorie.* Paris : Anthropos-Economica.

Faraco, M. 1997a. Technique de prise de notes en français spécialisé. *Le Français Dans le Monde.* Vol. 287. 38-40.

Faraco, M. 1997b. Étude longitudinale de la prise de notes d'un cours universitaire français : le cas d'étudiants étrangers d'un cursus européen. *ASp.* Vol. 15-18. 41-54.

Faraco, M. 2001. Prise de notes : quelles compétences pour les Européens ? In Collès, L., Dufays, J.-L., Fabry, G., Maeder, C. (éds.). *Didactique des langues romanes. Le développement de compétences chez l'apprenant.* Bruxelles : De Boeck/Duculot. 107-112.

Faraco, M. 2002. Analyse des paramètres temporels de l'activité de prise de notes en langue seconde : une étude-pilote. *Travaux Interdisciplinaires du Laboratoire Parole et Langage.* Vol. 21. 45-62.

Faraco, M. & Kida, T. 2003. Interface entre prosodie didactique et prise de notes. *arob@se.* Vol. 7, n° 1-2. 167-179.

Faraco, M., Kida, T., Barbier, M.-L., Piolat, A. 2002. Didactic Prosody and Notetaking in L1 et L2. In Bel, B. & Marlien, I. (eds.).

Proceedings of SP2002. Aix-en-Provence : Laboratoire Parole et Langage. 287-290.

Kember, D. 1997. A reconceptualisation of the research into university academics'conceptions of teaching. *Learning and instruction*. Vol. 7, n° 33. 255-275.

Kember, D. 2000. Misconceptions about the learning approaches, motivation and study practices of Asian students. *Higher Education*. N° 40. 99-121.

Norton, L. 1990. Essay-writing : what really counts ? *Higher Education*. n° 20. 411-442.

Ramburuth, P. & Mc Cormick, J. 2001. Learning diversity in higher education : a comparative survey of Asian international and Australian students. *Higher Education*. N° 42. 333-350.

Reid, J.M. 1987. The learning style preference of ESL students. *TESOL Quartely*. Vol. 21, n° 1. 87-111.

Richardson, J.T.E. 1994. Cultural specificity of approaches to studying in higher education : a literature survey. *Higher Education*. n° 27. 449-468.

Samuelowicz, K. & Bain, J. 1992. Conceptions of teaching held by academic teachers. *Higher Education*. n° 24. 93-111.

Saroyan, A. & Snell, L. 1997. Variations in lecturing styles. *Higher Education*. n° 33. 85-104.

Yang, K.S. 1986. Chinese personality and its change. In Bond, M.H. (ed.). *The psychology of the Chinese people*. Hong Kong: Oxford University Press. 171-212.

Différents profils d'enseignants universitaires en mobilité académique : le cas d'une université estonienne

Aleksandra Ljalikova

La question de la mobilité peut être abordée de façon métaphorique ou directe. Dans les deux cas, le phénomène se trouve au cœur de la vie sociale et, selon le sociologue John Urry, devrait être « *central to sociological analysis* » (2000 : 49). Dans le premier cas (le seul qui nous intéressera ici), elle peut être considérée comme toute forme de travail académique. Question éminemment complexe pour John Urry pour qui « *an academical writing is a journey* » (*Ibid.*). Nous n'irons toutefois pas si loin car notre objectif est d'étudier seulement la mobilité physique des enseignants universitaires. La métaphore, riche outil en sciences sociales volontiers utilisée par Urry et par nous-même(s) (Dervin et Ljalikova, 2008), nous permettra d'établir notre typologie des profils d'enseignants estoniens en mobilité.

1. Prémisses et contexte

1.1. Migration et mobilité

Depuis l'indépendance de l'Estonie, il y a 17 ans, les frontières ne constituent plus d'obstacles pour ceux qui, à proportion de leurs moyens financiers, ont envie de découvrir d'autres pays[1]. Nous pouvons même assurer que, pendant la période d'isolement, s'est créée « une faim » de rencontres avec Autrui et de découverte des pays étrangers[2]. Les gens qui venaient, en nombre très restreint, depuis l'étranger jusqu'en Union Soviétique étaient appelés les gens « de là-bas » et, tout en piquant la curiosité, ils donnaient lieu

[1] Rappelons que la première République bourgeoise de l'Estonie s'est formée le 24 février 1918. Ensuite, en 1940 l'Estonie a été annexée à l'Union Soviétique. Elle a retrouvé son indépendance le 20 août 1991. On parle donc de la seconde indépendance de la République estonienne.

[2] Pendant la période soviétique, l'Estonie, comme toutes les autres républiques soviétiques, a été isolée du monde « capitaliste ». Les déplacements hors de l'Union Soviétique étaient limités et se faisaient sous le contrôle rigoureux du pouvoir communiste.

à de nombreuses illusions fondées sur la propagande antiaméricaine, anticapitaliste et antibourgeoise. Quand l'Estonie devint indépendante (1991), elle connut, comme les autres anciennes républiques soviétiques, un reflux significatif de personnes de tous métiers et de toutes nations. Cette période est restée dans la mémoire collective comme celle de « *la perte des cerveaux* » du pays. Les universités estoniennes en ont certainement beaucoup souffert mais, à vrai dire, cette situation n'entraîna pas un foisonnement de mobilité, en particulier académique et ressembla plus à une migration, processus difficilement gérable rappelant celle des oiseaux ou des animaux en quête de survie.

Depuis ces événements, les chercheurs travaillant sur les problématiques liées à la mobilité se sont préoccupés d'établir une distinction claire entre la migration et la mobilité (cf. Baumgratz-Gangl, 1990 ; Papatsiba, 2003 ; Murphy-Lejeune, 2005 ; Dervin, 2008). Si au début, on considérait la mobilité comme une forme de migration et donc, par définition, un concept négativement coloré, « *le concept de mobilité, étroitement lié à la révolution industrielle, recouvre d'abord une mobilité géographique (perte du pays d'origine) qui s'accompagne d'une mobilité socioculturelle causée par l'émiettement de la famille au sens large, l'homme devant se « rendre » à un travail qui ne se trouve plus à proximité, avec toutes les modifications de l'habitat et de l'urbanisme que cela entraîne* » (Baumgratz-Gangl, 1993 : 45). On arrive ensuite à une vision beaucoup plus positive et prometteuse de la mobilité. Citons à ce propos V. Papatsiba. « *Elle [la mobilité géographique] rompt avec la migration, forgée par le siècle de la révolution industrielle ou d'autres formes plus contemporaines, mais toujours marquées par le sceau de l'inégalité socio-économique. La mobilité s'adresse à de nouveaux publics, d'autres milieux socioculturels, sans toutefois oublier qu'elle obéit aussi à des pressions socio-économiques et à des modèles de comportement* » (Papatsiba, 2003 : 1). Selon cet auteur, aujourd'hui, la notion de mobilité ne se conjugue plus avec le sentiment de déracinement, de perte de pays et de milieu d'origine provoqué par les transferts de populations vers les centres économiques. Selon Papatsiba, la perception actuelle du phénomène est bien différente: « *dans ce contexte d'échanges économiques, d'informations, de produits culturels, de connaissances et de savoirs scientifiques, la mobilité devient* acte d'appropriation d'un espace d'action » (*Ibid.*). La différence ne se limite pas à la perception positive ou négative des termes. La notion de migration entend souvent l'immigration et/ou l'émigration, *i.e.* des mouvements qui portent un caractère permanent et collectif, tandis que la mobilité peut avoir un caractère temporaire et renvoie plutôt à des mouvements individuels. « *On envisage les trajectoires migratoires non plus du point de vue des sociétés réceptrices préoccupées de la présence et de l'intégration potentielles d'arrivants parfois imprévus, mais du point de vue des individus voyageurs au cœur du processus migratoire, leur voix exprimant leur histoire à côté d'histoires similaires* » (Murphy-Lejeune, 2005 : 12).

E. Murphy-Lejeune, notamment, considère la mobilité comme un phénomène général et la migration comme un phénomène plus spécifique. Cependant, selon elle, les deux phénomènes s'inscrivent dans « *un espace de sens commun* » (*Ibid.* : 11) car ils sont « *appréhendés en tandem comme deux visages changeants d'un même phénomène* » (*Ibid.* : 10). En revanche, elle voit la différence dans la nature des déplacements et pense qu' « *avec la mobilité, l'accent est mis sur le changement* [...] *Appliquée au domaine des mouvements humains, la mobilité est le caractère de la personne qui a la capacité de se déplacer et par conséquent de s'adapter à des environnements divers* » (*Ibid.* : 11). Selon le même auteur, la mobilité dépasse la notion de déplacement physique et elle peut être « *linguistique, sociale, psychologique, professionnelle, culturelle* » (*Ibid.*).

1.2. Mobilité académique

Pour formuler la définition du terme, reportons-nous aux métaphores empruntées par John Urry (2000 : 32-39) à Mol et Law (1994) qui permettent de décrire les différentes formes spatiales de la vie sociale. Ces métaphores sont *régions*, *réseau* et *fluide*. À l'instar d'Urry, nous considérons la mobilité comme un phénomène général de la société actuelle et en reprenant les métaphores élaborées, on pourrait représenter le phénomène de mobilité académique comme :

- un ensemble de régions constituées par les pays, universités, pôles universitaires ;

- un réseau déterminé par les relations entre les universités, (coopération, concurrence, etc.) ;
- un système fluide englobant des connaissances, des étudiants, des professeurs et des enseignements.

Nous dirons donc qu'il y a mobilité académique quand les connaissances, étudiants, enseignants circulent de façon fluide dans un réseau de coopération ou de concurrence d'une région universitaire à l'autre.

Pour mieux comprendre la problématique, précisons le sens que nous attribuons aux termes clés :

- Le plus souvent, par « mobilité académique », on vise un aspect international qui pourtant ne constitue pas une évidence puisque le déplacement peut se faire à l'intérieur d'un pays ou même d'un établissement, l'enseignant se déplaçant d'une structure à l'autre pour assurer ses fonctions, et l'étudiant circulant entre les universités, les facultés et les départements pour tenter d'individualiser son parcours académique. Evoquons également la possibilité d'être mobile virtuellement grâce aux développements techniques et informatiques qui n'impliquent pas forcément un déplacement géographique ou physique - phénomène qui semble se développer dans la plupart des établissements supérieurs, par exemple par la présence croissante de salles de classe virtuelles. Dans le présent article, nous nous intéressons à *une mobilité internationale impliquant des déplacements physiques*.
- Le deuxième aspect souvent attribué à la notion de « mobilité académique » est son statut universitaire (cf. Papatsiba, Murphy-Lejeune) dû probablement au sens premier du terme « académique » qui renvoie à l'école platonicienne et à l'Académie des sciences, ce qui entraîne l'éventuelle restriction de son champ d'application. Nos réflexions porteront également sur le *contexte universitaire* mais nous tiendrons compte du fait que le concept « académique » dépasse ce contexte institutionnel.
- Le troisième aspect est la centration majoritaire sur les questions de mobilité des étudiants ou des apprenants (cf. Papatsiba, Murphy-Lejeune, Dervin) alors que ce processus concerne aussi bien les enseignants que les

apprenants et même le corps administratif, puisqu'à côté des apprenants et enseignants mobiles se développe un système de gestion et d'administration (secrétaires, assistants) sédentaires qui permettent cette mobilité en rendant les échanges « opérationnels » et donc faisables. L'objet d'étude et de questionnement du présent article est le *corps enseignant mobile en contexte universitaire,* et c'est cela qui, de notre point de vue, constitue l'originalité du présent texte.

Aujourd'hui, nous pouvons en outre ajouter que, dans le domaine universitaire, au moins en Europe, nul ne peut échapper à la mobilité académique puisqu'elle implique et celui qui se déplace et celui qui accueille l'enseignant (ou l'étudiant). Ainsi, la mobilité n'est plus l'affaire personnelle de celui qui veut sortir du cadre de son établissement d'origine mais prend une dimension collective suscitant des réflexions communes sur les différents aspects qu'elle peut présenter.

Ces remarques nous permettent de placer notre recherche dans sa dimension internationale et interculturelle (ou *co-culturelle* selon la formulation de Christian Puren[3]) universitaire.

Vu que toute mobilité renvoie à la notion d'espace, nous constatons que la mobilité académique s'inscrit dans l'espace académique international (par analogie avec les espaces intellectuel, économique, etc. présentés par G. Baumgratz-Gangl, 1990 ; 1993 : 40-43). Cet espace est officiellement reconnu dans la déclaration du processus de Bologne, au moins en Europe. Même s'il est encore courant d'entendre parler des traditions anglophones et francophones dans la recherche ou d'opposer l'esprit latin à l'esprit anglo-saxon, la légalisation de la mobilité académique (par exemple les programmes européens d'échange) témoigne de la volonté de créer un espace commun académique international et interdisciplinaire.

---

[3] Ch. Puren (2002) considère que le besoin de travailler ensemble oblige à forger une compétence co-culturelle différente de la compétence interculturelle (capacité de communiquer) ou multiculturelle (capacité de vivre ensemble), Perspectives actionnelles et perspectives culturelles en didactique des langues : vers une perspective co-actionnelle co-culturelle. *Les Langues modernes* n°3/2002, juil.-août-sept. 2002. Paris : APLV. 55-71.

2. Les enjeux et contraintes de la mobilité académique dans le cadre universitaire estonien

2.1. Besoins des universités estoniennes

Les universités estoniennes ressentent un grand besoin de mobilité académique puisque, relativement petites, elles ont besoin de spécialistes reconnus.

Quelques particularités du contexte estonien à partir de l'indépendance:

- *Changement d'idéologie et d'orientation* : la particularité des universités estoniennes réside dans l'histoire du pays. Comme nous l'avons évoqué au début de l'article, le bouleversement dans le développement du pays (passage du régime soviétique à une république démocratique et à une société capitaliste) a créé de nouveaux enjeux d'enseignement auxquels il était difficile de répondre avec un bagage soviétique. Les universités estoniennes ont dû se forger une nouvelle culture et identité universitaires. En didactique des langues, on l'a ressenti rapidement (par exemple, le passage des méthodes traditionnelles à l'approche communicative, puis éclectique) : il fallait faire appel aux experts étrangers pour pouvoir forger une nouvelle culture universitaire.
- *Le développement de nouvelles sciences* (communication, publicité, biotechnologies, arts militaires, etc.) a obligé d'« importer » des spécialistes qualifiés en Estonie. Cela est aussi lié à l'histoire du pays où, auparavant on formait les spécialistes de façon centralisée (les marins à Saint-Pétersbourg, les ingénieurs à Moscou, etc.). Ainsi, en Estonie, il n'y avait pas d'établissement pouvant former des pilotes, par exemple. Depuis, un tel établissement a été ouvert à Tartu pour couvrir les besoins du pays. Afin de garantir une formation de qualité, il fallait faire intervenir des enseignants invités de l'étranger.
- *Départ massif de gens formés à l'étranger* : difficulté de former et de retenir sur place tous les spécialistes, migration des universitaires ou « fuite des cerveaux » dont nous avons parlé au début du texte.

À première vue, la solution face aux problèmes évoqués serait de développer la mobilité académique entre les universités estoniennes et étrangères. Cependant cela pose en Estonie une problématique importante.

Notamment, il s'agit de l'éducation en langue nationale. Vu que la langue estonienne est parlée par 1 000 000 de personnes dans le monde entier, il est difficile de vouloir développer la mobilité académique en Estonie sans développer la possibilité de faire ses études ou d'enseigner dans une langue étrangère. Par exemple, à partir de l'an 2007, l'Université de Tallinn propose à ses étudiants 4 curricula de Master entièrement en anglais. Cette initiative d'ouvrir l'université aux étudiants et aux enseignants qui ne maîtrisent pas l'estonien est louable, mais en même temps elle provoque de nombreuses discussions polémiques sur l'éducation dans la langue nationale, privilège que les Estoniens ont reçu seulement au début du XIXème siècle et pour lequel ils se sont battus pendant la période du régime soviétique. Dès lors une question se pose : Comment faire pour internationaliser les universités estoniennes et conserver une identité nationale?

Certaines réponses sont proposées, notamment la création de programmes d'appui et d'assistance linguistique (c'est le cas de la création du Collège de Catherine, nouveau projet légalisant les *curricula* dont une partie des études se fait en langue russe[4]) mais les universités sont loin d'avoir trouvé une réponse satisfaisante. La question linguistique continue ainsi de constituer une contrainte au développement de la mobilité académique en Estonie.

2.2. Cas de l'Université de Tallinn

Il serait prétentieux de vouloir dresser, en un seul article, le tableau de la situation actuelle dans le domaine de la mobilité académique en Estonie. Nous nous limiterons donc à l'étude de cas de l'Université de Tallinn.

Comme il l'a été mentionné *supra*, notre attention portera sur la mobilité physique des enseignants. Nous présenterons des

[4] Ce projet répond au besoin des universités estoniennes en termes de nombre d'étudiants, car la société estonienne comporte une forte minorité russophone. Les pouvoirs estoniens espèrent que le fait de proposer aux étudiants russophones potentiels d'effectuer une partie de leurs études dans leur langue maternelle augmenterait le nombre d'étudiants dans les universités estoniennes.

données concernant le programme d'échange *Erasmus* sachant que cette information peut être complétée par des données sur d'autres programmes d'échange (par exemple les accords inter-gouvernementaux) et de coopération impliquant les déplacements des enseignants-chercheurs.

En tout, le corps académique de l'Université de Tallinn compte 453 enseignants[5]. Selon les statistiques[6], le nombre d'enseignants en mobilité s'accroît chaque année. Si pendant l'année académique 2005/2006, 40 enseignants sont partis à l'étranger dans le cadre des échanges *Erasmus* (soit 8,8% du corps académique), durant l'année 2006/2007, il y en a eu 65 (soit 14 % du nombre total des enseignants). En réalité, le pourcentage des personnes impliquées dans la mobilité serait plus faible car les statistiques comptent le nombre de contrats ou nombre de déplacements, alors que la même personne peut participer au programme d'échange 2 ou 3 fois dans l'année.

Les enseignants de la Faculté des Langues et de la Faculté des Sciences Sociales sont les plus actifs. Cela peut s'expliquer par :

- *La taille des facultés*. La première comptait[7] 82 enseignants (faculté la plus importante quantitativement à l'Université de Tallinn) et la deuxième 52 enseignants. Cette corrélation n'est pas automatique. Par exemple, la Faculté des Mathématiques et des Sciences Naturelles comptait 77 enseignants dont seulement 7 ont participé à la mobilité enseignante contre 21 à la Faculté des Langues et 22 à la Faculté des Sciences sociales ;
- *Le domaine d'études*. L'objet d'étude dans la Faculté des Langues (langues et cultures étrangères) présuppose naturellement la maîtrise par les enseignants des langues et cultures correspondant à leur spécialisation. Idem pour les Sciences Sociales.

[5] Les données datent du 31.12.2006. Cf. http://www.tlu.ee/files/arts/7585/Akad.2486fb99d532d0bbfc91f6d 483d018e5.pdf

[6] Les chiffres ont été donnés par le bureau des relations internationales de l'Université de Tallinn. Ces informations figurent dans les rapports internes de l'Université. Nous remercions le responsable des échanges *Erasmus* de sa coopération.

[7] Nous utilisons le passé car depuis le 1er janvier 2008 les facultés se sont transformées en instituts avec une structure interne différente.

La destination privilégiée est un pays voisin, la Finlande, et constitue presque 50% des déplacements (17 en 2005/2006 et 32 en 2006/2007). En analysant la répartition des données entre les facultés, nous nous rendons compte que la plus grande partie des partenaires étrangers des deux facultés mentionnées se trouve en Finlande. Ce phénomène est conditionné par les liens socio-culturels, économiques et linguistiques très forts reliant les deux pays. Aucun autre pays n'est représenté autant que la Finlande (par exemple, le pays suivant dans le tableau de préférence est l'Allemagne où se déplacent 9 et 6 personnes respectivement, dans les autres pays, une ou deux personnes).

Les données statistiques peuvent être complétées par l'étude des rapports des enseignants ayant participé à l'échange *Erasmus* en 2005/2006. Nous avons eu accès aux rapports[8] et avons pu en analyser 31 sur 40. Les informations qui y sont demandées sont assez formalisées et succinctes (quel pays, quelle période, quel type d'enseignement) mais donnent la possibilité de recueillir quelques témoignages (remarques et suggestions) et donnent quelques pistes de réflexion. Ces réflexions nous ont amenée à nous demander pourquoi participer à la mobilité académique et quels enjeux cela propose aux enseignants ? Nous nous sommes inspirée des rapports des enseignants pour rédiger ce qui suit, mais nos hypothèses nécessiteraient d'être encore validées par des entretiens personnalisés.

3. Profils d'enseignants en mobilité

Une catégorisation des étudiants en mobilité académique a été élaborée par Elisabeth Murphy-Lejeune (2005 : 74)[9] mais aucune

---

[8] Il s'agit des rapports des enseignants de l'Université de Tallinn ayant participé à l'échange Erasmus en 2005/2006. Les enseignants qui participent à l'échange Erasmus s'engagent également à rendre un rapport au bureau des relations internationales de l'Université de Tallinn à la fin de leur séjour à l'étranger. Vu que la collecte des données s'est effectuée en avril 2006, un certain nombre de rapports étaient en cours de rédaction.

[9] Elle catégorise les étudiants concernés par la mobilité de façon suivante :
- avertis
- expérimentés et
- habitués.

Pour plus de détails voir E. Murphy-Lejeune, 2005 : 74.

typologie, à notre connaissance, n'a été proposée pour les enseignants. Nous essaierons donc d'ébaucher ici une catégorisation des enseignants et de l'appliquer au cas estonien.

En Estonie, il existe un certain nombre de programmes européens d'échanges qui *permettent* la mobilité des enseignants (*Erasmus* pour l'université, *Grundvig, Ligua,* les ateliers du Conseil de l'Europe à Graz, etc.) ; des programmes gouvernementaux de développement (*Archimedes* en Estonie, *BG Fs* en France, etc.) ; des programmes de jumelage de villes qui entraînent une mobilité académique entre autres ; des programmes de coopération interuniversitaire (projets communs, partenariat, écoles doctorales, etc.). Comme nous avons pu le constater *supra,* il existe un nombre d'enseignants assez restreint qui participent à ces programmes. D'autres restent relativement passifs vis-à-vis des nombreuses possibilités de mobilité et qui ne se déplacent que suivant les ordres de leur hiérarchie. Enfin, il y a ceux qui ne se déplacent jamais pour des raisons diverses (raisons familiales, santé, conviction, peurs, etc.). Dans le présent article, nous centrerons notre attention uniquement sur les enseignants mobiles.

En posant la question : *pourquoi et pour quoi participer à la mobilité académique ?*, nous interrogeons les raisons et les objectifs qui entraînent le corps académique à la mobilité. En analysant les raisons qui poussent une personne à se déplacer, nous sommes en mesure d'ébaucher une éventuelle taxonomie de profils d'enseignants en déplacement :

« visiteur »
« voyageur »
« touriste »

En analysant les objectifs des enseignants en mobilité, nous arrivons aux résultats suivants :

« missionnaire »
« pèlerin »
« chercheur »

Cette taxonomie se construit autour de l'axe-motivation qui, lui, effectivement, comprend les deux questions posées auparavant : pourquoi et pour quoi ? À l'instar de John Urry

(2000 : 19-48), nous recourons à des métaphores afin de mieux rendre compte de la complexité de ces phénomènes.

Nous regrouperons les trois premiers « profils » comme réponse à la question *Pourquoi les enseignants se déplacent-ils* ?

3.1. Pourquoi se déplacer ?

Quelles sont les raisons qui poussent les enseignants à se déplacer dans le cadre de leur vie professionnelle à l'université ?

Visiteur

C'est une personne qui se rend auprès de quelqu'un ou quelque part pour un certain temps afin d'effectuer une tâche. Ce terme récapitule bien le sens du déplacement académique qui est attribué à ce dernier dans le milieu universitaire.

La motivation d'un visiteur est pragmatique (le sens pragmatique est inclus dans la définition même du mot : *pour effectuer une tâche*). Cela peut être une question de salaire (l'enseignant reçoit un supplément pour son acte de mobilité), de parcours professionnel ou de carrière (les déplacements sont comptabilisés sur les CV). La personne se déplace dans le cadre d'un programme préconçu. Elle fait son intervention, souvent ponctuelle, devant un public bien déterminé en visant des objectifs également bien déterminés. Souvent ce n'est pas elle qui prend l'initiative d'intervenir, elle est envoyée par la structure et accomplit la tâche qui lui est confiée. Elle intervient dans un lieu où l'établissement d'accueil ressent le plus de besoin.

La contrainte ici réside dans la ponctualité des interventions qui ne visent pas de projet à long terme et dans l'absence d'initiative personnelle.

Dans le corpus de rapports des enseignants, nous avons pu repérer les descriptifs des tâches accomplies lors des déplacements. Par exemple, dans le Département d'études estoniennes de l'Université de Tallinn, il existe une tradition d'organiser des séminaires de recherche au niveau de l'école doctorale en collaboration avec le Département d'études finno-ougriennes de l'Université de Helsinki (Finlande). Ces séminaires ont lieu dans le cadre d'échanges Erasmus de professeurs. Il existe une rotation quasi-obligatoire d'enseignants et de doctorants estoniens obligés de se rendre en Finlande. Même au niveau Master, certains cours sont donnés sous la forme de séminaires, ce qui permet aux professeurs estoniens de travailler dans deux universités en parallèle.

Voyageur

Cet universitaire se déplace vers un lieu où il ne réside pas. Le déplacement d'un voyageur est conditionné par une soif de connaissances. Etre conscient de son projet de déplacement, prendre part de façon active à sa mise en place, telles sont les caractéristiques d'un enseignant-voyageur. Cela suppose que l'acteur sache où il va, ce qu'il envisage de trouver là-bas, et quelle sera l'étape suivante. Cela suppose aussi que l'enseignant-voyageur s'approprie le lieu pendant le temps de sa visite, ce qui nécessite un engagement personnel. Bien que l'enseignant-voyageur soit de passage dans le lieu d'accueil, il ne peut pas rester complètement non-impliqué dans la vie de l'établissement qui le reçoit. Sa motivation est dans une curiosité intelligente, dans le sens de l'aventure, dans la découverte de gens nouveaux, dans la rencontre avec l'Autre. Notamment, dans les rapports remis par les enseignants, on peut lire des appréciations du genre : « accueil chaleureux », « riche rencontre avec des collègues », « rencontre avec des personnes intéressantes », « public intéressé », « discussion pauvre car les étudiants allemands ne connaissent pas les problématiques estoniennes » ou « discussion vive et intéressante », etc. Tout cela montre que les enseignants-voyageurs essaient de parler avec les autochtones. Les enseignants comparent parfois les traditions étrangères à celles de leur pays. D'où des remarques comme: « les étudiants ne sont pas aussi actifs que les Américains » ou bien « le séminaire se déroule de la même façon qu'en Estonie ». Cela démontre bien qu'au-delà d'observations parfois stéréotypées, ils parviennent aussi à des remarques de niveau anthropologique ou ethnographique.

On oppose souvent les touristes aux voyageurs en considérant que c'est le second qui effectue un « *vrai voyage* » et qui a recours à « *l'authentique* », « *à l'étude interne et profonde* ». Jean-Didier Urbain (2002) estime que le voyageur est un modèle type, un sujet idéal qui n'existe pas en réalité : « *C'est un mythe. Il faut s'en débarrasser, et s'interroger maintenant, en marge des préjugés, sur le statut du touriste dans notre société. Quelle est la valeur anthropologique de ce nomade inscrit au cœur d'une évolution sociale profondément marquée par le cosmopolitisme et le développement des voyages internationaux ?* » (Urbain, 2002: 328).

Touriste

Sous le terme touriste, on sous-entend souvent une personne qui parcourt pour son seul plaisir un lieu qu'elle n'habite pas habituellement. L'enseignant-« touriste » suscite souvent un comportement plutôt négatif à son égard. Ce jugement se base sur la perception du terme *touriste* par rapport à celui de *voyageur*. Comme l'indiquent clairement Giorgia Ceriani, Rémy Knafou et Mathis Stock (2000 : 28), dans un article consacré aux compétences cachées du touriste, la différence entre le voyageur et le touriste, et surtout l'infériorité du dernier face au premier, se fondent sur leur capacité inégale à être mobiles. Le touriste n'est pas considéré comme un « *acteur conscient et volontaire de sa mobilité, puisqu'il est souvent qualifié de « mouton » se fondant dans une masse uniforme ou, au mieux, marchant dans les pas des voyageurs qui l'ont nécessairement précédé* » (*Ibid.*). Depuis plus d'un siècle le terme « touriste » possède un caractère fort péjoratif[10].

En replaçant ces réflexions dans le cadre de notre problématique, nous qualifierons de touriste tout enseignant qui n'est pas conscient des stades de son déplacement et qui n'exprime que des attentes matérialistes (besoins et envies instantanés de manger, boire, etc.). Cependant, nous ne voulons pas diminuer l'importance du tourisme académique. John Urry dans son ouvrage *Sociology beyond Societies* (2000) rappelle que le mot anglais *travel* (voyage) a la même origine étymologique que le mot *travail*[11]. Cela signifie que « *voyager ne va pas de soi, que cela*

---

[10] Le lecteur se reportera à l'ouvrage de Jean-Didier Urbain *L'idiot du voyage* (2002) qui est entièrement consacré à l'étude de ce phénomène.

[11] Rappelons que le mot *travail* lui même vient du latin populaire *tripalium* (instrument de torture) qui, au Moyen Age, a reçu la signification de *souffrance, efforts pénibles* ex. femme en travail - femme chez qui se déclenche le processus d'accouchement (Perret, M. 2005. *Introduction à l'histoire de la langue française.*

implique une succession de tâches plus ou moins bien maîtrisées par les voyageurs » (Allemand, 2004 : 20). Repérer son chemin dans une ville inconnue, s'orienter dans un aéroport, faire un changement, acheter et composter un billet, s'orienter dans les nouvelles situations professionnelles etc. tout cela demande une certaine « compétence de mobilité ». Le touriste doit faire l'apprentissage *« du système de mobilité propre à une ville ou un pays »* et acquérir *« les savoirs particuliers aux autochtones* » (Allemand, 2004 : 20). La motivation de tel enseignant, comme nous l'avons évoqué *supra,* peut avoir des origines hédonistes - ce qui peut poser certaines contraintes. Mais cela n'empêche pas le développement d'une compétence de mobilité qui ne saurait se réduire aux savoirs favorisant le déplacement physique.

En guise de conclusion à ce paragraphe, rappelons qu'Urbain parle de l'infiltration du tourisme dans la vie quotidienne (2002 : 336) et nous pouvons légitiment considérer que le tourisme s'infiltre de la même façon dans la vie professionnelle. La mobilité académique s'inscrit dans cette tendance et en apporte une preuve.

Inspirée par les réflexions d'Urbain sur la différence entre le touriste et le voyageur, la perception extrêmement négative du tourisme, son rejet par la société et l'autodérision du touriste, nous considérons que la mobilité académique propose aux sujets la possibilité d'être mobiles, de se déplacer, de visiter les pays et en même temps d'échapper au titre de touristes. C'est un moyen de satisfaire le besoin d'être nomade de la société actuelle, tout en restant sérieux et positif vis-à-vis de cette même société si critique par rapport aux touristes. Si Urbain a raison en disant que le voyageur n'existe pas (cf. la citation *supra*), il ne reste qu'à accepter que tous les enseignants en mobilité soient des touristes dissimulés.

Dans un des témoignages, on peut lire par exemple: « on a visité une école régionale », ce qui montre que le voyage professionnel se conjugue parfaitement avec le voyage touristique.

En outre, dans beaucoup de rapports, les auteurs mentionnent que les déplacements s'inscrivent dans le cadre de longues coopérations interpersonnelles et accentuent le fait que les

Paris : Armand Colin). Cela pour dire que le tourisme est loin d'être seulement un plaisir.

échanges sont devenus possibles grâce à ces contacts. Certaines assertions donnent l'impression que les professeurs profiteraient des échanges Erasmus pour rendre visite aux collègues – « amis ». L'affection humaine dans la coopération professionnelle est une bonne chose mais, comme on le voit, la mobilité n'a pas que des motivations académiques.

3.2. Objectifs des déplacements

Les trois autres « profils » répondent plutôt à la question *Pour quoi se déplacer?* et permettent de questionner les objectifs des enseignants mobiles. Reconnaissons d'ailleurs ici que le passage et l'enchaînement de plusieurs « profils » pour le même enseignant en déplacement sont possibles.

Missionnaire

L'enseignant-missionnaire entreprend un voyage pour accomplir une mission comme enseigner et former, diffuser ses théories, faire part de ses réflexions (d'ailleurs en langue française, on parle d'*ordre de mission à l'étranger*). Il peut partir également à la recherche de protagonistes de ses idées et de collègues-collaborateurs. Il a des idées à partager et il a envie d'associer les autres à son travail. La personne peut être dotée ou peut se doter elle-même de moyens financiers pour effectuer sa mission. Dans les deux cas, son engagement personnel est fort. Beaucoup d'enseignants-missionnaires partent dans le cadre de programmes d'aide humanitaire. L'enseignant de ce type est orienté à la fois vers Autrui et vers l'enseignement.

En lisant des témoignages portant sur la vie de professeurs d'origine étrangère en Chine[12], nous avons pu repérer un autre motif intéressant pour le départ : le changement de statut de la personne. Le statut d'un enseignant est différent dans le pays d'origine et dans le pays d'accueil. Dans l'établissement d'origine, l'enseignant est évalué en fonction de ses acquis académiques et de sa réussite pédagogique, tandis qu'à l'étranger, l'enseignant se métamorphose en représentant et porte-parole d'une nation, d'une communauté linguistique, d'un courant scientifique ou autre. Ceci

[12] http://mission.mepasie.org/volontariat/temoignages.php

est dû au déplacement dont le résultat est le passage d'un paradigme de majorité au paradigme de minorité valorisée. Dans ce cas, la personne se sent également investie d'une mission.

De même, toujours dans les rapports des enseignants estoniens, on trouve des observations comme « j'ai du/pu présenter l'Estonie/ parler de l'Estonie ». Ce rôle est caractéristique des professeurs estoniens. Ressortissants d'un pays relativement petit et mal connu en Europe, ils souhaitent le faire mieux connaître à l'étranger.

Pèlerin

Certains professeurs se déplacent dans les établissements étrangers non seulement pour enseigner, mais aussi pour apprendre. Il s'agit ici de centres reconnus de formation, de laboratoires spécialisés ou de centres de recherches ou de départements dirigés par un personnage reconnu. Venir dans un établissement reconnu constitue un enjeu important de carrière (tant sur le plan intellectuel que de la reconnaissance académique). Ce qui est recherché au-delà de l'apprentissage, c'est une certaine forme ultérieure de reconnaissance.

Le « pèlerin » est orienté vers la construction de sa carrière, vers la poursuite de son apprentissage. La mobilité académique est pour lui un moyen de rencontrer les spécialistes les plus reconnus, d'entamer une coopération et ainsi d'entrer dans le « sanctuaire » de la science en vue d'enrichir son expérience professionnelle et personnelle. La motivation personnelle interne est très forte. Comme l'entrée dans les « sanctuaires » est assez difficile, nous avons employé la métaphore du « pèlerin » pour accentuer l'idée de chemin semé d'obstacles que le professeur doit surmonter pour parvenir à l'objectif fixé.

Les témoignages rassemblés dans le corpus se divisent en deux types : les descriptifs de ce que l'enseignant a pu apporter à l'institut d'accueil : « on a commencé à élaborer un programme en commun », « j'ai donné un cours », « on a fixé le programme de coopération », etc. et les descriptifs du profit que l'enseignant a pu tirer de son déplacement : « j'ai pu travailler dans la bibliothèque », « j'ai pu faire des photocopies des ouvrages importants pour notre département », « bibliothèque très riche », « j'ai pu assister à une conférence très intéressante », etc.

Chercheur

Enfin le chercheur se déplace pour enseigner et apprendre en enseignant à un nouveau public dans un nouveau contexte. Cet enseignant cherche à confronter ses pratiques d'enseignement à de nouveaux enjeux. Il perçoit la mobilité académique comme un moyen de vérification de ses hypothèses et comme une sorte d'expérimentation sur lui-même. Le chercheur vient non seulement pour accomplir une tâche concrète (enseigner ou apprendre), mais il est à la recherche de nouveaux sujets et de nouvelles problématiques et il peut également enrichir son corpus d'analyse. Le chercheur est orienté vers l'objet de sa recherche et vers la science.

Nous pouvons reprendre les mêmes exemples de profils « missionnaire » et « pèlerin » pour illustrer le profil « chercheur ». La différence est que, dans ce dernier cas, il n'y a pas d'extrapolation entre l'enseignement et l'apprentissage. Les deux processus se trouvent présents et en équilibre.

Allons plus loin et considérons ici que le missionnaire, le pèlerin et le chercheur sont des configurations de voyageur, ou selon Urbain (1991, 2002 : 328) de touriste académique, car tous les trois possèdent les mêmes caractéristiques : déplacement par curiosité, besoin de nouvelles émotions, quête hédoniste.

Conclusion

La taxonomie proposée dans cet article est loin d'être exhaustive et demande à être complétée par des entretiens personnels. Les métaphores « vagabond » et « nomade », largement utilisées par les chercheurs dits postmodernes par exemple, n'ont pas été exploitées. Il est clair qu'il serait difficile de se contenter uniquement de ce type de catégorisation : les profils purs n'existent pas. Nous sommes tous à un certain moment des voyageurs, des touristes, des missionnaires ou des chercheurs. Nous pouvons même être tout cela simultanément. Les raisons et les objectifs de notre vie s'entrecroisent et nous obligent à nous déplacer et donc à former avec la mobilité une nouvelle compétence académique. Dans les rapports des enseignants estoniens ayant participé à l'échange Erasmus en 2005/2006, nous avons identifié des assertions témoignant de différents profils (visiteur et touriste, chercheur et voyageur, etc.). Les raisons apportées aux déplacements académiques sont différentes, explicites ou implicites, professionnelles ou pas. De même, pour les objectifs. Il serait difficile de généraliser et d'assigner aux enseignants estoniens un profil particulier, surtout en s'appuyant uniquement sur l'étude de rapports issus des échanges Erasmus de professeurs. De plus, il nous semble important de rappeler la tendance actuelle dans les études sur les mouvements migratoires (Murphy-Lejeune, 2005) consistant à percevoir la mobilité comme des mouvements individuels. L'analyse des rapports individuels nous permet d'ébaucher une étude sur la mobilité des enseignants. De même, nous avons fait une première tentative de décrire les différents profils des enseignants en mobilité. Il serait important de continuer cette recherche en analysant les discours des enseignants sur cette mobilité.

Pour conclure, disons que les universités estoniennes ont encore beaucoup à faire pour développer une mobilité académique adéquate aux besoins de la société. Ce développement entraînera obligatoirement l'étude des flux et la compréhension de ce qui se passe dans les réseaux et de région à région. Une réflexion théorique poussée, centrée sur les recherches empiriques déjà effectuées, serait donc du plus grand intérêt.

Bibliographie

Allemand, S. 2004. La mobilité comme 'capital'. *Sciences humaines* n°145. Janvier. 20-22.

Baumgratz-Gangl, G. 1990. *Compétence transculturelle et échanges éducatives*. Paris : Hachette.

Ceriani, G., Knafou, R., Stock, M. 2000. Les compétences cachées du touriste. *Sciences Humaines. Voyages. Migration, mobilité*. No. 145. 28-30.

Dervin F., & Ljalikova A. (éds.) 2008. *Regard sur les mondes hypermobiles. Mythes et réalités*. Paris: L'Harmattan.

Dervin, F. 2008. *Métamorphoses identitaires en situation de mobilité*. Turku: Presses Universitaires de l'Université de Turku.

Murphy-Lejeune, E. 2005. *L'étudiant européen voyageur, un nouvel étranger*. Paris : Didier.

Papatsiba, V. 2003. *Des étudiants européens. Erasmus et l'aventure de l'altérité*. Bern : Peter Lang.

Urbain, J.-D. 2002, *L'idiot du voyage. Histoires de touristes*. Paris : Petite Bibliothèque Payot.
Urry, J. 2000. *Sociology beyond Societies*. London : Routledge.

Rapports internes de l'Université de Tallinn. Echanges Erasmus 2005/2006 et 2006/2007.

PAROLES D'ACTEURS MOBILES

Connaître les autres pour mieux se connaître : les séjours Erasmus, une *Bildung* contemporaine

Vincenzo Cicchelli

« *Et chaque individu humain doit assumer sa part d'Hestia et sa part d'Hermès. Pour être soi, il faut se projeter vers ce qui est étranger, se prolonger dans et par lui. Demeurer enclos dans son identité, c'est se perdre et cesser d'être. On se connaît, on se construit par le contact, l'échange, le commerce avec l'autre. Entre les rives du même et de l'autre, l'homme est un pont* ».
Jean-Pierre Vernant, *La traversée des frontières.*

L'étude des mobilités estudiantines en Europe pourrait être envisagée au moins selon trois perspectives différentes. La première consisterait à considérer l'échange Erasmus comme une déclinaison particulière du modèle du long passage à l'âge adulte qui se réalise dans nos sociétés contemporaines à petits pas, par des ajustements continuels (Cavalli et Galland, 1993 ; Galland, 2007). Aussi, un séjour allant de trois mois à un an pourrait être vécu comme un moment d'expérimentation intense des marges d'autonomie, en raison de l'éloignement important des jeunes du lieu de résidence des parents[1]. La deuxième perspective s'intéresserait plutôt au rôle de ces séjours dans la formation des élites européennes contemporaines. On sait que l'un des traits distinctifs des classes dominantes est leur ouverture sur l'international, le maniement des langues étrangères, l'expérience des voyages, bref un certain degré de « cosmopolitisme ». Dans cette optique, on prendrait alors en compte l'apport des mobilités estudiantines à la reproduction sociale des sociétés européennes. Le séjour Erasmus aurait ainsi pour fonction de promouvoir l'adéquation d'une main d'œuvre hautement qualifiée flexible, polyglotte, grâce à la mobilité, au nouvel esprit du capitalisme (Boltanski et Chiapello, 1999 ; Sennett, 2004)[2]. La troisième perspective quant à elle pourrait se pencher sur l'émergence de la

[1] Sur les formes du contrôle parental à l'âge des études et les formes d'autonomie juvénile, voir Cicchelli, 2001.
[2] Pour une analyse comparative France-Québec des mobilités estudiantines dans le cadre d'une réflexion sur la socialisation professionnelle, voir Garneau, 2006.

conscience d'une identité européenne dans un contexte marqué par des élargissements successifs de l'Union européenne. Les étudiants ayant séjourné dans un ou plusieurs pays européens pourraient former le socle d'un sentiment d'une commune appartenance (ce qui n'empêche pas bien évidemment des appartenances plus locales).

1. *Bildung* et imaginaire du voyage juvénile

Si ces perspectives sont toutes intéressantes, nous insisterons en revanche sur une autre qui est au fondement d'un ouvrage en cours de rédaction consacré aux séjours à l'étranger des étudiants européens. La question à l'origine de cette recherche[3] consiste à voir de quelle façon ces séjours renvoient à une nouvelle forme de *Bildung*, d'éducation de l'honnête homme du XXIème siècle. On sait que les voyages sont depuis au moins la fin du XVIIIème siècle l'un des moyens privilégiés de parfaire l'éducation des jeunes des classes dominantes - ce qu'on appelait dans les pays anglo-saxons le *Grand Tour*. Avant la prise de fonction de l'âge adulte, le jeune, le plus souvent accompagné de son tuteur, se devait de connaître des pays comme l'Italie et la Grèce ou, déjà vers la seconde moitié du XIXème siècle, le Proche Orient. Depuis, les voyages n'ont pas cessé de former la jeunesse.

Certains traits de ces voyages hantent encore notre imaginaire, nous les retrouvons dans les séjours Erasmus contemporains. Ils nous sont parvenus grâce aux productions littéraires et cinématographiques des voyages juvéniles, dans lesquels prime la

---

[3] Précisons d'emblée que le corpus à notre disposition comprend une centaine d'entretiens menés auprès d'étudiants parisiens avant leur départ à l'étranger, auprès d'étudiants étrangers en provenance de pays européens et ayant fait le choix d'une université parisienne, d'étudiants parisiens revenus de leur séjour à l'étranger. Nous avons veillé à respecter trois critères pour la constitution de notre corpus : une répartition satisfaisante entre filles et garçons, entre étudiants inscrits dans des filières valorisées de l'enseignement supérieure (en haut de la hiérarchie des diplômes), plutôt sélectives ou contraignantes, et d'autres qui le sont moins, entre étudiants en provenance de l'Europe du sud, de l'Europe centrale, de l'Europe orientale et de l'Europe du Nord. Je remercie vivement tous mes étudiants de mon enseignement de méthodologie qualitative (promotion 2001/ 2002, 2002/2003, 2006/2007) de L2 et L3 (Université Paris Descartes) que j'ai formés à la pratique de l'enquête et qui ont réalisé les entretiens dans le cadre de cette formation.

dialectique de la *découverte de soi* et de la *rencontre avec les autres*, dans un cadre situé *loin de chez soi*. Il convient alors de se pencher brièvement sur cette production, afin d'en extraire les éléments qui continuent de structurer notre imaginaire du voyage juvénile - et que nous retrouvons différemment combinés dans les entretiens de notre corpus.

Dans le premier genre littéraire qui fait des jeunes les protagonistes de la littérature romanesque, c'est-à-dire le roman de formation ou *Bildungroman*, les mobilités juvéniles sont la métaphore de la quête de soi. L'apprentissage de Wilhelm Meister (1797) n'est plus un chemin lent et prévisible reproduisant le statut du père, mais une exploration incertaine de l'espace social. Cette exploration deviendra dans les romans successifs une errance et prendra la forme du vagabondage, du voyage, de l'aventure, de la bohème voire de l'égarement (Moretti, 2000). La mobilité géographique va de pair ici avec l'exploration de l'intériorité, elle renvoie à une quête insatisfaisante et inquiète. Bref, parmi toutes les caractéristiques de la jeunesse observables à l'aube du XIXème siècle, les écrivains de l'époque sélectionnent la mobilité géographique *et* l'intériorité. Au niveau symbolique, le roman de formation arrime ces deux traits à cette phase délimitée de l'existence qu'est la jeunesse. Ce faisant, il offre au lecteur un puissant modèle de résolution de l'un des dilemmes de la modernité, à savoir le conflit entre l'idéal d'autodétermination et les contraintes institutionnelles, en présentant ces deux réalités comme complémentaires. Une fois achevée sa période de formation, le héros concilie ses exigences et celles de la société, le processus de socialisation menant à la découverte d'un lien entre la vie intérieure et les institutions sociales. La jeunesse se parachève dans ces romans par un processus de maturation et d'apprentissage, par un passage à l'âge adulte qui inscrit l'individu dans une totalité sociale : ce n'est pas un hasard, note Franco Moretti (1986), si certaines jeunesses du *Bildungsroman* se terminent par un mariage, par un pacte nouveau entre l'individu et le monde. Le bonheur final présumé est l'indicateur le plus sensible de l'achèvement de la socialisation. Ce bonheur est d'autant mieux ressenti que cette conciliation requiert un acquiescement de la part du protagoniste ; ce dernier doit être passé par des expériences juvéniles tumultueuses avant de conclure qu'elles seront nécessairement abandonnées pour devenir un adulte.

Cette conciliation de la vie intérieure avec les contraintes sociales, par l'abandon des idéaux de jeunesse, lors de la prise des responsabilités de l'âge adulte, n'existe plus dans l'imaginaire du voyage juvénile du XXème siècle. Si l'on considère par exemple le roman *On the road* de Jack Kerouac (1957) et le film *Easy Rider* de Denis Hopper (1969), on remarquera que le voyage ne renvoie nullement à une exigence de formation du jeune homme en vue de la préparation à un avenir bourgeois (pendant cette courte parenthèse qu'on appelait la *jeunesse dorée*). À y voir de plus près, nous sommes tout d'abord confrontés à une exploration incertaine, agitée voire inquiète d'une vocation dans un monde dans lequel les places ne sont plus connues d'avance. Ce sont des pérégrinations (dans cet espace continental que sont les États-Unis) qui ne peuvent être orientées vers l'acquisition d'une future sagesse. Il s'agit alors d'une fuite de soi, liée à un besoin irrépressible d'abandonner la sphère domestique, tout ce qui est familier, pour aller de l'avant, prendre le chemin. Evidemment, entre les deux époques que nous avons prises en considération, un élément a émergé qui radicalise la différence : la jeunesse comme un nouvel âge de la vie. D'ailleurs, le livre et le film cités sont emblématiques de mouvements culturels s'opposant à la société des adultes ; ces deux productions ont en quelque sorte accompagné l'émergence de la *beat generation* d'abord, et de la *counter-culture* ensuite.

Or, dans nos entretiens, le séjour Erasmus est l'héritier aussi bien de l'idée d'une formation en vue d'une intégration réussie dans la vie adulte que de l'exigence de l'exploration de soi. Les deux dimensions se conjuguent d'autant plus remarquablement qu'elles se sont par ailleurs affranchies de certains traits des époques où les œuvres citées ont été produites : aussi, le vœu de formation ne peut certes assumer les traits d'une reproduction de père en fils sans pour autant revêtir les formes de l'affrontement générationnel. Si le monde des adultes n'est pas repoussé, aucun modèle ne saurait déterminer à l'avance les étapes du passage d'une catégorie d'âge à l'autre. Si la formation poursuit un but instrumental de maximisation des chances d'entrée sur un marché du travail, marqué par une plus grande compétition et précarité, la connaissance de soi avant de faire des choix pouvant être définitifs, est hautement valorisée, y compris au risque de « perdre » du temps. Aussi, et pour paradoxal que cela puisse paraître, plus grande est l'incertitude quant à l'avenir, plus grande est la tentation de faire *aussi* du séjour de formation un prétexte pour trouver sa vocation.

Mais il existe encore une autre matrice au cœur de l'imaginaire littéraire des romans de voyages, et que nous retrouvons également dans nos entretiens : la connaissance des autres. C'est ce frottement avec l'altérité qui est par exemple présent dans l'un des plus beaux romans de voyages de la seconde moitié du XXème siècle : *L'usage du Monde* de Nicolas Bouvier (1963). Ce livre raconte la première partie d'un voyage accompli par un jeune homme de 24 ans de la Croatie jusqu'en Extrême Orient. Tout au long du récit, on est captivé par le penchant de l'auteur à se lier d'amitié, aussi éphémère soit-elle, avec des compagnons de route ou avec les habitants des lieux visités. Et on y retrouve toujours cette attitude à s'étonner de la différence, dans ses moindres détails, sans pour autant glisser dans l'exotisme ou dans l'assignation à l'altérité ; on y retrouve encore cette disponibilité à recevoir avec gratitude des gens rencontrés, à donner de son temps sans compter et à savourer sans retenue l'expérience du partage lors de discussions, de repas, de dégustation de boissons, d'écoute de musique et autres occasions festives. Bref, ce roman nous indique la troisième matrice, grandement présente dans le corpus de nos entretiens : l'idée que l'autre se rencontre forcément ailleurs, que l'on voyage pour voir « autre chose » et que les rencontres sont nécessaires à la fois pour se connaître mieux et pour mieux être, pour atteindre une plénitude impossible chez soi.

Dans le séjour Erasmus, ces éléments sont essentiels. On retrouve dans les entretiens la posture fondamentale de la disponibilité à connaître une autre langue, un autre code culturel. L'envie de se frotter à l'altérité reste très grande dans un monde que l'on croyait pourtant si connu, si proche, si petit. Si avec la fin des grands voyages d'exploration géographique, la stupeur est aujourd'hui impossible du point de vue civilisationnel (Greenblatt, 1996), la quête de l'étonnement devant la différence semble tant hanter nos contemporains qu'elle est l'une des expériences les plus fréquemment citées par nos enquêtés.

Tous ces traits se retrouvent dans le film à grand succès qui a probablement concouru à entretenir une mythologie du séjour Erasmus : *L'auberge espagnole* de Cédric Klapisch (2002). La recherche de sa vocation professionnelle, objectif initial du départ de Paris de Xavier pour Barcelone, cède le pas à la volonté de partager intensément des expériences dans une ambiance festive et cosmopolite (rappelons que le protagoniste vit en colocation avec sept étudiants venant de différents pays européens) afin d'être en adéquation avec un soi enfoui qui n'a pu émerger que lors du séjour et à cause du déplacement.

2. Séjour Erasmus et *estrangement*

Cette évocation rapide de ce que l'imaginaire du séjour Erasmus partage avec l'imaginaire du voyage juvénile nous a permis de nous familiariser avec quelques éléments qui viennent à l'esprit de ceux qui participent à cette expérience. Cela a aussi permis de distinguer ce déplacement à l'étranger d'autres mobilités comme les voyages touristiques. En effet, d'une part, il existe un imaginaire romanesque et cinématographique du voyage juvénile, alors que son équivalent pour le tourisme juvénile est moins facilement repérable. Ce sont les voyages de jeunesse qui ont alimenté une production culturelle dans laquelle les jeunes se sont reconnus - sans doute en raison aussi d'un certain mépris qui continue à peser sur le tourisme (et le touriste), souvent considéré comme une forme moins noble de déplacement (Urbain, 2002).

D'autre part, la morphologie de cette mobilité est très importante pour comprendre la signification que les acteurs sociaux associent à cette expérience. Il s'agit, comme chacun le sait, d'un séjour dans le cadre d'une formation universitaire, pouvant aller jusqu'à douze mois et qui implique un retour dans le pays d'origine. Si la définition que l'Organisation Mondiale du Tourisme donne de ce phénomène est assez large pour prendre en compte nos séjours Erasmus (car elle inclut non seulement les voyages d'agrément, mais aussi les déplacements professionnels, les voyages pour des raisons de santé et de formation), les bornes temporelles dans lesquelles elle l'inscrit sont trop étroites : en effet, est appelée touriste « *toute personne en dehors de sa résidence habituelle pour une durée d'au moins 24 heures et de 4 mois au plus* » (Urbain, 2002 : 43). Or, nos étudiants font justement du long laps de temps (au moins trois mois, et très souvent au moins six mois) l'une des conditions fondamentales pour atteindre les objectifs qu'ils assignent à un séjour à l'étranger. Ce dernier doit leur permettre d'aiguiser leur regard sur l'autre, en connaissant mieux sa propre culture, en faisant l'expérience d'un éventuel changement de soi, et d'apprendre et/ou de perfectionner la maîtrise d'une langue.

Un autre trait morphologique est à prendre en compte : le fait qu'il s'agisse d'un voyage *avec retour.* En effet, dans l'imaginaire du voyage, la distinction entre déplacement avec ou son retour est essentielle : si les voyages de Gilgamesh, Ulysse, Simbad le marin impliquent un retour au domicile, ce qui permet au protagoniste de narrer ses péripéties et de faire état de ses connaissances acquises, ce n'est pas le cas pour la version que donne Dante du même Ulysse, pour le capitaine Achab qui poursuit Moby Dick ou des héroïnes du film Thelma et Louise[4]. Dans ces trois derniers exemples, la fuite en avant prend les traits de la perte de soi, voire du suicide. Dans le cas des étudiants Erasmus, peu d'entre eux s'intéressent à une intégration permanente dans une société d'accueil (même si cette dimension n'est pas absente chez certains qui voudraient s'installer définitivement à l'étranger). Peu d'entre eux se vivent comme des transfuges ou des exilés (deux figures typiques de la condition de l'étranger). Aussi, notre étudiant Erasmus ne saurait être considéré comme un immigré fuyant son pays et demandant asile et hospitalité dans le pays d'accueil. Ni touriste, ni immigré, notre étudiant qui vit quelques mois dans une position *liminaire* (du point de vue de l'intégration du groupe des autochtones)[5], mais institutionnellement acceptée et légitime (s'agissant d'étudiants venant compléter une formation). Il s'agit en fin de compte pour eux d'un voyage voulu, parfois désiré, fortement assumé, qui ne met pas le voyageur à l'abri des difficultés du contact avec une réalité peu ou nullement familière.

Nous avons utilisé l'effet perturbateur du séjour (en essayant de reconstruire l'économie émotionnelle dans laquelle s'inscrit le décalage de langue, de culture, de mœurs), afin de mieux reconstruire les logiques narratives de compréhension de soi et des autres. Pour caractériser cette situation, on peut faire appel à un concept venant de la critique littéraire, mais en changeant sa signification. L'*estrangement* désigne ces techniques narratives qui permettent à un narrateur de décrire des situations familières, mais

---

[4] Il est toutefois des voyages sans retour libératoires. Leur archétype est l'Exode (Walzer, 1986).

[5] Sur la position de liminarité de l'étranger, on peut se référer à Simmel (1990) et Cotesta (2002).

en adoptant un point de vue extérieur et étranger, de façon à créer une distance entre le lecteur et l'objet de la description, ce qui pousse le premier à regarder autrement le second. Dans un essai portant sur cette procédure, l'historien Carlo Ginzburg (1998)[6] retrace sa généalogie, en rappelant qu'il a idéalement et principalement assumé les traits d'un moyen privilégié d'atteindre une réalité vraie, autrement inaccessible au regard aveuglé par la familiarité. Une perception objective des choses autorise le narrateur à dénoncer l'ordre établi, perçu comme injuste, voire inhumain. Nous gardons de cette procédure l'idée d'effet d'étrangeté produite sur le lecteur, en l'appliquant à la situation de notre observateur qu'est l'étudiant Erasmus. Dans notre cas aussi, une situation différente, codée tour à tour comme « étrange », « bizarre », oblige l'observateur à un retour critique sur sa propre culture. Par une comparaison systématique entre le familier et le non familier, le séjour Erasmus se révèle être un moment privilégié de réflexivité pour les acteurs sociaux. Bref, cette situation de *liminarité* sociale et d'*estrangement* cognitif et émotionnel conduit les interviewés à se faire les ethnologues de la société d'accueil *et* d'origine, et les pousse à un travail d'introspection.

3. Identité et altérité : quatre portraits

Nous avons fait nôtre une double grande interrogation que se posent nos interviewés : qui est l'autre que je rencontre au cours de ce séjour dans un pays qui n'est pas le mien et quelle place lui fais-je ? J'ai déjà traité la question de la dialectique de l'identité et de l'altérité sur un plan théorique dans un ouvrage que j'ai co-dirigé avec Marc Breviglieri, issu d'une enquête internationale sur les rapports des adolescents aux espaces publics dans neufs sociétés méditerranéennes (Cicchelli, 2007). En critiquant la vision exclusiviste, figée et isolationniste des identités culturelles défendue (entre autres) par Samuel Huntington (2000), je proposai

[6] Nous avons utilisé ce terme en référence à la traduction française du texte de Ginzburg : en effet, *estrangement* viendrait de l'italien *straniamento*, lui-même traduit du russe *ostranenie* (car la première formulation de ce concept nous vient des formalistes russes du début du XXème siècle). Ce terme pourrait être plus proche de son équivalent anglais *estrangement* qui vient du verbe *to estrange* et qui signifie « *to remove from customary environment or associations* » (voir le Merriam Webster's Dictionary).

une conception multiple des appartenances, m'appuyant sur la prise de conscience chez Ego de la part d'altérité refoulée qui structure son identité, ou pour le dire autrement sur la nécessaire consubstantialité d'Autrui dans la définition de soi. Le matériau à notre disposition permet à nos yeux d'aller plus loin que ces considérations, dont l'intention principale est bien illustrée par la phrase en exergue de Jean-Pierre Vernant, et de suivre plus en finesse la façon dont les individus font une place à Autrui au cours et/ou après un séjour.

Plus précisément, je focaliserai l'attention sur la façon dont les interviewés dressent ou non des frontières culturelles, symboliques, identitaires entre eux et les habitants du pays où se déroule leur séjour. La notion de frontière me semble fort utile en raison du fait qu'elle est à la fois une ligne de démarcation et de contact (Cassano, 2005) ; elle articule une vision ouverte et fluide des identités culturelles avec le fait qu'elles sont rigidifiées sans cesse par toutes sortes de créations et réinventions des traditions (Hobsbawm et Granger, 2006) ou de revendications. Traquer le fluide sous ce qui est cristallisé, le « *signifié flottant* » des productions culturelles (Amselle, 2001), là même où elles se prétendent pures et intemporelles, introduit une plus grande sensibilité à la prise en compte de métissages, créolisations, syncrétismes (Amselle, 1990), et ouvre à la possibilité de penser des appartenances multiples.

Pour parvenir à cet objectif, j'ai été attentif à la façon dont les interviewés s'évertuent à : a) préciser à leur interlocuteur ce qu'ils entendent par altérité, en comparant leur société d'origine à leur société d'accueil ; b) rendre compte de ce qu'ils apprécient et/ou refusent du pays où se déroule leur séjour ; c) résoudre la question de leur rapprochement ou éloignement de la société d'accueil. Pour utiliser le langage de la narratologie[7], tous les récits recueillis sont structurés par ces trois grands pôles. Ces derniers rappellent les trois plans distingués par Tzvetan Todorov (1991) pour modéliser la façon dont Ego construit son rapport avec un étranger. Cet auteur nomme ces trois dimensions épistémologique, axiologique et praxéologique. Le premier plan renvoie à la façon dont Ego

[7] On sait que pour des théoriciens du récit aussi différents que Propp, Lévi-Strauss, Lotman ou Greimas, toute matrice d'une histoire est construite par une tension entre des pôles (Moretti, 2000).

connaît autrui, en exaltant ou en minorant la différence qui les sépare ; b) le deuxième insiste sur les mécanismes qui poussent Ego à apprécier ou rejeter les valeurs d'Autrui ; c) le troisième indique finalement le mouvement d'acculturation, assimilation, intégration esquissé par Ego pour s'ouvrir à l'étranger (ou se replier sur soi-même). Il est néanmoins nécessaire de compléter cette approche en insistant davantage que ne le fait Todorov sur le fait que parler d'Autrui revient au fond à parler de soi-même, de ce que l'on est ou on voudrait être, de ce qu'on souhaiterait que les autres nous reconnaissent. Autrement dit, cette analyse de la façon dont s'enracinent les formes de jugement à l'égard d'autrui ne saurait, à mes yeux, faire l'économie de traiter les formes de jugement à l'égard de soi-même. On comprend alors pourquoi cette rencontre avec l'altérité est en grande partie responsable des bilans auxquels ces interviewés s'adonnent lorsqu'on les interroge sur la portée de leur déplacement volontaire à l'étranger.

L'analyse des rapports qu'Ego instaure avec Autrui se réalisera à l'aide de quatre portraits multidimensionnels. Ces portraits ne se veulent pas exhaustifs, mais indicatifs de la diversité des attitudes des individus lors de la fréquentation d'un monde peu familier. Chacun de ces récits exemplaires relate la rencontre de ces jeunes avec d'autres habitudes de vie, d'autres langues, d'autres façons de penser. Malgré leurs différences, ils montrent que ce séjour à l'étranger engage plusieurs dimensions de l'expérience individuelle : il permet de se *découvrir pluriels, en faisant une place à autrui dans la définition de soi*[8].

Précisons comment nous avons procédé à l'analyse des entretiens et à leur sélection : il s'agit d'une mise en récit des interviews opérée en vue de construire le portrait d'une situation considérée significativement distincte des autres. Il y a certes une part d'arbitraire dans cette procédure, du fait de la restructuration de l'entretien en vue d'obtenir un récit. Or, pour pallier cet inconvénient, au demeurant existant aussi dans la définition wébérienne de l'idéaltype, nous avons analysé systématiquement chaque entretien en essayant de repérer les effets de l'*estrangement* au moyen de la double dialectique « changement versus permanence », « connaissance de soi versus connaissance des

---

[8] Sur la question de la pluralité des éléments qui structurent une identité individuelle, cf. Lahire (1996), Ricoeur (1990) et de Singly (2003).

autres ». L'analyse des oppositions internes s'est faite séquence par séquence, ce qui rend plus aisée et rigoureuse la reconstruction du récit.

Quant au choix des interviews, nous en avons sélectionné quatre qui répondent à la question de ce chapitre d'explorer la relation qui s'instaure entre la connaissance des autres et la connaissance de soi. Si l'impulsion principale de s'ouvrir à la culture des autres, d'aller à leur rencontre est commune à tous les portraits que nous allons présenter, les effets du séjour sur cette intention ne sont pas les mêmes. Ainsi, Aïcha arrive à concilier ses propres doubles racines (algérienne et française), quitte à rejeter la culture du pays où se déroule son séjour (l'Irlande). Pour elle, une appartenance forte se fonde sur l'acceptation de plusieurs dimensions de son identité. Guillaume veut connaître en profondeur la culture polonaise en vivant intensément ce qu'elle peut lui offrir, quitte à s'oublier et à ressentir une situation d'inconfort à son retour en France. Le séjour Erasmus l'a convaincu de son goût pour la différence et lui a révélé d'étonnantes capacités mimétiques. Tomeck, polonais, veut mieux connaître les codes qui régissent la vie des Français pour se faire accepter comme l'un d'entre eux, sans toutefois renier ses origines. Il voudrait être un pont entre les deux pays. Quant à Marina, italienne, elle dissocie l'altérité d'une culture particulière, quitte à devenir peu à peu indifférente à la culture d'accueil (elle fait son séjour à Paris). Le cosmopolitisme est pour elle l'un des idéaux d'une bonne vie.

3.1. Rejet de l'*Homo Europeanus* et découverte de sa propre « francité »

Il est des étudiants qui se réconcilient avec leur culture d'origine, leur voyage étant le moyen pour eux de mieux définir leurs appartenances. Le cas d'Aïcha, étudiante d'origine algérienne partie faire son Master en droit à l'étranger, est exemplaire. Cette jeune fille choisit l'Irlande pour apprendre l'anglais, mais surtout en raison du fait que ce pays lui rappelle l'Algérie ; l'Irlande est une ancienne colonie d'une ancienne superpuissance, les Irlandais sont considérés les latins du Nord, alors que les Anglais sont les représentants de la distance affectée des septentrionaux. Or, à son retour, elle renverse les jugements qui l'ont poussée à choisir cette destination, les Irlandais devenant froids, peu chaleureux, leur culture étant désormais très américanisée. Cette militante tiers-mondiste, d'après sa propre définition, prend ainsi acte de la séparation entre elle et les Irlandais, toutes les anciennes colonies ne se ressemblant pas. Mais l'érection d'une barrière déborde le pays d'accueil, l'Irlande devenant en quelque sorte l'emblème de tout le Nord, qui est rejeté, les Allemands, par exemple, étant considérés de façon fort proche à la fois des Irlandais (froids) et des Américains (arrogants). Et même, l'axe irlandais-allemand sert à détacher un type humain spécifique, l'*Homo Europeanus*, représentant arrogant des élites impérialistes occidentales, sûr de lui, fier de ses prérogatives, oublieux des côtés obscurs de son histoire (le colonialisme), et à la culture uniformisée. Sont en revanche exclus de ce type les étudiants italiens et espagnols, Aïcha avouant que, malgré quelques réticences initiales dues à la vanité vestimentaire dont ils feraient preuve, elle s'est découverte avec eux quelques affinités électives. Elle justifie cette certaine proximité sur la base d'une commune appartenance méditerranéenne. Aussi se dessine une frontière entre deux types humains et culturels, situés au Nord (et il faut entendre l'Europe centrale et Atlantique) et au Sud (correspondant au pourtour occidental de la Méditerranée).

Où se situent les Français ? Initialement, nous dit cette étudiante, elle avait tendance à dissocier les deux dimensions de son identité nationale, française et algérienne, en attribuant à la première les caractéristiques nordiques de froideur et à la seconde les qualités méditerranéennes de chaleur. Toutefois, ce séjour modifie son point de vue. Le Nord s'étant amplifié et ayant largement dépassé la Manche, par comparaison, les Français se rapprochent davantage du sud de l'Europe et de la Méditerranée. Vus d'Algérie, les Parisiens sont froids et peu accueillants, mais vus de Dublin, ils deviennent plus chaleureux. De même, si elle a le teint clair pour une Africaine du Nord, en Irlande, elle semblait très mate par rapport à la couleur de la peau des jeunes filles irlandaises. C'est cette définitive séparation d'avec les étudiants du Nord qui permet la revendication d'une France latine.

Pourtant, on comprendrait mal le sens de l'entretien d'Aïcha si on croyait que ce séjour s'est traduit seulement par un durcissement de son identité. En effet, il est indéniable qu'elle sépare maintenant le monde en deux camps (un Nord et un Sud).

Toutefois, cette nouvelle frontière coïncide avec un nouveau regard porté sur elle-même et une acceptation de sa double appartenance française et algérienne ; en réduisant Autrui à quelques grands traits indifférenciés, elle prend conscience de la nécessaire hybridation de ses appartenances. Il n'existe plus une culture française ou une culture algérienne, mais des croisements, des hybridations, des métissages. Et quand les étudiants qu'elle a rencontrés lors de son séjour en Irlande lui demandaient si elle était française, française d'origine algérienne, ou algérienne vivant en France, elle répondait avec à la fois de la fierté et de l'agacement : «*je suis ce que je suis* ». Elle ne dit plus aujourd'hui ce qu'elle se disait avant son séjour, selon ses propres mots, «*je suis un pur produit de la colonisation française* ». Lors de l'interview, la revendication d'une identité plurielle se fait par reformulation de la composante française : maintenant qu'elle maîtrise bien l'anglais, le français peut être pleinement revendiqué comme sa propre langue, évoquant les souvenirs de son enfance algérienne dans un milieu francophone. D'ailleurs, elle utilise une expression très connotée pour détacher la langue et la culture française d'une partie de son histoire (le colonialisme) : la « francité ». « *J'ai appris à m'accepter telle que je suis... je suis particulière... le mot qui me caractérise le mieux : francité* ». Finalement, un déplacement d'une frontière culturelle marque un fort changement dans la façon de considérer son identité : seulement maintenant, elle peut parler de conciliation avec une double appartenance.

3.2. Altérité onirique et vagabondages européens

D'autres étudiants, en revanche, expriment par les échanges Erasmus leur goût du voyage, leur penchant pour les rencontres avec la différence. C'est le cas de Guillaume qui résume ainsi son entretien : « *c'est toujours cette idée de voir un truc différent... je pense que si je pouvais prendre un vaisseau spatial et aller sur Mars voir les Martiens, je le ferai* ». Étudiant en fin de Master 2, Guillaume a beaucoup voyagé dans le cadre d'échanges universitaires, il a vécu plus de quatre ans dans différents pays européens (Grande Bretagne, Allemagne, Suède, Pologne), alternant les séjours à des stages en entreprise. Les séjours linguistiques à l'étranger effectués durant le lycée sont nombreux. Il partage les gens en deux groupes : ceux pour qui la rencontre avec l'altérité prend les couleurs du rêve, dans lequel l'individu s'installe confortablement, et ceux pour qui seul compte le retour à la réalité : c'est, dit-il, « *comme si tu prends un poisson qui est dans l'eau, tu le plonges dans de la grenadine ou un truc comme ça, c'est différent, et là soit tu t'adaptes et tu es vraiment intéressé, tu bois plein de grenadine, soit t'es très content de revenir dans l'eau, de revenir à la réalité* ».

Se présentant d'emblée comme polyglotte et ayant un goût prononcé pour l'exotisme, Guillaume structure son entretien de façon rétrospective, en cherchant dans le passé les racines de cet engouement pour l'altérité. Aussi, de nombreux éléments biographiques sont mobilisés, ayant tout d'abord trait à sa socialisation familiale. Les figures du mari de sa marraine, anglais, et de leurs enfants bilingues, évoquent une forte fascination pour les langues et l'envie d'atteindre le niveau linguistique des natifs eux-mêmes. Les voyages en compagnie de ses parents, dès son enfance, sont aussi riches en souvenirs d'attrait pour tout ce qui est insolite, étranger, inconnu. Il avoue aussi son malaise devant l'attitude de ses parents, leurs jugements étant ressentis comme superficiels, stéréotypés (bien que non racistes). Aussi, comme dans toute analyse rétrospective, les situations pertinentes repérées ont valeur explicative et prédictive ; elles donnent à la fascination pour l'étranger la force d'une prédisposition. Pour Guillaume, se rendre à l'étranger permet de forger une forte personnalité. Pour s'en expliquer, ce jeune homme recourt à la métaphore de l'enfance : un étudiant qui se rend à l'étranger pour faire ses études est comme un enfant, il doit apprendre la langue des natifs, s'imprégner de leur culture, de leurs habitudes. Il est d'emblée exclu des connivences, complicités que seule une acculturation poussée rend possible, et s'expose aux railleries, à la condescendance. Cette fragilité inhérente à sa position marginale requiert de la part du jeune le courage de risquer la moquerie, les malentendus, l'incompréhension. L'étudiant doit aller vers les natifs et ne pas s'enfermer dans le « piège Erasmus », expression qui désigne dans notre corpus d'entretiens ce mouvement de repli des étudiants participant à cet échange, leur regroupement en fonction de leurs nationalités et le défaut de contacts suivis avec les jeunes natifs du pays d'accueil. Aussi, forger sa personnalité signifie faire fi de ces difficultés et abandonner les sentiments de frustration et impuissance.

Cette philosophie du rapprochement par volonté de se faire accepter renvoie à une forme de fierté d'avoir appris des langues, vécu intensément des fortes relations amicales et sentimentales au cours de ses déplacements. On comprend l'émerveillement dont fait preuve Guillaume lorsqu'il parle des Polonais. Ils se distinguent de tous les autres peuples qu'il a connus en raison de leur grand sens de l'hospitalité, d'après l'expérience de ce jeune homme. En Pologne, dernier pays en date où il a séjourné dans le cadre de ses études, ses camarades d'université l'ont initié à leur histoire, à leur cuisine, accompagné visiter les grandes villes et les hauts lieux de la mémoire polonaise. Il est enchanté de l'existence de ce mouvement inhabituel des natifs vers les étrangers. Aussi, tirant parti de cette découverte, il fait de l'éloge de l'hospitalité comme étant l'un des meilleurs moyens pour créer une forte proximité : les différences culturelles ne sont plus valorisées parce qu'elles seraient exotiques, en suivant ainsi un penchant individuel d'ouverture vers l'altérité, mais en raison du fait qu'elles sont rattachées à un fort partage des expériences. Guillaume sait que si les Polonais l'ont accueilli et fait partager l'histoire de leur pays, c'était aussi pour que la Pologne obtienne cette reconnaissance culturelle de la part des autres pays européens qui lui fait parfois défaut. Pourtant, cette attitude ne saurait être considérée comme instrumentale.

Quel que soit le sens du mouvement de rapprochement (de l'étranger vers le natif ou vice-versa), la proximité qu'indique ce jeune homme se construit sur un mécanisme mimétique : lorsqu'il s'installe à l'étranger, le voyageur doit, comme l'enfant, imiter les natifs, essayer de vivre comme eux, autant que faire se peut. La cuisine est emblématique de cette attitude qui voudrait dépasser une prétendue supériorité de sa culture d'origine : en Pologne, mais aussi en Allemagne et en Angleterre, il faut goûter les produits locaux, car cela peut réserver de bonnes surprises. Guillaume croit que le mimétisme est le seul rapport actif à l'altérité que l'on doit instaurer pour dépasser les stéréotypes. Par une immersion en profondeur dans la culture d'accueil, le voyageur doit devenir un traqueur de stéréotypes et non un colporteur de clichés. Le rôle de la connaissance d'Autrui par frottement est de dépasser le fossé entre les préjugés et la réalité.

Mais Guillaume indique clairement que son retour a été accompagné d'un fort malaise, sur lequel il s'arrête longuement. À l'étranger, explique-t-il, il était obligé d'assumer la posture de celui qui apprend. Il était nécessaire de se tenir continûment en éveil. Or, cette attitude exténuante n'est soutenable que si l'individu s'en remet de temps en temps à Autrui, à des figures significatives (les nouveaux amis) en qui il a confiance ; sans cette attitude, l'incompréhension linguistique engendrerait de la méfiance, le doute s'installerait dans les esprits, les plaisanteries seraient appréhendées comme des dérisions, voire des affronts. L'acceptation d'Autrui peut naître non seulement de l'engouement, mais également de la nécessité pratique de faire confiance, lorsque la culture de l'Autre est couverte d'un voile d'ignorance. Le retour au pays signifie alors le retour au familier, ce qui se traduit par la baisse de l'éveil. Cette situation peut devenir inconfortable si elle devient, comme dans le cas de Guillaume, une comparaison systématique entre le plaisir d'apprendre et la peine de voir le monde d'origine avec un sentiment de déjà vu. Qu'y a-t-il à apprendre de son pays quand on a déjà tout appris à l'étranger ? Guillaume parle alors d'une excroissance de confiance en soi, d'un sentiment de supériorité à l'égard de ses camarades restés en France, de son irritation à l'égard de jugements superficiels émis à l'encontre des autres peuples. Pour devancer ce sentiment d'« étouffement », Guillaume a formulé un projet : son avenir ressemblera à son passé, soit à une suite de bifurcations correspondant à autant de voyages à l'étranger. Il compte ainsi terminer son Master en énergie pour aller travailler dans plusieurs pays. En attendant, il partage sa vie avec une jeune fille russe depuis peu installée en France, en projetant une vie commune erratique.

3.3. Faire dialoguer la culture d'origine avec la culture du pays d'accueil

Il est des étudiants qui se saisissent de l'opportunité d'un échange universitaire pour donner corps à leur désir de s'installer à l'étranger en réalisant une trajectoire sociale ascendante. C'est le groupe le moins nombreux de notre échantillon. Prenons l'exemple de Tomeck, étudiant polonais, interviewé à Paris, ville où il fait ses études dans le cadre d'un accord entre une université parisienne et son université d'origine.

Si Aïcha se sent repoussée par les Irlandais et ne manifeste aucune envie de vouloir s'approcher d'eux, mais se convainc d'une fracture géographique et humaine entre le Nord et le Sud, ce qui la concilie avec la culture française avec laquelle elle se sentait en décalage ; si Guillaume fait du mimétisme le moyen le plus adéquat pour s'imprégner de la culture des autres et construire une proximité entre un étranger et un natif, au prix d'éprouver une sorte de mal-être une fois rentré en France ; Tomeck quant à lui se tient en équilibre sur une corde raide, car il essaie de devenir membre de sa société d'accueil (il vient de Pologne, il fait son échange Erasmus à Paris) tout en demandant à celle-ci de ne pas être indifférente à sa culture d'origine. Sa question est alors de savoir quand les gens de son quartier le considérerons comme un voisin et non pas un touriste de passage, quand ses amis parisiens oublieront le fait qu'il a un accent et ne maîtrise pas parfaitement la langue locale. Si Aïcha nous parlait de frontière entre les cultures, si Guillaume nous évoquait l'immersion en profondeur dans la culture de l'autre, Tomeck nous instruit sur le dialogue entre les cultures et s'interroge sur les conditions de sa faisabilité.

Aussi nous fait-il part de ses tentatives pour s'adapter au pays d'accueil malgré des obstacles qui parsèment son chemin, pour éviter ces situations où il a pu se sentir un intrus - au sens propre, quelqu'un qui s'introduit dans un groupe sans y avoir été invité et dont la présence est au mieux tolérée. Cet étudiant esquisse un mouvement d'intégration, mot qui convient ici plutôt que dans le cas précédent, non seulement en raison de sa connotation républicaine française, mais aussi du fait qu'il voudrait prolonger son séjour et s'installer durablement en France. De ce point de vue, Tomeck vit un parcours proche de l'étudiant immigré, son installation ne se voulant pas temporaire.

Dans l'entretien de Tomeck se lit la tentative d'éviter à tout prix d'être renvoyé du côté de l'altérité radicale, même s'il pense qu'il est vain de vouloir s'identifier complètement à cet autrui de référence que sont maintenant les Français qu'il côtoie. En raison des obstacles qu'il croit percevoir à l'accueil des étrangers, cette dialectique entre maintien et changement de soi, présente dans toutes les interviews portant sur des séjours à l'étranger, prend une connotation plus grave. Il s'agit ici d'accentuer des références aux composantes nationales de l'identité (être Polonais, devenir

Français, dimensions minorées dans les entretiens précédents, car leur connotation était plutôt culturelle).

Tomeck est convaincu que l'introduction d'un étranger dans une société se fait essentiellement par un effort volontariste personnel ; des figures sont nécessaires pour réaliser cette initiation continue et quotidienne. Tout son parcours, qui l'a conduit de la Suède, pays où il faisait déjà un séjour d'études, à la France est témoin de cette conviction. En Suède, il s'est lié d'amitié à des Parisiens qui l'ont fortement encouragé à venir poursuivre ses études à Paris, et dont la fréquentation a joué un rôle de socialisation anticipatrice ; dans ce même pays, il a longuement fréquenté un oncle qui y réside depuis trente ans, ce qui l'a empêché de se marginaliser. Dès son arrivée à Paris, il a tout essayé pour sortir lui aussi de ce piège Erasmus évoqué plus haut. « *Quand on est étudiant étranger, on est tout le temps dans le pays, mais quand même on reste toujours à côté des sociétés ou de la culture* » dit-il. Aussi, les premiers mois, il avait le sentiment d'évoluer dans une réalité parallèle : « *ici (Paris), nous (les étudiants Erasmus) sommes comme dans une réalité parallèle parce que nous ne sommes pas du tout dans la vie parisienne, mais nous ne sommes pas en dehors non plus, nous sommes dans un milieu vraiment bizarre, tu vois ?* ».

Pour sortir de cette réalité parallèle, il construit des ponts, en rencontrant de nouveaux amis. Mais s'il est une personne à qui il attache une grande importance, c'est bien sa petite amie parisienne, qui lui fait découvrir la ville, lui explique le fonctionnement de la vie universitaire française, corrige ses dissertations, l'aide à préparer ses exposés. Aussi, peu à peu, il constate avec plaisir que ses amis oublient son accent, que ses fautes de langue diminuent, que ses enseignants lui donnent la parole en TD, que sa concierge le considère comme un locataire à part entière et que sa boulangère le voit comme un habitant du quartier.

Et pourtant, la métaphore de la réalité parallèle doit être ultérieurement explorée, car malgré ses efforts, l'accueil de ses amis, sa vie de couple, Tomeck a parfois le sentiment d'être renvoyé du côté de l'altérité irréductible : il précise qu'il ne s'est jamais senti directement visé, mais qu'il prend pour une agression personnelle les doutes qui ont précédé l'élargissement à l'est de l'Europe[9] et les risques d'une immigration massive des Polonais en France. Aussi, les leçons de morale faites à la Pologne, sur le plan économique, et la crainte que sa main-d'œuvre bon marché ne constitue une concurrence déloyale, le blessent, d'autant qu'elles sont diffuses, colportées par les médias, mais aussi exprimées publiquement par des jeunes au cours de discussions lors de soirées. Il rappelle alors l'inconfort des situations de tout immigré : « *même si on rencontre cent personnes qui sont ouvertes et sympas et qu'on en rencontre une avec ces propos qui me touchent, ça donne toujours une impression qu'on reste étranger et que pour au moins une personne on n'est pas bienvenus ici* ». Lors de ces incidents, il se demande si parfois il n'est pas proche de ces ouvriers maghrébins qu'il rencontre dans le cadre de ses jobs « alimentaires ». Il éprouve une sorte de solidarité des exclus, de compassion pour ceux qui vivent aux marges de la société (car il a lui aussi un faible salaire, qui plus est précaire, ne possède pas la nationalité française et maîtrise mal la langue). Bien que poignants, ces sentiments sont toutefois vite tempérés par ses aspirations professionnelles, la comparaison des situations se faisant à son avantage : « *et moi j'ai au moins la peau blanche, je me demande comment ça doit être plus dur de vivre en France, ou en Suède, pour les immigrants magrébins ou africains* » dit-il avec un certain soulagement. Pour lui, l'intégration paraît plus probable. Au-delà de la langue, de la culture, la différence se voit tout d'abord par la peau, car « *si tu es noir, c'est beaucoup plus dur de se camoufler* ». Devenir peu à peu transparent, gagner le droit à l'indifférence en tant qu'étranger et être reconnu pour ses mérites, voici l'ambition de Tomeck. Ce jeune homme mise alors sur le temps, car peu à peu, nous dit-il, on s'habitue aux regards stigmatisant des natifs par une sorte de relativisation : ils seraient inévitables, viendraient d'une petite minorité, ils pourraient ne pas être intentionnels. Cette prise de distance n'est toutefois rendue possible qu'à la condition que l'étranger « s'acclimate » (ce sont ses termes) aux pratiques culturelles du pays. Contrairement aux deux autres entretiens, et à celui qui va suivre, le témoignage de cet étudiant insiste peu, et c'est compréhensible, sur les conclusions à donner à son

---

[9] L'entretien a été réalisé avant l'intégration de la Pologne à l'Union européenne, advenu le 1er mai 2004.

expérience : pour lui, le bilan de son expérience ne saurait être dressé, le temps du séjour étant encore long, imprévisible.

3.4. Délocaliser l'altérité : Paris, ville cosmopolite

Se vivre comme un étranger dans le regard de l'autre n'est pas ressenti de façon négative par tous nos interviewés, certains se montrant indifférents à ce statut, d'autres estimant même que, loin d'être blessante, cette situation est très confortable. C'est le cas des étudiants Erasmus qui séjournent dans une grande ville cosmopolite et qui font passer les avantages d'une expérience dans un milieu international sur d'autres considérations (intégration, investissement scolaire, connaissance d'une autre culture). Tout le monde n'est pas tourmenté par la recherche d'une altérité qui aurait un ancrage local, par la « couleur locale » comme le disait Guillaume, ou encore par la « culture typique » comme le disait Tomeck. Certains interviewés s'y montrent même indifférents. Dans cet ordre d'idées, Paris peut être choisi comme ville de destination moins parce que c'est une ville française qu'en raison de son cosmopolitisme. La rencontre avec de nombreux étudiants européens rend la culture du pays d'accueil comme une sorte de toile de fond. Erasmus est alors une parenthèse, une expérience biographique unique, tandis que pour Tomeck c'était un moment propédeutique à une insertion sociale future, et pour Guillaume, un anneau d'une chaîne de déplacements.

Il s'agit d'un groupe assez nombreux dans notre échantillon, celui qui rappelle en quelque sorte le film français *L'Auberge espagnole*. Prenons le cas de Marina, une étudiante romaine. Cette jeune fille récuse avec indignation l'expression piège Erasmus, car avant même son départ, elle estimait que ce qui comptait le plus dans son séjour, c'était la rencontre avec des jeunes de son âge venant de partout en Europe, parlant français pour des impératifs d'adaptation à la vie quotidienne et aux études, mais s'exprimant aussi bien en anglais qu'en espagnol. « *Le monde devient très petit quand tu fais quelque chose comme ça* », affirme-t-elle en signifiant par là que Paris devient une sorte d'Europe en miniature. Cette culture internationale dans une grande ville cosmopolite est recherchée et prime sur le fait de s'imprégner de la culture française. Jamais autant que dans ce portrait Autrui n'est vécu et pensé au pluriel. Comme une touriste, mais qui aurait alors l'avantage de séjourner plus longtemps, cette étudiante s'adonne à l'un de ses plus grands plaisirs : visiter la capitale. Certes, elle peut aujourd'hui, en fin de séjour, se rendre dans des lieux moins fréquentés ; et pourtant, elle avoue sans complexes avoir bien commencé par la « *triade bateaux-mouches, tour Eiffel et Montmartre* » et d'avoir bien aimé ces lieux. Elle aime profiter de l'apesanteur sociale liée au statut temporaire de son séjour. Le caractère éphémère du séjour joue dans ce cas un rôle plus important que dans les autres portraits pris en considération. « *Dès que je suis sortie de la gare, je me suis dit : je suis là pour six mois, je vais en profiter un maximum* ». Une grande ville comme Paris peut offrir de grands avantages, car l'anonymat est une garantie de liberté d'action. Les parents sont éloignés, leur surveillance est quasiment inexistante. Les lieux de rencontres sont nombreux. Toute une topologie de la rencontre est alors dessinée, elle commence par la Cité Internationale et les différentes résidences universitaires pour s'élargir inévitablement aux lieux branchés de la capitale où se développe une sociabilité nocturne intense. Dans ces lieux propices à la rencontre, les groupes se côtoient, mais il est rare que les étudiants Erasmus soient intégrés à des groupes de jeunes Parisiens, d'après le témoignage de Marina. Sont évoquées des raisons comme la barrière linguistique au départ, ensuite la distance affectée par les jeunes Parisiens, le fait d'être trop habitués à la présence d'étrangers pour s'y intéresser. Dans cette optique, être considéré comme étranger par les Parisiens est inévitable, mais n'a rien de contrariant. D'une part, une grande ville cosmopolite évite que l'étranger soit stigmatisé : « *Je sens qu'il n'y a pas beaucoup de gens qui se sentent parisiens, ou peut-être que tout le monde peut se sentir parisien ici, donc je ne me trouve pas trop étrangère* ». D'autre part, les enseignants sont plus compréhensifs avec les étudiants Erasmus, « *ils voient bien qu'on ne maîtrise pas bien la langue* » dit-elle, et appliquent une sorte de discrimination positive, en faisant passer des épreuves adaptées à leur situation.

Si tous les entretiens relatent au fond les différents apprentissages qui parcourent la trajectoire d'un étudiant Erasmus, celui de Marina insiste plus encore que d'autres sur l'utilité d'un séjour provisoire. Cette fin de séjour est peut être plus propice que d'autres phases pour l'évocation des formes d'initiation qu'autorise un séjour à l'étranger. Il n'en reste pas moins que Marina appuie son propos sur le fait que la traversée de différentes épreuves (usage d'une langue mal maîtrisée, fréquentation d'un monde universitaire aux logiques distinctes du pays d'origine, longue décohabitation familiale, *etc.*) lui a permis d'affirmer une forte confiance en elle-même, elle s'est découverte capable de mener sa vie en dehors de sa famille, et en tire une grande fierté.

Conclusion

Les quatre récits ici relatés illustrent des mécanismes différents permettant aux individus de se découvrir d'abord et de se déclarer ensuite *pluriels* par l'intermédiaire de la rencontre avec l'étranger et du côtoiement de ce dernier. À l'aide de ces témoignages, nous avons essayé de poursuivre idéalement l'étude réalisée par François Hartog (1996) des récits des voyageurs dans l'antiquité grecque. Cet auteur se demande si ces récits ne seraient pas une « *manière de faire place à l'autre, ou de lui assigner une place, fût-ce en parlant (grec) à sa place ?* » (*Ibid.*: 21). Ce faisant, il utilise le concept de frontière, qu'il définit comme étant « *dans le même mouvement fermeture et ouverture, espace d'entre-deux, où les voyageurs-traducteurs peuvent œuvrer, pour le meilleur ou pour le pire* » (*Ibid.*).

Aussi avons-nous vu qu'Aïcha construit sa propre géographie de l'altérité, en déplaçant une frontière culturelle qui lui a permis de réconcilier définitivement son appartenance à deux cultures qui s'opposaient avant le séjour à l'étranger. Suite à ses vagabondages en Europe, Guillaume fait du contact permanent avec les étrangers une condition essentielle de la découverte de soi. Son mimétisme a pourtant l'inconvénient de rendre ses retours malaisés ; l'inconfort de se découvrir étranger dans son propre pays alimente ainsi son rêve de continuer de voyager. Tomeck essaie quant à lui de faire en sorte que la tension due à la pluralité soit fructueuse, et assume la forme d'une sorte de dialogue entre sa culture d'origine et la culture du pays où il souhaite demeurer pour les prochaines années. Contrairement aux autres interviewés, Marina se complait dans la situation d'étrangère aux yeux des Parisiens. Elle dissocie l'altérité de la culture française ; Paris est pour elle un lieu de coexistence et de rencontre de différentes cultures. Cette expérience l'a dotée d'une plus grande tolérance à l'égard de la diversité culturelle.

Ce que nous apprennent ces interviews est que si le sentiment de familiarité est au fondement d'une appartenance culturelle, ce même sentiment ne peut être tenu pour seul critère de jugement de la réalité dans un monde soumis aux pressions de la mondialisation, se manifestant par une importante circulation d'hommes, d'idées, d'informations, de marchandises et par une plus grande interconnexion des cultures. De ce point de vue, et malgré les différences mises en évidence, le fait de s'éprouver au contact avec une culture différente permet à ces jeunes d'affermir leur caractère. C'est la forte conscience de cette nécessité que nous avons appelé nouvelle *Bildung*.

Bibliographie

Amselle, J.-L. 1990. *Logiques métisses. Anthropologie de l'identité en Afrique et ailleurs.* Paris : Payot.

Amselle, J.-L. 2000. *Branchements. Anthropologie de l'universalité des cultures.* Paris : Flammarion.

Boltanski, L. & Chiapello, E. 1999. *Le nouvel esprit du capitalisme.* Paris : Gallimard.

Cassano, F. 2005. *La pensée méridienne.* Paris : Editions de l'Aube.

Cavalli, A. & Galland, O. (éds.). 1993. *L'allongement de la jeunesse.* Arles : Actes Sud.

Cicchelli, V. 2001. *La construction de l'autonomie. Parents et jeunes adultes face aux études.* Paris : PUF.

Cicchelli, V. 2007. Des identités meurtrières aux identités plurielles. Quand Autrui est une composante de soi. In Breviglieri, M. & Cicchelli, V. (éds). *Adolescences méditerranéennes. L'espace public à petits pas.* Paris : L'Injep-LHarmattan. 409-445.

Cotesta, V. 2002. *Lo straniero. Pluralismo e immagini dell'altro nella società globale.* Roma-Bari : Laterza.

Galland, O. 2007. *Sociologie de la jeunesse.* Paris : Armand Colin.

Garneau, S. 2006. Mobilités étudiantes et socialisations professionnelles en France et au Québec. La construction d'une typologie comme outil de comparaison internationale. *SociologieS* http://w3.univ-tlse2.fr/aislf/spip/article.php3?id_article=148

Greenblatt, S. 1996. *Ces merveilleuses possessions. Découverte et appropriation du Nouveau Monde au XVIème siècle.* Paris : Les Belles Lettres.

Hartog, F. 1996. *Mémoires d'Ulysse. Récits sur la frontière en Grèce ancienne.* Paris : Gallimard.

Hobsbawn, E. & Granger, T. (éds). 2006. *L'invention de la tradition*. Paris : Editions Amsterdam.
Huntington, S. 2000. *Le choc des civilisations*. Paris : Odile Jacob.
Lahire, B. 2005. *L'homme pluriel : les ressorts de l'action*. Paris : Nathan.
Moretti, F. 1986. *The way of the World: The Bildungsroman in European Culture*. London : Verso.
Moretti, F. 2000. *Atlas du roman européen : 1800-1900*. Paris : Le Seuil,
Ricoeur, P. 1990. *Soi-même comme un autre*. Paris : Le Seuil.
Sennett, R. 2004. *Le travail sans qualités. Les conséquences humaines de la flexibilité*. Paris : 10/18.
Simmel, G. 1990. Digressions sur l'étranger. In Grafmeyer, Y. & Isaac, J. (éds.). *L'école de Chicago*. Paris : Aubier. 53-59.
Singly, F. de. 2003. *Les uns avec les autres*. Paris : Armand Colin.
Todorov, T. 1991. *La conquête de l'Amérique. La question de l'autre*. Paris : Seuil.
Urbain, J.-D. 2002. *L'Idiot du voyage. Histoires de touristes*. Paris : Payot.
Vernant, J.-P. 2004. *La traversée des frontières*. Paris : Seuil.
Walzer, M. 1986. *De l'Exode à la liberté*. Paris : Calmann-Lévy.

Récits interactifs autour de la mobilité internationale : partager, comprendre et analyser ensemble une expérience unique et commune

Marie-Thérèse Vasseur

Introduction

Dans le cadre de la réflexion sur l'université, la formation des jeunes et l'émergence d'une identité européenne, la mobilité des étudiants entre les différents pays d'Europe est devenue une activité à la mode et même banale, encouragée au niveau des états, des universités et de l'Union européenne. Le thème lui-même est depuis un moment déjà un thème porteur, et de nombreux universitaires ont organisé et publié des travaux autour de la « mobilité Erasmus » par exemple, c'est-à-dire des déplacements et séjours effectués par les étudiants en formation universitaire et/ou professionnelle dans des universités européennes autres que les leurs d'origine. Les études et suivis de ces innovations ont essayé souvent de suivre l'expérience originale des étudiants dits Erasmus du point de vue de la découverte de l'autre ; autre pays, autre culture, autre culture éducative, mais aussi de la formation professionnelle (par exemple Vasseur et Grandcolas, 1997 ; Zarate, 2000).

De tels échanges se poursuivent depuis vingt ans pour le programme Erasmus et ses successeurs, et depuis plus longtemps pour tous ces autres types : bourses d'études et échanges internationaux d'université à université, entre régions, entre villes et, au-delà de l'Europe, entre différents pays du monde. Les générations d'étudiants qui les ont pratiqués se sont professionnalisées, intégrées dans diverses institutions tant dans leur pays que dans des pays d'accueil et mènent une vie professionnelle qui s'appuie plus ou moins sur les formations internationales passées. Ces nouvelles populations peuvent devenir alors des objets d'intérêt, diversifiés et complémentaires, pour ceux qui cherchent à suivre une telle expérience de confrontation à l'altérité.

C'est dans cette perspective que s'inscrit la présentation ci-dessous de discours échangés entre universitaires ayant vécu de façon prolongée cette expérience de la mobilité. La démarche choisie repose sur la volonté de s'écarter doublement d'approches déjà pratiquées. D'une part, on s'intéresse ici à des populations d'adultes déjà insérées ou commençant à s'insérer dans la profession (et cette intégration ne se fait pas toujours facilement ni rapidement). D'autre part, on a désiré éviter des méthodes et des modes d'analyse largement utilisés en formation ou formation de formateurs et diffusés dans la littérature sur le sujet. On a donc écarté pour l'instant la pratique et l'analyse des questionnaires et entretiens dirigés où l'enquêteur fait parler séparément des individus isolés en les orientant à partir de grilles de questions préparées et focalisées sur des points conçus comme centraux par rapport à la thématique proposée (Blanchet, 1991 par exemple). On a exclu aussi la collecte de journaux ethnographiques de terrain (Roberts et al., 2001), d'autobiographies (Molinié, 2004) ou de « journaux de bord » d'apprenants de langues (Grandcolas, 1994 ; Vasseur et Grandcolas, 1997 ; Cadet, 2004, 2005) qui donnent lieu à des discours à une seule voix et ne présentent pas le recul temporel souhaité. La justification fondamentale est en effet qu'ici il s'agit de susciter un retour sur une expérience passée, une démarche de rétrospection qui bien évidemment sera mise en relation avec le contexte actuellement vécu (cf. Ehrenreich, 2006 pour un retour semblable). Une autre raison importante est aussi que dans les méthodes évoquées plus haut, les pratiques discursives sont plutôt de type monologal, alors que le dialogue offre, pour parler d'une expérience commune, des ressources encore peu exploitées. On a ainsi privilégié l'interaction verbale et son analyse, en rassemblant des petits groupes de 3 à 4 personnes pour leur faire raconter et partager leurs parcours de mobilité. Cette tentative a donné lieu à deux rencontres de ce type qui feront l'objet de l'analyse qui suit.

1. Pourquoi se raconter ses histoires de « déplacement » ?

1.1. Une question de méthodologie

L'objectif était donc de donner le plus possible la parole, et l'initiative de la parole, aux personnes concernées par cette expérience de déplacement. On a cherché à susciter une parole vivante, ouverte et croisée : un vrai dialogue - c'est-à-dire un plurilogue ici - au sens Bakhtinien du terme. La sélection des outils nous a donc fait écarter des démarches courantes et opter pour des discours plus autonomes du point de vue des « témoins » concernés tout en attendant de ce dispositif une articulation et une collaboration propres aux interactions verbales plurielles. La méthodologie s'apparente un peu à celle des *focus groups* bien que l'objectif ne soit pas ici d'organiser un débat autour d'une étude de marché ou de confronter des idées autour d'une question sociale (le sida par exemple) comme cela s'est beaucoup pratiqué (Barbour, Kitzinger, 1999 ; Wilkinson, 1998). Mais le principe essentiel consiste bien toujours, comme l'expose Kitzinger (1994) cité par Kitzinger, Markova, Kalampalikis, 2004 : 235), « *en ce que le chercheur utilise explicitement l'interaction entre les participants, à la fois comme moyen de recueil de données et comme point de focalisation dans l'analyse* ». De même, conformément aux rencontres informelles, aux « *group interviews* », aux réunions de clubs ou de cafés évoquées par Moscovici (1984) et Markova (2004), elle permet de révéler les attitudes et représentations que les partenaires transmettent et échangent dans leurs discours. Et Moscovici souligne en particulier que « *le changement social rend (...) la communication particulièrement riche...* » (1984 : 10). Or c'est précisément de changement et d'adaptation socio-culturelle qu'il est question dans le cadre de la mobilité internationale. Ce changement concerne des individus qui ont fait l'expérience de quitter un environnement géographique et socio-culturel pour un autre, provisoirement ou définitivement selon les sujets. Leur demander de raconter et donc de revivre l'« aventure » au sein d'un petit groupe de personnes qui ont vécu une expérience similaire ou proche c'est ouvrir l'échange sur la construction de l'intersubjectivité et de l'interprétation. C'est s'attendre à ce que le discours en circulation soit porteur d'attitudes et de représentations sociales qui nous intéressent particulièrement.

On a ainsi organisé des regroupements à caractère informel en demandant aux participants d'échanger sur cette expérience vécue du déplacement et de l'installation dans un pays autre que leur pays d'origine : France ou autre. Et cela avec une participation légère de la personne (le médiateur) qui avait invité le groupe et annoncé son intention de faire une analyse de ce discours collectif.

Le texte qui suit essaiera de décrire quelques résultats de ces échanges. Nous interrogerons les corpus recueillis au cours des rencontres en essayant de cerner le ou les genres discursifs développés dans cette parole échangée et d'analyser la place de l'interaction collaborative dans la production d'un « texte collectif » où se tissent les interprétations multiples et leurs con- ou divergences issues du jeu sur les faits, leur présentation et leur ressenti. Mais indiquons d'abord les caractéristiques des « témoins » invités à se rencontrer et échanger et les conditions dans lesquelles se sont déroulées les rencontres qui ont donné lieu aux discours qui seront examinés.

1.2. Une « population » spécifique de professionnels, un dispositif ouvert

Les personnes réunies pour la circonstance sont des personnes entrées dans la profession. Ce ne sont donc plus des étudiants mais des enseignants à l'université. Certains sont en poste définitif (depuis 4, 12 et 25 ans pour les plus anciens), les autres, les plus jeunes en poste à durée déterminée, comme Attachés d'Enseignement et de Recherche (ATER) (5 et 2 ans). Ces professionnels ont donc suffisamment de recul sur l'expérience vécue et poursuivie pour en parler avec l'implication nécessaire. Leurs modalités de séjour sont variables (allers-retours plus ou moins fréquents et même, mobilité antérieure ou projet de mobilité dans un autre pays…). Elles ont donc en commun d'avoir vécu des expériences proches mais en même temps contrastées (le pays d'accueil par exemple a pu être la France uniquement, ou bien un autre pays puis la France…).

Tableau 1 - Données sur les participants

Nina (NX)	Yi (YI)	Frederic (FR)	Alan (AL)	Martha (MA)
Algérienne	Taiwanaise	Guadeloupéen	Américain du Nord	Roumaine
Attaché d'enseignement et de recherche	Maître de conférences	Attaché d'enseignement et de recherche	Maître de conférences	Directrice Formation Permanente Université
Etudes universitaires en Algérie Master & Thèse	Etudes universitaires en France Thèse en	Etudes universitaires en France Thèse aux USA	Etudes universitaires aux USA Lectorat en	Etudes universitaires en Roumanie puis en France

en France	France		France	
31 ans	33 ans	34 ans	40 ans	55 ans

Ces participants ont été regroupés en 2 petits groupes de 3 et 4 personnes autour d'une table dans une salle de l'université (compte tenu des circonstances, 2 personnes ont participé partiellement à 2 groupes). La demande présentée était assez générale pour qu'ils puissent l'interpréter à leur façon et même la négocier dans ses différents aspects et la consigne initialement donnée consistait à leur faire dire comment s'était déroulée leur expérience et ce qu'ils en pensaient. Elle avait été était exprimée sous la forme suivante :

- (Je vous ai invités à nous réunir ici) pour que nous parlions de vos diverses expériences de mobilité internationale (…) donc euh en fait pour tourner autour de ces parcours parce qu'en fait c'est des parcours et des rencontres faites au cours de ces parcours hein (…) donc est-ce que vous pouvez dire là comme ça de but en blanc c'est x voilà ce que j'attendais + donc comment c'est parti + pour se dérouler comme ça votre parcours ? qui veut commencer ?...[76]

L'interprétation de la demande par les participants a ainsi d'abord logiquement retenu les thèmes du parcours, de son déroulement et de la rencontre, mais pas uniquement ni de façon étroite comme on le verra par la suite. Les membres des premiers groupes ont donc commencé à raconter chacun leur histoire... enregistrée sur un petit enregistreur digital placé au centre de la table.

Ce sont ces histoires réunies en un corpus de deux heures qui seront analysées ci-dessous. On se demandera ce que, dans de telles circonstances, signifie raconter son histoire. Ce que signifie raconter son histoire à des personnes qui ont été sollicitées parce qu'elles ont vécu une expérience de même type. Comment se concrétise verbalement et collaborativement l'évocation de cette expérience décisive du déplacement quant à l'orientation de la vie et vers quelle évaluation ce discours collectif s'oriente ?

---

[76] Conventions utilisées dans les transcriptions qui vont suivre :
+, ++, +++ : pause plus ou moins longue
x, xx, xxx : passage plus ou moins long inaudible ou incompréhensible dans l'enregistrement
(…) : passage supprimé.

2. 1. Le récit comme construction de la réalité

Très brièvement, et comme le dit J. Bruner (2002 : 12), la mise en mots est « *construction de la réalité* ». Il s'agit en racontant de construire/re-construire une réalité. Le (ra)conteur donne aux diverses activités humaines une réalité unique et cohérente, ce qui lui permet d'en garder le contrôle.

Les faits, hétérogènes, souvent plurivoques sont organisés de telle façon que le discours qui les « construit » prend un sens plutôt univoque et que le vécu de l'un éclaire l'expérience de l'autre, comme le souligne F. François (1998). C'est ainsi que le récit de l'expérience unique advenue à une personne unique, dans un temps et un espace uniques mais aussi reconnaissable, identifiable et comparable, intéresse tout particulièrement les interlocuteurs lorsque, comme dans cette expérience, il y a présomption de connivence entre des personnes qui ont vécu des expériences proches et pourtant différentes. Dans ces récits en effet, les anticipations des interlocuteurs sont très fortes et à l'écoute de ces récits, ils réagissent de façon attendue pour partager l'expérience vécue ; ce qui fait que l'on peut dire que ces récits sont des re-créations et des co-créations à la fois uniques et comparables.

Tout d'abord en quoi ces discours sont-ils des récits ? Comment sont présentés ces récits ? Explorons-en les caractéristiques :

- **d'abord le genre narratif est affiché :** quand le narrateur (désigné, auto-désigné parfois ou co-désigné) annonce d'emblée son intention de raconter son histoire ou une partie de son histoire par une formule plus ou moins figée indicatrice d'un début :

Je suis là depuis…, je suis arrivée en... ; un jour, il se trouve qu'un jour ben… (MA)

ou par une sorte de résumé :

Moi c'est une histoire de cœur aussi (AL)…
Ben moi c'est pas du tout naturel (rires) j'ai dû arracher un peu ça… (NX)

- mais surtout, le narrateur égrène une suite de faits reliés entre eux : c'est le propre du « fil » narratif, les faits sont alignés énoncé après énoncé et ils s'enchaînent sur le mode du récit de voyage, évoquant des suites d'événements dont la dimension temporelle est précisément reconstruite par le recours aux temps du passé (passé composé du français ici indiquant le révolu, ou présent dit historique), avec indications implicites de cohérence ou explicites de cohésion, comme il est attendu d'une narration ou plus sèchement d'un rapport, d'un récit de voyage, d'installation :

MA : je suis arrivé en 19xx j'ai fait mes études de lettres en R. (...), j'ai appris le russe (…) et donc j'ai obtenu une bourse du gouvernement français pour venir étudier en France (…), j'ai rencontré un monsieur fort sympathique qui est devenu mon mari (…) j'ai obtenu mon visa de sortie en janvier xx (…) j'ai pris le train pour…

NX : ben moi c'était pas du tout naturel (rires), j'ai dû arracher un peu ça + en fait j'ai euh... j'ai voulu venir en France en 90 quand j'ai fini mes études… et pis après mon mon frère s'est opposé + c'était pas mon père mais c'était mon grand frère euh j'avais fait 3 jours de grève de faim euh (…) et pis après bon par la force des choses je'm'suis mariée et après mon divorce je m'suis dit (…)

AL : j'ai obtenu une bourse j'ai été envoyé à R. (…), et puis là j'ai rencontré une jeune ATER qui faisait ses études + alors c'est comme ça que j'ai obtenu un poste ici + j'ai été recruté comme lecteur…

FR : donc j'arrive en O. + c'était dans un p'tit bled qui s'appelait X + c'était au fond du pays euh i pleuvait… je me suis dit je vais jamais pouvoir vivre ici…

- ces faits ou événements sont très naturellement associés à des éléments de contexte qui peuvent n'être que des circonstances, comme dans l'extrait précédent (*i pleuvait*). Mais souvent dès le début, ces éléments de contexte historique, culturel, circonstanciel ont pour fonction de cadrer, justifier, expliquer les événements rapportés dans le récit. Ainsi se trouvent soulignés très tôt dans la prise de parole, la tradition de mobilité, l'hybridité culturelle ou au contraire le refus de la marginalité du groupe d'origine… mais aussi souvent les conditions dans lesquelles la décision de départ a été prise :

MA : je viens d'un creuset un peu particulier... je suis né dans **une région où nous sommes de par l'histoire euh très mobiles** (…) donc tout le monde parle un peu la langue de l'autre…

FR : je viens d'une **culture créole donc par définition euh hybride** donc aussi c'est un peu normal de partir (...) j'ai toujours été curieux de nature + vivre ailleurs donc c'est comme ça que je suis parti (…) donc j'arrive en O. (…) j'ai eu la chance de vivre dans un appartement avec 5 ou 6 personnes…

NX : la petite, elle avait 2 ans 2 ans et demi et je me suis dit **ça c'est pas une société pour une femme divorcée**. J'avais pris mon billet et puis j'ai eu une inscription (…). J'étais tributaire de mon ex-mari hein pour qu'il me signe les papiers (…) mais ça a été difficile quand il a fallu laisser la petite ça a été dur pasque je m'étais pas assez renseignée.

- on assiste aussi chez le narrateur à un travail de mise en scène de ces faits. Raconter c'est à la fois se raconter et raconter aux autres. Les membres du groupe sont non seulement heureux de raconter leur « aventure », mais ils le font de bonne grâce pour la plupart d'entre eux. Ils sont aussi très attentifs, on l'a dit, aux récits des autres et on voit bien comment la dynamique verbale qui se développe alors est liée au plaisir de raconter aux autres, c'est-à-dire de leur faire partager des expériences vécues.

Ce plaisir de raconter aux autres son histoire se manifeste à plus forte raison quand on est le héros de son histoire. Il s'agit en effet d'intéresser son auditoire, de valoriser son expérience, de construire son personnage : le moi et le personnage (*persona* en latin) que nous donnons à voir, autour de qui nous tournons. Le passage ci-dessous est un bel exemple de ces morceaux de choix, parfois dramatiques, parfois comiques qui apparaissent dans les récits. Ainsi, avec le morceau de bravoure de MA qui raconte son premier départ, nous trouvons-nous plongés pratiquement dans l'atmosphère d'un film de Kusturiça où l'héroïne est dramatiquement abandonnée en gare de Vienne et sauvée par une folle bande de Croates aux valises débordantes de saucisses !

MA : (…) + donc j'ai attendu encore jusqu'en janvier x1 et en janvier x1 j'ai obtenu mon visa de sortie en janvier x1 je suis montée dans un train j'ai fait 52 heures de voyage euh en hiver j'aime mieux vous dire **quand les trains sont bloqués à Vienne 18 heures et que personne ne vous (rires) renseigne et que ya pas de sandwicherie ! Ya rien !**

MT : et encore vous parliez allemand
MA : **ah /mieux que ça j'ai rencontr/j'ai été sauvée par des Serbes/ des Croates qui partaient travailler en Allemagne qui venaient de l'ex-Yougoslavie** à Vienne i changeaient de train euh et ils venaient de tuer le cochon (...) et **donc ils avaient des valises y avait pas de vêtements dedans y avait du jambon + des mè:tres de saucisson du jambon du truc des machins et je me souviens j'étais morte de froid** et j'ai senti + xxx et comme je parle le le russe et puis l'allemand on a fini par s'entendre + et me voyant certainement un peu euh malingre **ils m'ont sorti le schnaps izont ouvert les valises en disant + et on mAN:ge xx à 6h du matin je peux dire que ça vous + x requinque** xx et puis voilà en x1 je suis arrivée ici

- **L'histoire n'est pas qu'une histoire,** qu'une série de faits (divers) comptabilisables. Elle est en soi exemplaire. Elle donne des leçons. On y reconnaît certes la structure narrative fondamentale fondée sur la continuité temporelle, la succession des différents événements qui permet à la fois la cohérence et la flexibilité du récit, en particulier dans ces discours à plusieurs voix plus ou moins audibles. Mais l'expérience collective de ce partage des histoires montre aussi qu'une expérience individuelle, celle d'un auteur-raconteur devient « *monnaie de réflexion collective* » pour reprendre l'expression de J. Bruner (2002). Les auditeurs-participants ont des attentes (venant de l'expérience vécue) quant à ce qui peut, doit arriver et ils ont une sensibilité à l'attendu-inattendu qui leur est présenté ici. Les tournants, les ruptures font la dynamique du récit. On identifie dans le discours de l'autre, comme dans l'extrait ci-dessus, ce qui a fonctionné ou pas fonctionné dans un plan. Le héros, qui est aussi le narrateur, nous montre comment, comme lui nous pouvons domestiquer l'erreur humaine, la surprise, profiter de l'aubaine, surmonter l'obstacle...

NX : (...) donc pour lui, pas question de me laisser partir + donc j'ai gardé ça au fond de moi et pis après bon par la force des choses je'm'suis mariée et après mon divorce ++ après mon divorce + je m'suis dit bon j'ai fait ce ce ptit détour (...) pis voilà maintenant mes rapports avec mes frères ont complètement changé + (...) ouais c'est surréaliste + j'ai reçu l'année dernière mon grand frère avec qui je communiquais quasiment pas qui m'a pas mal euh + (...) et là et maintenant il me parle presque d'égal à égal... **c'est comme si j'ai (sic) fait mes preuves... c'est incroyable** (...)

Il nous montre aussi comment on peut jongler avec la décision, l'hésitation, la saisie des opportunités et les intentions… et s'engager ainsi pour un an, dix ans ou la vie entière.

YI : on peut penser que j'ai choisi mais pas du tout (…) j'ai passé une espèce de concours pour entrer à l'université (…) voilà j'ai éliminé tout ce qui me plaisait pas et je suis tombé sur le français tout ça au hasard… mais je voulais pas faire l'anglais je pouvais faire d'autres langues mais (…) et donc j'ai trouvé les études faciles et donc j'ai bien réussi et donc je suis venue un mois en France en voyage (…) **j'ai jamais été comment dire/ je programme pas à long terme** (…)

FR : j'ai eu une possibilité grâce à un programme d'échanges de partir là-bas et de partir pour enseigner le français langue étrangère + **et donc j'en ai profité (hm)** pour faire un stage donc pour moi c'était euh oui c'était une aventure, une découverte… euh **une opportunité** de voir les Etats-Unis… une opportunité de découvrir les Etats Unis de tenter ma chance… euh tout en sachant que je retournerai en France un jour.

Tout ce qui est raconté par l'un et par l'autre est plus ou moins « reconnu » par les autres mais pour avancer, comprendre et aller plus loin les locuteurs-héros-personnages-interprètes cherchent à expliquer, donner un sens à ces récits, tous ensemble, ils cherchent les « mots pour (…) dire » ce sens, et passent de la présentation des faits, c'est-à-dire des discours de référenciation à des discours d'interprétation, c'est-à-dire à la construction du sens. Cette élaboration du sens passe donc aussi et en plus de l'évocation des faits et des divers niveaux de contexte, par l'expression du ressenti et l'évaluation collective de l'expérience.

2.2. De la présentation des faits au ressenti et au partage de l'expérience

Pour ces différentes personnes rassemblées autour de leurs récits, raconter son expérience c'est aussi – et cela était d'ailleurs encouragé implicitement et explicitement (y compris ponctuellement par le feedback d'intérêt donné par le *hm hm*, les hochements de tête, les regards, les soupirs d'accompagnement ou même les prises de paroles spontanées des participants) – choisir de présenter, évoquer, faire ressentir ses affects, ce qui donne peu à peu, à l'évocation de ces moments reconnus par les interlocuteurs, un ton, une atmosphère, et même parfois une certaine ferveur à la rencontre et surtout à la parole partagée.

Ces évocations du ressenti apparaissent très vite dans les formulations raccourcies qui annoncent, résument tout ou partie des récits :

c'était un périple
c'était toute une aventure (MA)
première adaptation, premier choc culturel (FR)

Au début, ça peut être un simple signalement des difficultés :

ça a été dur de prendre la décision (NX)
ça n'a pas été évident + à tous les niveaux les modes de fonctionnement étaient différents (FR)

Et assez vite sont évoqués les effets immédiats de ces adaptations obligées au nouvel environnement :

ça me paraissait très facile de repartir un peu partout dans le monde (MA)

Puis se précise chez certains comme FR la volonté d'aller au-delà des anecdotes, de clarifier, spécifier ce vécu de l'expérience. Par rapport à la situation désignée comme « fragile » un autre accepte de parler de « barrières » de « petites irritations » (AL), et d'autres confirment, soulignent, ces ressentis de « vulnérabilité », de « fragilité » (FR), de « solitude » (MA, AL) comme fortement partagés. Ces concepts sont sérieusement débattus :

une certaine incertitude qui me dérangeait et qui me mettait un peu mal à l'aise (FR)
je me sentais vraiment vulnérable ++ bon on peut le vivre bien ou très mal + je ne vois pas d'autre terme que vulnérabilité + bon mais je vais au Canada + je vais au Canada en sachant que je ne retourne pas aux Etats Unis euh et donc ya ça (FR)
là je me sens vraiment en sécurité en France par rapport à ça (FR)
même si on est très bien intégré on est toujours seul (MA)
le problème c'était que j'étais toute seule j'avais personne (MA)
on n'est jamais jamais jugé comme les autres, on a moins droit à l'erreur (FR)
et ça c'est un sentiment xxx bon on n'y pense pas tous les jours mais + qui ne vous quitte pas (MA)

Cette crainte constante qui « ne vous quitte pas », ce sentiment d'être jugé différemment, sous-entendu peut-être parce que l'on est étranger, sont manifestés comme tels, comme personnels, à la première personne bien sûr :

je me sentais vraiment vulnérable (FR)

et en même temps cette « solitude » peut être évoquée sous la forme du pronom personnel généralisant « on », comme partagée par cette communauté d'« expatriés » :

même si on est très bien intégré on est toujours seul (MA)

Au passage cependant, le locuteur est prudent et cherche à vérifier le partage de ce ressenti par ses interlocuteurs :

je parle personnellement (FR)
ça c'est peut-être une une expérience personnelle vous allez me dire (MA)

Et l'on constate que dans une sorte de dynamique collective, le ressenti évoqué est alors repris-développé et/ou modifié en s'appuyant sur les situations vécues personnellement :

+ et je pensais à **l'insécurité** euh quand on est comme par exemple YI on est seul + par exemple chez vous il vous arrive un gros pépin ya la famille derrière qui peut réunir/avoir une petite cagnotte etc. xx + là vous êtes seul xxx face à une banque qui éventuellement ne veut même pas + vous regarder + donc débrouillez-vous (MA)

Puis on tire des conséquences de ce constat :

++ donc il faut veiller à toujours ne pas avoir + beaucoup de pépins de ce genre (MA)
on n'a pas tellement intérêt à se relâcher à se présenter euh chais pas en charentaises (MA)

Certains - et cela est lié en partie à leur profil personnel, à leur origine culturelle d'occidental ou non, à leur statut socio-professionnel (marié ou célibataire), et, nous le verrons, à leur situation de mobilité ou d'expatriation choisie qu'ils discutent -, exprimment des ressentis différents par rapport à celui de leur interlocuteur :

pour moi j'ai pas de de fragilité y a des barrières des petit' irritations y a des petites barrières professionnelles + euh bon j'accepte pis j'ai choisi ça j'ai ma différence qui est ot chose euh + xxx agrégé par ex je suis pas agrégé je ne suis pas français c'est important hein pour les Français c'est un concours réservé aux Français ça m'est rappelé de temps en temps hein j'aurai des barrières hein dans ma carrière (AL)

ou encore, comme en écho, mais renvoyant à une « philosophie » culturelle plutôt qu'à des préoccupations concernant davantage le souci du niveau de reconnaissance :

je me suis dit je pense si j'ai rien ici c'est que la vie ne veut pas que je reste ici je me dis si je dois repartir là-bas je serai toujours aussi bien + bon j'accepte je l'accepte + mais si je dois absolument partir et si on m'accepte pas ici ou là j'aurai beaucoup de x c'est dans la façon d'être de chacun dans son parcours quelle philosophie qu'on a là derrière euh (YI)

Ce genre de réaction-réflexion est à situer dans le cadre de la dynamique interactionnelle et plus particulièrement dialogique qui irrigue absolument l'ensemble de ces rencontres et que nous allons aborder dans le point suivant.

3. Le discours collectif comme co-élaboration du sens.

3.1. La dynamique interactionnelle : continuité/ discontinuité discursive

Constamment au cours des récits de chacun des participants, on peut repérer des marqueurs de cette communauté constituée momentanément certes mais rendue cohésive par l'objectif implicite qui semble se dégager de la demande faite aux différents membres du groupe ainsi réuni.

Cette cohésion est indiquée par un certain nombre de marques repérables, formelles qui font que le discours produit collectivement se caractérise par un ensemble de « mouvements », plutôt que de phrases ou énoncés constitutifs d'un discours unique et univoque. Ce qui donne à ce discours une « tension » que Frédéric François (1998) présente comme « *constitutive du sens* », tension entre l'interprétation de la mise en mots d'un événement particulier (le départ par exemple) et ce qui pourrait être nommé de la même façon ou différemment, puis aussi tension entre tout ce qui « entoure » ces mots pour celui qui dit et ceux qui les reçoivent, et donc tous les « *mouvements de recadrage* » que tel mot suscite chez les co-locuteurs. C'est bien à ce travail de co-élaboration du sens que nous assistons dans le discours collectif des participants. Cette co-élaboration se manifeste sous diverses formes qui peuvent être associées à des fonctions aisément identifiables.

On peut repérer des articulateurs-connecteurs qui ont pour fonction de renvoyer au discours de soi certes comme dans : *Alors je disais euh…,* mais aussi constamment au discours de l'autre pour le reprendre et y revenir. Ils prennent des formes courtes : *donc, doncqueuh:* +

Ce sont aussi des reprises des mots de l'autre :

…c'était une décision qui allait un peu de soi
- presque naturelle ?
- oui presque naturelle oui.

...c'est une histoire de cœur si vous voulez savoir…
- moi c'est une histoire de cœur aussi

Il apparaît surtout constamment des énoncés explicites de renvoi au discours de l'autre :

…non mais **c'est ce que tu disais MA**

qui ont des fonctions extrêmement variées comme dans les exemples ci-dessous :

soit pour poursuivre son discours :

…mais xx **c'est ce que MA dit aussi** : elle a raison euh mobilité c'est pas pareil euh s'expatrier c'est ça correspond à autre chose (AL)

soit pour l'illustrer :

…**et ce que vous dites** moi c'est vrai je suis à la fois vexée et peinée quand… (MA)

soit pour le prolonger :

…euh moi je pense que ça dépend **dans ce que vous dites** ça dépend des raisons des représentations… (MA)

ou reprendre un thème :

…et **par rapport à ça** donc par rapport à ça la famille + (FR)
…comme disait MA, sur le « retour ou pas retour »… pour en revenir à… (FR)

soit pour s'y opposer :

…**ce** que j'ai trouvé très différent **dans ce que disait MA tout à l'heure** cette idée par exemple le terme 'déraciné' **moi j'ai pas du tout senti ce sentiment** de déraciné (YI)

ou pour manifester sa reconnaissance de la situation évoquée et son adhésion à ou son accord avec l'opinion évoquée :

… c'est **exactement ça oui** (YI)

ou encore pour passer à un stade de réflexion plus général :

xxxx j'étais en train de me poser une **question je me disais mais est-ce qu'on est pas en train de parler de la vie** ou xxxx pas que c'est galère xxx fin bon je crois que oui c'est une solitude un peu plus hein aigüe hein à un moment non (AL)

Ces outils discursifs : connecteurs, reprises, renvois fabriquent tout un « maillage discursif » entre les interlocuteurs et ce maillage établit une « continuité discursive » qui avance dans sa construction d'un sens autour d'un certain nombre de thèmes apparus, ressentis comme importants, élaborés, « travaillés » par les interlocuteurs, comme on peut le voir dans l'extrait suivant où FR intervient pour cadrer et faire avancer la discussion abordée discrètement dans les prises de parole précédentes :

pour en revenir à ce que vous venez de dire + l'une des raisons pour lesquelles j'ai toujours voulu revenir en France c'est euh euh que je pense qu'il y a une certaine comment dire c'est qu'il y a une certaine euh vulnérabilité x + fragilité liée à notre situation (FR)

Ce à quoi fait écho un peu plus tard après avis plus réservé de AL et YI, l'intervention de MA :

par rapport à ce que vous dites + même si on est très bien intégré on est toujours seul

que cette dernière poursuit en évoquant des situations concrètes :

+ **par exemple** il vous arrive un gros pépin ya la famille derrière qui peut réunir/avoir une petite cagnotte etc. xx + là vous êtes seul xxx

Dans ces discours d'exemplification, MA défend l'idée que la solitude devant la difficulté peut être réelle et convainc ses interlocuteurs :

FR : **ça c'est un bon exemple on est vraiment seul**
YI : **c'est exactement ça oui**
Ce qui fait qu'elle insiste sur la base concrète de ce ressenti de solitude et ajoute d'autres exemples
MA : moi je sais que quand je suis arrivée je n'avais pas un sou + vous faites comment pour aller à la banque (...)

Une certaine discontinuité peut aussi apparaître et remettre momentanément en cause la convergence établie. Cela passe par l'intermédiaire d'initiatives telles que les questions adressées, par exemple YI à AL (suite à une sorte de tour de table sur la question : retourneriez-vous chez vous maintenant ? et la réponse négative de AL qui évoque le refus certain de sa femme) :

A : (...) là c'était le beau-frère de ma femme qui était en poste ici et qui m'a beaucoup aidé à décrypter le système français pasque c'était difficile xxx quand même ya de sacrés galères dans la vie
YI : quand même c'était une volonté de travailler ici en France + vous avez un peu cherché ?
AL : non j'ai pas cherché c'était le hasard
YI : **et si vous étiez célibataire est-ce que ça vous dérangerait autant vous hésiteriez à retourner aux Etats-Unis ?**
AL : ah non non non ça me dérangerait pas xx même en Ohio (*allusion au discours précédent de FR (rires) qui décrivait l'Ohio comme le bout du monde*).

Cette rupture ou semi-rupture, ce détour plutôt, reflète une hypothèse forte de l'un des participants (YI) face aux interprétations du ressenti évoqué, de la fragilité exprimée par d'autres par rapport à leur situation de « déplacé ». Cette apparente discontinuité thématique aide à poursuivre la réflexion au niveau des facteurs de décision. La question s'inscrit donc tout à fait dans le cadre du travail sur la recherche d'explication à ce sentiment d'ancrage ou de détachement qui irrigue fortement les échanges à ce stade. YI confirme d'ailleurs cette intention en développant son cas personnel comme illustration de l'hypothèse et semble convaincre son interlocuteur, en affirmant quelques tours de parole plus loin :

YI : **si j'avais une famille ici je serais peut-être moins souple dans mon esprit** parce que là xxx si le contexte fait que si j'ai envie de partir je pars sans regret pasque c'est aussi mon choix parce que je suis célibataire et et aussi le contexte la vie là-bas me plaît comme je suis en France et j'ai l'impression de toujours pouvoir me trouver bien + d'où ma question
AL : on accumule plein de choses je sais on est on est on s'enracine quand même

La discontinuité vient renforcer ici la continuité thématique et la progression de ce discours collaboratif. Et cette continuité-discontinuité émergeant du discours narratif initial organise en effet les réseaux thématiques qui sont le reflet du travail collectif poursuivi par le groupe dans la parole partagée. Les thématiques abordées ainsi sont :

- la dynamique du départ et de l'accueil et les difficultés affrontées
- les facteurs d'intégration : raisons de départ, représentations du partant et des accueillants, relations avec les proches, la famille, le choix et les allers-retours
- les concepts fondamentaux : mobilité vs expatriation (pour d'autres raisons que des objectifs académiques, déracinement-enracinement vs flexibilité)
- les facteurs de flexibilité et d'adaptation : attachements, famille ou célibat, philosophie culturelle
- les projets d'avenir : désir d'enracinement/ de retour ou attrait pour de nouveaux horizons.

Le tout se voit couronné par une question finale, emblématique, sur le « chez soi », c'est-à-dire sur le sentiment d'appartenance, posée par MA :

MA : alors y a une question à propos de / y a une question (…) c'est quand est-ce qu'on dit « je rentre chez moi » ? je vais où quand je rentre chez moi ?

Les discours qui s'en sont suivis, exemples concrets à l'appui, ont constitué une sorte de positionnement sur l'échelle mobile, et variable selon les situations, d'une plus ou moins grande mobilité, et plus finement à une évaluation collective de l'expérience en général.

3. 2. L'évaluation collective d'une expérience

Ces discours narratifs et la dynamique interactionnelle qui s'est déclenchée lors des échanges conduit d'abord tout naturellement à constater la diversification des discours qui découlent de l'exercice. Comme dans toutes les histoires que l'on raconte, il ne s'agit pas seulement de raconter ou de mettre en place un processus de co-élaboration discursive. Très vite s'associent des discours justificatifs, des discours explicatifs, et cela dès le début pour venir appuyer et soutenir la décision initiale et donc contextualiser le récit du départ. En même temps que ces récits s'élaboraient, les comparaisons se faisaient entre les situations, les questions surgissaient et les interlocuteurs s'employaient à apporter chacun des éléments de réponse aux questions. Tout naturellement, il s'agissait non seulement d'aligner des faits mais de comprendre-interpréter son expérience et celle des autres en les rapprochant. On a pu voir se développer ainsi une réflexion collective autour des questions fondamentales soulevées alors par les récits initiaux et en particulier celui, formidablement mis en scène, de MA.

C'est ainsi que les interlocuteurs en sont arrivés à évaluer collectivement leurs différentes expériences en les rapprochant. Il s'est ainsi dégagé dans le dernier tiers des échanges un discours évaluatif plus ou moins consensuel dont les grands traits soulignent au moins trois axes importants sous lesquels on peut regrouper les extraits représentatifs des conclusions majoritairement exprimées :

- l'axe des stratégies d'adaptation au nouvel environnement : les interlocuteurs se demandent ce qu'ils ont appris à faire et s'il s'agit d'un investissement définitif :

FR : j'ai mis en place certaines stratégies d'adaptation + j'ai appris à gérer ce genre de chose
MT : oui c'est ça ma question, importante je pense : est-ce qu'on s'habitue malgré soi ou est-ce qu'on apprend ? pasque tu as dit « appris » on apprend euh et en même temps hein est-ce qu'on désapprend des choses ? le terme apprentissage ça vous conviendrait ?
FR : euh moi je pense + apprentissage oui + je sais que j'ai consciemment développé certaines stratégies pour m'adapter à une nouvelle situation à une nouvelle culture d'ailleurs
MT : que tu sens pouvoir re-investir ailleurs
FR : ah oui oui oui d'ailleurs c'est les questions qu'ils m'ont posé lors de mon entretien je repars au Canada et ils m'ont posé la question qu'est-ce que vous allez faire là en arrivant j'ai pu dire je connais par cœur ah oui première étape je vais faire ça deuxième étape je vais faire ça troisième étape je vais faire ça et je vais faire ça aussi pasque c'est lié à mon parcours personnel ce sont des choses qui : m'intéressent xx

FR évoque là une véritable méthode d'adaptation à la mobilité qu'il a élaborée lors de ses expériences passées. Ce qui nous conduit à un deuxième axe.

- l'axe de la mise en place des compétences et des réseaux de médiateurs : au-delà de la mise en place de stratégies pour s'adapter, les experts compétents que sont devenus les anciens étudiants en mobilité académique indiquent pour la plupart qu'ils ont appris sciemment à mettre en place des réseaux de médiateurs auprès de qui ils savent aller chercher de l'aide. Ils parlent de compétences techniques mais aussi de compétences psychologiques (cf. ci-dessous : *c'est une compétence technique mais aussi une compétence par rapport à ta vision de la vie*).

AL : (…) cette expérience ces réseaux-là c'est un peu étranger pour moi
YI : xxxx ça c'est une expérience vraiment extraordinaire **ça se construit souvent après un certain temps + les premières années xx c'est une période insécurisante puis on construit xxx c'est une compétence transférable qui se construit après X les cinq premières années ça donne une certaine sérénité par rapport à la vie xx c'est une compétence**

FR : oui la compétence de trouver quelqu'un + **je sais où aller comment faire ah oui oui** oui c'est enrichissant trouver un ami pour trouver quelque chose bon je sais où aller
YI : x **c'est une compétence technique oui mais aussi une compétence par rapport à ta vision de la vie que tu sais il peut presque tout t'arriver** c'est pour la vie t'as déjà passé par là et t'as moins peur + **c'est pour la vie + avec ce chemin tu te connais mieux toi même tu sais mieux comment tu vas réagir** tu es plus tranquille
MA **: ça fait GRANdir** ah oui tout à fait ce que vous disiez + euh dans sa vie professionnelle ou autre + il vous arrive quelque chose on est capable d'activer un réseau quelqu'un vous pose un problème et en l'espace de quelques secondes vous avez tout de suite la lumière et toc vous avez la réponse et ça c'est un **exercice c'est dû à l'exercice que l'on fait c'est dû à un réseau** et ça s'appuie sur des petites choses pour arriver vous vous dites ben tiens je vais passer par là et par là xxx se débrouiller xxxx oui

Et au niveau du bilan global, les évaluations s'accordent, l'expérience de « l'étranger » nous construit et nous fait ce que nous sommes. En regardant en arrière, en comparant avec les difficultés du début, on est en mesure de dire que l'on a appris à résoudre les problèmes, à se construire un réseau d'aide. En fait, on a « grandi » comme le soulignent bien les extraits précédents. On est capable de considérer :

- l'axe de sa propre évolution et de la posture réflexive qu'elle permet : tous finissent par être du même avis du point de vue des effets aussi sur la construction de la personnalité : on se connaît beaucoup mieux, on a pris la mesure de ses possibilités, de ses compétences d'adaptation, on veille à ne plus faire des erreurs identifiées comme telles dans l'environnement d'adoption.

FR : (parlant des événements vécus et des difficultés surmontées) oui vraiment ils m'ont fait ce que je suis maintenant non je pense qu'**on se connaît beaucoup mieux** c'est une expérience extraordinaire pour en revenir à ce que tu disais YI xxx qu'on est constamment dans la position de se présenter + présenter ce qu'on est ça nous force constamment à nous xx on oublie ça mais ça pèse énormément **+ ça aide énormément à se construire à construire sa personnalité** ça c'est vrai + rien que pour ça
NX : oui ya des moments je me dis si j'étais venue + jeune je me dis ma vie aurait pu être autrement + quand on a reçu des coups c'est comme une

voiture tu as beau la réparer ce sera jamais la même que///oui j'ai changé vraiment fondamentalement
MA : (...) Et dans le fait d être attentif à ce que l'on dit et comment on est ça je trouve que c'est un apprentissage de la de l'expatriation de chais pas quoi de l'étranger.

Conclusion

Faire le bilan d'expériences variées de la mobilité internationale n'est pas un exercice si facile à réaliser. Mais qui est mieux placé que les acteurs eux-mêmes pour effectuer ce bilan, pour parler de l'expérience vécue et faire parler ceux qui ont fait la même démarche... et cela en partageant leurs expériences, en élaborant ensemble leurs analyses. C'est ce que l'on a essayé d'imaginer ici en proposant une approche méthodologique qui sort des techniques d'enquêtes habituelles. Au vu des résultats auxquels ces tentatives ont abouti, on peut parler d'*élaboration collective de bilan de parcours* (de mobilité ici) par les acteurs. En ce sens, ce bilan réflexif est précieux pour ceux qui s'engagent dans la même sorte d'expérience.

L'approche méthodologique utilisée ici offre un certain nombre d'intérêts qui sont les suivants : autonomie de la parole plurielle avec assez peu d'interventions « médiatrices » (une consigne ouverte, quelques questions, demandes de confirmations, évocation d'expériences semblables et distribution de tours de parole proposée parfois par l'organisatrice) et dynamique spontanée de l'échange (à partir de quelques informations pratiques, initiation et gestion spontanées des thèmes) qui conduisent progressivement vers une évaluation de l'expérience. Dans aucun des cas ce n'est un « programme de mobilité » qui a été évalué mais c'est l'expérience humaine globale du déplacement facilité par les ouvertures à la mobilité académique. C'est l'expérience totale de l'étranger telle qu'elle a été re-vécue pour être partagée, re-considérée et évaluée pour servir éventuellement de référence aux candidats suivants.

On espère, à travers cette démarche et l'analyse de ces discours co-élaborés par les acteurs eux-mêmes, contribuer au repérage de problématiques spécifiques, au suivi de l'apprentissage de nouveaux modes de vie et même, comme on peut l'entrevoir ici, à l'observation d'une nouvelle culture en cours d'élaboration.

Bibliographie

Blanchet, A. 1991. *Dire et faire dire. L'entretien.* Paris : Armand Colin, coll. U.

Barbour, R. & Kitzinger, J. 1999. *Developing focus group research : politics, theory and practice.* London : Sage.

Bruner, J. 2002. *Pourquoi nous racontons-nous des histoires ?* Paris : Ed. Retz.

Cadet, L. 2004. *Entre parcours d'apprentissage et formation à l'enseignement : Le journal de bord d'apprentissage, Analyse d'un objet textuel complexe.* Thèse soutenue à l'Université Paris III, F. Cicurel dir.

Ehrenreich, S. 2006. The assistant experience in retrospect and its educational and professional significance in teachers' biographies. In Byram, M. & Feng, A. (eds.). *Living and studying abroad. Research and practice.* Clevedon : Multilingual Matters. 186-210.

François, F. 1998. *Le discours et ses entours. Essai sur l'interprétation.* Paris : L'Harmattan.

Grandcolas, B. 1994. Les journaux de bord : champ bibliographique et pistes de lecture. *Actes de la journée d'études du 29 novembre 1994 : Les journaux de bord des apprenants de langues, objets de recherche et de questionnements théoriques.* Groupe Comenius de Recherches en linguistique et didactique des langues. Université Paris X-Nanterre. 7-14

Grandcolas, B. & Vasseur, M.T. 1999. *Conscience d'enseignant, conscience d'apprenant. Réflexions interactives pour la formation.* Ed. SOCRATES/LINGUA Action A n° 25043-CP-2-97-FR-LINGUA.

Kitsinger, J. 1994. The methodology of focus groups : the importance of interactions between research participants. *Sociology of health and illness.* 16, 1. 103-121

Kizinger, J., Markova, I., Kalampalikis, N. 2004. Qu'est-ce que les *focus groups* ?. *Bulletin de Psychologie.* Tome 57 (3) 471. 237-243

Markova, I. 2004. Langage et communication en psychologie sociale : dialoguer dans les focus groups. *Bulletin de psychologie.* Tome 57 (3) 471. 231-236

Markova. I., Linell, P., Grossen, M., Salazar Orvig, A. 2007. *Dialogue in Focus Groups. Exploring Socially Shared Knowledge.* London : Equinox Publ.

Molinié, M. 2004. Ecrire un journal d'apprentissage : vers une compétence biographique de l'apprenant. *Textes littéraires et enseignement du français. Dialogue et culture.* N° 49. Bruxelles : Fédération Internationale des Professeurs de Français.

Moscovici, S. 1984. Introduction : le domaine de la psychologie sociale. In *Psychologie Sociale.* Paris : PUF. 5-22

Roberts, C., Byram, M., Barro, A., Jourdan, S., Street, B. 2001. *Language learners as ethnographers*. Clevedon : Multilingual Matters.

Vasseur, M.T. & Grandcolas, B. 1997. A la découverte d'un autre monde : à propos d'un programme conjoint franco-britannique de formation Maîtrise FLE-PGCE. *Les Cahiers de l'ASDIFLE.* n° 8. 134-141.

Vasseur, M.T. & Grandcolas, B. 1997. Comment se voient-ils apprenant la langue étrangère ? Comment se voient-ils enseignant la langue étrangère ? In Trévise, A. & Millet, A. (dir.). *LINX, Activités métalinguistiques, métalangage et enseignement / apprentissage des langues.* Vol. 1 n°36. Université de Paris Nanterre 10. 119-131.

Vasseur, M.T. 2000. Apprendre à être professeur de langue étrangère dans un pays étranger : déplacement, imaginaire et réflexivité. In Zarate, G. (dir.). *Mobilité internationale et formation. Dimensions culturelles et enjeux professionnels. RECHERCHE et FORMATION pour les professions de l'éducation.* Paris : INRP. N° 33. 45-63.

Wilkinson, S. 1998. Focus group methodology : a review. *International journal of social research methodology.* 1. 181-203.

Zarate, G. (dir.). 2000. Mobilité internationale et formation. Dimensions culturelles et enjeux professionnels. *RECHERCHE et FORMATION pour les professions de l'éducation.* N° 33. Paris : INRP.

Se déconditionner en déconditionnant : discours d'enseignants-stagiaires de FLE en mobilité en Finlande[1]

Fred Dervin

« Ouvrez un guide de voyage : vous y trouverez d'ordinaire un petit lexique, mais ce lexique portera bizarrement sur les choses ennuyeuses et inutiles : la douane, la poste, l'hôtel, le coiffeur, le médecin, les prix. Cependant, qu'est-ce que voyager ? Rencontrer. Le seul lexique important est celui du rendez-vous ».
Roland Barthes (2005 : 23).

La mobilité des enseignants-stagiaires de Français Langue Etrangère (FLE désormais) n'est pas un phénomène récent. Depuis la création de la Maîtrise FLE dans les années 80 en France (Porcher, 2003 : 176), ces étudiants doivent effectuer un stage professionnel dans un établissement où le FLE y est enseigné, en France ou à l'étranger. L'article qui suit se concentre sur l'expérience de deux de ces stagiaires dans un département d'études françaises d'une université finlandaise (Turku). Ces étudiantes de Master 1 ont suivi des enseignements théoriques à l'université de Lille 3 durant le premier semestre de l'année universitaire 2006-2007 et ont effectué leur stage à Turku entre janvier et mai 2007, dans le cadre du programme d'échange Erasmus.

L'enseignement proposé au sein du département qui les a accueillies diffère du FLE général car celui-ci forme des apprentis-experts en études françaises et se donne donc comme objectifs principaux l'acquisition du Français Langue Académique (FLA) et le développement de Compétences Académiques Interculturelles et Plurilingues (CACIP ; Dervin et Johansson, 2007 ; Dervin, Johansson & Mutta, 2007). L'interculturel étant un des éléments majeurs de la formation des enseignants-stagiaires de FLE, il nous a semblé intéressant d'impliquer les deux stagiaires dans nos

[1] Nous remercions Satu Koistinen qui a bien voulu interviewer les étudiantes stagiaires françaises pour cet article. Ce chapitre est une version retravaillée de celui publié dans l'ouvrage *Regards sans frontières sur la formation des enseignants* (éditions Le Manuscrit, 2008), disponible sur www.manuscrit.com.

réflexions sur la didactique de l'interculturel. Ainsi, en première année, un déconditionnement interculturel est réalisé en classe avec les étudiants finlandais, i.e. les représentations à la fois sur ce que signifie être français/ être finlandais et sur les approches du « culturel » en enseignement-apprentissage des langues sont mises à plat. Pour les stagiaires français, l'objectif de formation est double : d'une part, se positionner dans la jungle des didactiques de l'interculturel dans l'enseignement-apprentissage des langues et d'autre part, maximiser leurs propres apprentissages et réflexions sur leurs expériences d' « étrangères liquides » en Finlande (Dervin, 2007d ; Dervin & Dirba, *à paraître*).

L'approche interculturelle retenue au sein du département est basée sur une conception postmoderne « liquide » (Bauman, 2000a) de l'identité et de la culture. L'anthropologie de la surmodernité (Augé, 2000) et l'analyse du discours (énonciation, dialogisme…) servent d'outils d'analyse. Le principe de déconditionnement tente de remettre en question les discours sur le *même* et l'*autre*, leurs instabilités et le « quasibiologique » qui leur sont associés (Hannerz, 2001). En outre, pour les stagiaires, il s'agit de les aider à s'éloigner d'une approche idéaliste de la mobilité et de l'idée qu'elle signifie automatiquement ouverture interculturelle (i.e. « l'apprentissage » de l'Autre) et connaissance/compréhension de soi (cf. la contribution de Martine Abdallah-Pretceille dans ce volume).

À partir d'un entretien de deux étudiantes stagiaires françaises effectué à Turku par une étudiante finlandaise partie elle-même en échange à Lille en 2006-2007, nous tenterons de répondre aux questions suivantes :

- Le travail de déconditionnement des étudiants finlandais auquel les stagiaires participent contribue-t-il à leurs propres déconditionnements ?
- Quels impacts a ce déconditionnement sur leur compréhension et mises en pratique des théories qui leur sont proposées à Turku?
- Enfin, en référence à la citation de Roland Barthes en exergue, qu'apprend-on sur le thème de la rencontre en les écoutant?

1. Contexte de l'étude: stagiaires FLE et mobilité

L'intérêt de travailler sur les contextes de mobilité a été souligné par le sociologue John Urry (2000 : 49) qui émet l'hypothèse que « *it is in these mobilities that social life and cultural identity are recursively formed and reformed* ». L'acte de mobilité permet donc d'observer des phénomènes en gestation, révélateur des caractéristiques des individus contemporains, par exemple, en matière de constructions identitaires et de relations sociales (Maffesoli, 1988). C'est ainsi que de nombreuses études émergent depuis une décennie sur les mobilités estudiantines, en France comme dans d'autres pays (Dervin & Rosa, 2006 ; Byram & Dervin, 2008), et contribuent à une meilleure compréhension de leurs impacts. Parmi ces études, un petit nombre de chercheurs se sont concentrés sur les enseignants-stagiaires en mobilité (Vasseur, 2000 ; Barbot & Lawes, 2001 ; Ehrenreich, 2006 ; Foucard, Lawes & Niclot, dans ce volume) alors qu'une majorité a étudié les étudiants en mobilité de type Erasmus (Murphy-Lejeune, 2003[2] ; Papatsiba, 2003 ; de Federico, *à paraître* ; Anquetil, 2006 & Dervin, 2007a & 2008a). L'explication probable de ce déséquilibre est sans doute liée à la quantité réduite d'enseignants-stagiaires et surtout au fait qu'un grand nombre d'entre eux, lorsqu'ils partent en stage dans une université européenne (dans les départements et les centres de langues), le font dans le cadre des programmes d'échanges (Erasmus et autres). Ainsi, et même si leurs profiles, comme nous le verrons *infra* diffère de *l'*étudiant Erasmus (ce dernier existe-t-il d'ailleurs ?), ils se trouvent souvent mélangés aux *tribus* Erasmus.

Un rapide regard sur les recherches effectuées sur les mobilités estudiantines européennes permet de se rendre compte que ce type de mobilité possède des caractéristiques bien spécifiques. On retiendra néanmoins que ces résultats de recherche, même s'ils sont basés sur des populations larges d'étudiants en mobilité, ne représentent pas la réalité de TOUS ces étudiants. Dans l'une des premières études qualitatives sur les étudiants en mobilité à court terme, Murphy-Lejeune (2003 : 200) qualifie l'expérience de ce qu'elle appelle « *les nouveaux étrangers* » comme se situant « *entre la mobilité passagère du touriste et le déplacement à long terme du migrant* ». Vassiliki Papatsiba (2003 : XIII), dans l'introduction à sa recherche basée sur des rapports de séjour, explique que « *contrairement à l'immigré, l'étudiant sait qu'il*

---

[2] Elizabeth Murphy-Lejeune a travaillé en fait sur des populations hybrides : étudiants de type Erasmus, assistants de langues et étudiants de grandes écoles.

rentrera chez lui mais la grande différence est qu'il jouit d'un statut globalement positif dans la société d'arrivée qui lui ouvre un champ des possibles ». Le fait qu'ils soient de passage, « liquides » (i.e. qui ne se fixent pas), a bien évidemment une influence sur l'expérience de l'altérité et de l'interculturel dans le pays d'accueil.

De surcroit, il semblerait que des variables telles que les conditions de logement et les conditions sociales du séjour ont une influence supplémentaire sur l'inscription sociale des étudiants Erasmus (Murphy-Lejeune, 2000 : 22 ; Papatsiba, 2003 : 173 ; Dervin, 2008a). À Turku, par exemple, les étudiants sont placés dans des résidences universitaires ou des appartements en colocation exclusivement avec des étrangers ou des étudiants de même nationalité, ce qui a pour effet la non-rencontre ou des rencontres limitées avec les « locaux ». De même, n'ayant aucune connaissance en finnois ou suédois pour la plupart, les étudiants en mobilité prennent des cours créés spécialement pour eux en anglais. Une conséquence directe de cette situation est la multiplication des représentations sur les hôtes (exotisme et ethnocentrisme, Murphy-Lejeune, 2003 : 89 ; Paganini-Rainaud, 1998), sur les membres de leurs groupes nationaux (forte critique de la présence française à Turku par les Erasmus français, cf. Dervin, 2008a) et sur ce qu'être étranger signifie (Murphy-Lejeune, *Ibid.* : chapitre 5).

Un autre élément prononcé par les recherches est la proximité « naturelle » qui se crée entre les étudiants Erasmus (Murphy-Lejeune, 2003 : 174), qui rappelle les « *peg-communities* » de Zygmund Bauman (2000b), i.e. « *a community formed by the act of hanging individual concerns on a common « peg* ». Au fil du séjour, les étudiants se fondent ainsi dans des *tribus* Erasmus et/ou des *tribus* nationales (cf. Taajamo, 2003 sur les Finlandais en Angleterre, Dervin, 2007a sur les Finlandais finnophones et suédophones en France, etc.). Nous avons noté dans une recherche sur les étudiants Erasmus français une infidélité et instabilité dans leurs discours sur ces tribus, qu'ils surnomment d'un côté par des affectifs tels que *famille* et qu'ils accusent en même temps de les empêcher d'apprendre et de pratiquer des langues étrangères mais aussi de réaliser un de leurs rêves et objectifs : rencontrer les « locaux » (Dervin, 2007b & 2008a).

Il semblerait que l'hétérotopie (Foucault, 1967) dont les Erasmus sont « victimes[3] » soit partagée par les étudiants stagiaires à Turku (ils vivent dans les mêmes immeubles ou partagent des appartements avec d'autres étrangers). Néanmoins, l'hétérotopie semble être dédoublée : d'une part, ils sont à la fois en dehors et en dedans du système universitaire *professionnel* local (même s'ils ont un « pied » dans un milieu où les enseignants sont finlandais et français, ils n'ont pas de véritables responsabilités, de statut et de place professionnelle stable ; à l'inverse d'autres étudiants Erasmus, toutefois, ils rencontrent des étudiants et collègues finlandais) et d'autre part, les étudiants stagiaires, ne suivant pas de cours avec les autres Erasmus, n'ont pas autant l'occasion de rencontrer et de « s'enfermer » dans les bulles Erasmus. Leur étrangeté est donc, en quelque sorte, double.

Dans un tel contexte et puisque les étudiantes se destinent à une carrière qui nécessitera sans aucun doute des déplacements à l'étranger et d'autres vécus d'étrangeté, que faire alors pour que ces futurs spécialistes en didactique des langues étrangères, étrangers de passage *liquides*, puissent aller au-delà des discours altérisants et appliquer des savoir-faire interculturels à la fois dans le cadre de leur vie quotidienne en Finlande et surtout dans leur apprentissage du métier d'enseignant de FLE ?

2. Déconditionnements interculturels

« L'image de l'autre, aujourd'hui, se substitue de plus en plus au souci de la connaître et de l'identifier comme personne. Le tourisme, la publicité, la télévision, les nouveaux modes de communication substituent l'image et l'illusion de croire connaître ou à l'effort de connaître »
Marc Augé (2003 : 92)

[3] Nous avons expliqué cette « ségrégation » par leur statut d'étrangers « liquides », de passage et refusé une approche idéaliste qui obligerait les Erasmus à rencontrer les locaux (cf. Dervin, 2008). On oublie facilement que les « tribus » d'étrangers sont elles aussi marquées d'une diversité et liquidité des plus enrichissantes.

2.1. *Fiction* et *bricolage* : l'instabilité comme clé du déconditionnement

Alex Mucchielli définit le conditionnement comme « *toute réaction ou tout comportement appris par la répétition et le renforcement* » (1987 : 60). L'apprentissage-enseignement des langues, surtout en matière de cultures étrangères, a souvent eu recours à une approche conditionnant les apprenants par le biais de répétition et renforcement de représentations, stéréotypes et imaginaires sur le soi et l'autre : ainsi, tel habitant de tel pays, tel *même*, est décrit par des caractéristiques génériques/généralisantes applicables à toute une population. L'enseignant comme les étudiants co-construisent cette mise en récit en apportant leurs imaginaires respectifs instables dans la classe. Néanmoins, l'enseignement-apprentissage n'est pas le seul responsable vu que le *clichégénique* semble être une norme dans nos mondes contemporains (cf. la citation de l'anthropologue Marc Augé en exergue) : ainsi, on croit apprendre à connaître l'Autre par l'apprentissage de faits et *recettes culturelles* et toute rencontre se vit au futur antérieur (i.e. on a vu avant de voir, on connait avant d'avoir rencontré ; Augé, 2003 : 76 ; Saïd, 1980 : 112).

L'approche introduite dans notre département à Turku tente de s'éloigner de ce que certains chercheurs qualifient de *fonctionnalisme* ou de « *commodification of intercultural understanding* » (Dahlén, 1997 : 176) en travaillant sur l'observation, l'analyse et la déconstruction des relations entre les concepts de *culture* et d'*identité* et les constructions sociales. L'approche postule que l'identité et la culture n'existent que sous la forme de discours (cf. « *identity-talk* » et « *identity politics* » de Brubaker & Cooper, 2000 : 5, on se reportera également à cette référence qui offre une excellente critique de l'utilisation du concept d'identité dans les sciences humaines et sociales). Ainsi, nous soutenons l'hypothèse que l'étrangeté à soi-même et aux autres (au *Même*) est un *modus operandi* de nos mondes contemporains (Senett, 1977 : 39) et que pour faire face à ce phénomène qui est « *precarious, unnerving and testing* » (Bauman, 1993 : 161), l'individu contemporain ne peut ne pas se solidifier et solidifier l'Autre (i.e. classer, identifier et réduire) et « *croire en lui-même comme entité stable et autonome* » (Kauffman, 2004 : 55). Introduire les concepts de culture et d'identité dans l'enseignement-apprentissage des langues est problématique car ces termes sont hyper-polysémiques. Les apprenants de langues ont en général leurs propres définitions (souvent confuses) de ces termes, qui se rapprochent des définitions fonctionnelles et structuralistes (Dervin & Suomela-Salmi, 2007). Ces « mots piégés » font subsister de la « *misinformation véhiculée par des vocables au contenu tendancieux* » (Freund, 1991 : 151). En effet, les pré-discours sur les définitions de ces termes sont nombreux et contradictoires.

C'est pourquoi, les paradigmes retenus pour ces deux termes constituant notre approche didactique de l'interculturel soutiennent l'idée qu'ils sont, avant tout, « *une fiction* » (Kauffman, 2004 : 16), un « *bricolage* » (le Breton 2002) et « *un mensonge nécessaire* » (Kauffman, 2004 : 18). En d'autres termes, toute revendication identitaire dans le discours est vue comme une construction de l'individu et « *le produit de son histoire, de l'échange avec les contextes dans lesquels il s'inscrit* » (Kauffman, 2004 : 91). Nous reconnaissons ainsi l'importance de l'intervention d'autrui, de la *structure-Autrui* (Deleuze, 1972) identifiable ou non (cf. le cas de *on,* « l'être-autre » vague, ou de la doxa dans les revendications identitaires nationales (Dervin, 2007b) et dans les jeux identitaires : rejets, manipulations, contradictions, flatteries, etc.). Le problème principal de cette démarche est d'amener des apprenants de langues à faire face à un enjeu à double tranchant : la complexité des identités et le besoin/ la nécessité de réduction pour faire face à celle-ci, mais aussi et surtout l'instabilité du discours et des contextes. Le déconditionnement (qui est lui-même vulnérable car on ne peut être déconditionné complètement et pour toujours) a pour objectif d'amener les apprenants à affronter ces dialectiques. Les CACIP (Dervin & Johansson, 2007) ainsi que les *compétences protéophiliques* que nous avons définies dans le cadre du programme européen *Education et Formation 2010* (Dervin, 2006a) fixent des objectifs précis d'apprentissage auxquels nous renvoyons le lecteur.

Les démarches didactiques développées dans le cadre des cours de la première année de DEUG à Turku (intitulés

Compétences langagières et sociétés[4]) sont la première étape de ce déconditionnement et s'articulent autour d'analyses de regards croisés franco-finlandais (cf. Dervin, 2006b). C'est dans ces cours que les étudiantes stagiaires françaises interviennent.

2.2. Déconditionner les enseignants-stagiaires de FLE

Même si les enseignantes-stagiaires ont suivi des cours d'introduction à l'interculturel lors de leurs formations durant la première partie de leur formation en M1, un déconditionnement semble nécessaire également de leur part. Ce déconditionnement est multiple car il touche à la fois à leurs regards sur les exo-groupes (les Finlandais et les *autres*) et l'endo-groupe qui est au cœur des enseignements (les Français), leur position en tant qu'étrangères (liquides) dans la société finlandaise, l'enseignement du culturel et de l'interculturel dans l'enseignement-apprentissage des langues étrangères, leur rôle d'ambassadrices de la France, etc.

La démarche retenue est celle de l'observation au début. Ainsi, les stagiaires observent, écoutent et notent les méthodes que nous utilisons pour travailler sur l'interculturel pendant les sept premières semaines de cours (qui correspondent à la première période du printemps) et préparent parallèlement des séquences qu'elles exploiteront avec les étudiants dès la deuxième période – sans qu'aucune formation théorique ne leur soit encore fournie. Pour la préparation de ces séquences, les étudiantes ne reçoivent comme instructions que le fait qu'elles doivent trouver un document écrit ou audio (ou les deux) qui peut être exploité pour travailler sur les regards croisés avec nos étudiants. Une fois créées, les séquences sont passées en revue et retravaillées avec l'enseignant-chercheur responsable des cours. Elles sont finalement exécutées en classe à deux reprises (le cours est divisé en deux groupes) puis discutées à nouveau (objectifs, évaluations formatives, apprentissages, exécution, progression…).

Les séquences choisies par les étudiantes stagiaires de 2007 avaient pour thèmes : subjectivité, représentation de l'autre et du même et images ; le tourisme, ses discours et ses images ;

---

[4] Ces cours durent une année universitaire de l'ordre de 5 heures par semaine. Les compétences écrites, orales et le travail sur l'interculturel sont rassemblés dans ces cours.

représentations croisées sur les banlieues ; conseils pratiques sur la Finlandité et francité, etc. Lors des discussions sur les séquences, les étudiantes devaient justifier les objectifs d'apprentissage interculturel des séquences et les résultats attendus. C'est là où un retour sur leurs propres expériences, apprentissages et visions de l'interculturel se fait ; une liaison entre personnel et professionnel s'opère par des allusions et références à ce qu'elles vivent au quotidien lors de l'entretien.

L'objectif de la présente contribution ne sera pas de revenir sur les séquences créées mais de s'interroger sur l'entrelacement potentiel entre ces expériences et le discours des enseignantes-stagiaires lorsqu'elles font un bilan à la fin de leurs séjours en Finlande. En d'autres termes, nous tenterons d'examiner les impacts éventuels des apprentissages et expériences professionnelles sur le discours des étudiantes. Nous fondons notre analyse sur un entretien effectué par une étudiante finlandaise de troisième année de deux stagiaires françaises en mai 2007[5]. L'entretien, enregistré puis transcrit, s'est déroulé en deux parties : 1. l'étudiante finlandaise a posé des questions données à l'avance par nous-même et 2. les étudiantes-stagiaires ont interrogé l'étudiante finlandaise sur ses propres expériences en France (questions improvisées). La durée de l'entretien était de 49 minutes mais nous ne retenons que la première partie de l'entretien d'une durée de 29 minutes[6]. Les thématiques traitées étaient : l'impact des séquences proposées aux étudiants finlandais, l'apprentissage des stagiaires, leurs vies à Turku, etc. Rappelons quelques précautions à prendre par rapport à la situation d'entretien (voir également Blanchet, 1991). Tout d'abord, les questions posées ne sont jamais neutres dans leurs formulations et ont donc une influence sur les réponses (même si elles sont « lues » ici par une étudiante au nom du professeur). En outre, l'entretien est une co-construction à laquelle toutes les personnes présentes (mais aussi par exemple des voix inidentifiables) participent, ainsi les réponses ne peuvent pas toujours représenter la « vérité » car l'entretien, comme dans tout contexte social, est traversé par une violence

---

[5] L'analyse ne permettra en aucun cas de généraliser le discours des deux stagiaires à l'ensemble des populations de stagiaires FLE. Le protocole de l'entretien est disponible en annexe.

[6] La suite de l'entretien sera étudiée dans un autre article.

symbolique (de la part de l'interviewer et de l'interviewé selon le cas) et donc peut conduire à du non-dit et au travestissement du dire. Ensuite, comme les trois étudiantes s'étaient déjà rencontrées à Lille en octobre 2007, elles ont donc un passé discursif et interactionnel commun qui peut en conséquence intervenir. Enfin, le fait que l'entretien soit enregistré pour un enseignant et ouvert à un *tiers* (tout auditeur potentiel) peut avoir un impact sur le discours des trois étudiants et sur ce qui se dit et ne se dit pas.

3. Analyse

L'analyse discursive qui suit est structurée en deux parties. La première partie tente de trouver des indices sur les perceptions des stagiaires du modèle proposé à Turku. D'un autre côté, nous testons la solidité du discours des étudiantes lorsqu'elles parlent de leurs vies quotidiennes à Turku, des relations avec les Finlandais et du prochain retour en France.

3.1. Acceptation du paradigme

Définitions de l'interculturel

Une des questions proposées aux stagiaires tentait de voir comment elles définissaient l'interculturel avant d'arriver à Turku (rappelons qu'elles avaient suivi des cours théoriques sur la thématique au premier semestre) puis à la fin du séjour. Dans ce qui suit, ES1 semble donner deux définitions de l'interculturel :

I(nterviewer): avant de venir ici l'interculturel ça voulait dire quoi pour vous? Est-ce que vous pouvez expliquer?
E(tudiante) S(tagiaire) 1: Ben on avait une petite introduction dans un cours d'anthropologie ben on voyait l'interculturel comme l'échange des cultures les cultures en contact et ce qu'elles s'apportent mais c'est vrai que moi j'avais pas vu dans ces cours-là encore la culture comme quelque chose de dynamique comme on l'a vu ici comme je l'ai vue dans les cours.

La première définition est contextualisée au début du tour de parole d'ES1 puisqu'elle affirme l'avoir apprise dans le cadre d'un cours d'anthropologie. Cette définition suggère que l'interculturel est « *l'échange des cultures les cultures en contact et ce qu'elles s'apportent* ». Ainsi, une certaine dynamique, une mouvance est établie ici (« échange ») mais cela signifie-t-il qu'il y a fluctuation, hybridation ou création à partir de ces *contacts* et *échanges* ? Le verbe « s'apporter » semble confirmer ce dernier élément (un apport signifierait un changement). Une rupture énonciative intervient à la suite de cette définition et articule une prise de conscience (il y a passage de *on* inidentifiable à *je ;* parle-t-elle ici de sa classe de M1, de son professeur ou bien d'elle-même ?). Apparaît alors une deuxième définition ou un complément de définition à ce qu'elle proposait au début du tour : « c'est vrai que *moi j'avais pas vu dans ces cours-là* encore la culture comme quelque chose de dynamique ». Ce qui est intéressant, c'est qu'elle exprime en fait plus ou moins la même idée que dans la première partie de la définition, qui gagne ainsi en clarté - la culture étant énoncée comme étant « quelque chose de dynamique ». On a donc ici la définition canonique qui lui a été suggérée à Turku. On pourrait tout de même se demander si cette définition n'est pas une simple reprise du discours d'un *tiers* (cf. l'alternance pronominale réparatrice dans « comme *on* l'a vu ici comme *je* l'ai vu dans les cours » ; s'agit-il de la stagiaire et de sa collègue ou bien de l'enseignant-chercheur à Turku dans le *on*?). Une étude similaire avec des étudiants *déconditionnés* finlandais (Dervin & Suomela-Salmi, 2007) montre que le discours des apprenants était traversé en permanence par la voix moralisatrice de l'enseignant (« on ne peut pas généraliser », etc.). De toute façon, et si c'est le cas avec les stagiaires aussi, à travers son discours (qu'elle partage ou non), la stagiaire souligne que l'expérience à Turku a suscité tout de même en elle une nouvelle compréhension de l'interculturel.

« C'est tellement vrai ! »

À la question « avez-vous été confuse par l'approche du département ? », ES1 répond :

ES1 : j'ai trouvé cela tellement vrai en fait quand j'ai lu des livres je me suis dit ah c'est clair c'est ça et donc ça m'a pas non plus remise en question mais c'est vrai que ça m'a peut-être un peu changé après quand je parle avec les gens etc. ce que disait ES2 tout à l'heure au niveau des stéréotypes que je faisais et pis j'essaie de plus en faire.

Le début du tour confirme l'acceptation du paradigme par la stagiaire (« tellement vrai » ; reprise d'un discours virtuel « ah c'est clair c'est ça »). Puis, elle atténue l'impact du paradigme sur elle-même (« ça m'a pas non plus remise en question ») avant d'avouer que « c'est vrai que ça m'a *peut-être* un peu changé » (*peut-être* et *un peu* intensifient une incertitude qui pourrait être liée au manque de recul au moment de l'entretien). Néanmoins, ES1 fait ensuite référence à une remarque que sa collègue a faite pendant l'entretien (analysée *infra*) sur le fait qu'elle distingue davantage les stéréotypes dans les discours de certains proches et qu'elle se rend compte qu'ils sont truffés d'imaginaires sur le soi et les autres. Le modèle paraît donc accepté et considéré comme évident par la stagiaire. Elle affirme d'ailleurs, pour finir, qu'elle « *essaie* de (ne) plus en faire » (des stéréotypes). Nous testerons ci-dessous cette revendication.

Intérêts de la démarche en FLE

Les extraits suivants, tirés des interventions d'ES2 durant l'entretien, précisent l'importance accordée à la démarche didactique proposée aux étudiants du département. Dans le premier extrait, ES2 explique l'intrusion des stéréotypes (« des préjugés ») dans l'enseignement-apprentissage des langues en général et les freins qu'ils peuvent poser à l'*apprentissage* :

I : l'interculturel c'est important dans l'apprentissage des langues?
ES2: non oui c'est vrai que c'est intéressant d'étudier ça avec un public étranger. Oui c'est vrai que ça apporte quelque chose à l'apprenant, c'est différent parce que ça évite d'avoir parce que quand on apprend une langue on a forcement ses préjugés par rapport à tout ça et ça peut nous empêcher d'apprendre plus ou moins bien, ben ça peut jouer sur l'apprentissage en fin de compte et puis le fait d'avoir cette préparation là ça peut avoir un impact sur l'apprentissage et surtout sur la personne en elle-même.

On note l'imprécision dans les propos tenus par la stagiaire. Il semble qu'elle n'arrive pas à déterminer dans cet extrait, d'une part, les types d'apprentissage que les préjugés détournent (« *ça* peut *nous* empêcher d'apprendre plus ou moins bien » ; « *ça* peut jouer sur l'apprentissage en fin de compte », observons l'approximation dans l'emploi de *nous* et *ça*) et d'autre part, les apports de ce qu'elle appelle la « préparation » (i.e. le déconditionnement) aux apprenants (« ça évite d'avoir » - interrompu - et « ça peut avoir un impact sur l'apprentissage et surtout sur la personne en elle-même »).

Ce flou semble passer quand ES2 parle de ses propres séquences de déconditionnement « testées » en classe et de ce qu'elles ont apporté aux apprenants :

ES2: euh moi la première séquence c'était sur les images et la subjectivité qu'il y avait dans les images donc là ils ont appris que chaque image était choisie en fonction de la personne qui la prenait et la choisissait et qu'elle pouvait pas représenter des gens une culture par rapport à une chose fixe et puis la deuxième c'était par rapport aux coutumes finlandaises donc là où l'auteur décrit la Finlande très stéréotypée bon ben là pareil ils se sont rendus compte que c'était pas vrai et quand ils lisaient tout ça bon ben c'est pas vrai.

Il est d'ailleurs étonnant de voir que, pour chaque activité, les apprentissages des apprenants soient si catégoriquement présentés (absence de modalité dans le discours): « *ils ont appris* que chaque image était choisie en fonction de la personne qui la prenait (…) » et « *ils se sont rendus compte* que c'était pas vrai ». Pourtant, en regardant de près les verbes choisis, on comprend que l'étudiante présente une prise de conscience de la part des étudiants – qui ne veut pas obligatoirement dire une attitude différente dans des cas concrets de rencontres.

Prise de conscience des manipulations vécues (retour vers un moi antérieur)

La prise de conscience se trouve également chez les deux stagiaires qui font part de leurs pensées, conceptions et attitudes antérieures au séjour et révèlent leurs remises en question de celles-ci. Ainsi, lorsque ES1 revient sur une de ses séquences (discours et images du tourisme), la stagiaire développe nettement comment elle a été elle-même conditionnée :

ES1: ben oui pas mal déjà le fait de les avoir faits euh ça m'a apporté en fait ça m'a appris en même temps que je les ai faites je me suis rendue compte j'ai fait une séquence sur le tourisme et je voulais montrer les stéréotypes qui étaient utilisés et je me suis rendue compte que je me suis fait avoir mais 100000 fois moi aussi j'avais acheté le guide du routard et j'avais cru tout ce qu'il disait (…)

La répétition du syntagme nominal « je me suis rendue compte » souligne le processus de prise de conscience (attribué également aux apprenants plus haut). L'étudiante a donc commencé le travail de préparation de sa séquence de déconditionnement par une hypothèse (« je voulais montrer les stéréotypes qui étaient utilisés » i.e. dans le tourisme) puis elle a monté une séquence de décryptage de certains discours français et finlandais sur des lieux touristiques. L'ensemble du travail didactique a eu pour conséquence un retour sur soi et une prise de conscience d'avoir été influencée par certaines caractéristiques discursives altérisantes du tourisme.

3.2. Applications du paradigme : entre conscience et actes

Cette partie d'analyse se concentre sur les discours recueillis à propos des impacts de l'approche de déconditionnement sur les stagiaires.

Peur d'utiliser les nouveaux savoir-faire ?

Dans deux de ses interventions, ES2 (qui a fait preuve d'une compréhension parfaite du modèle proposé à Turku) explique qu'elle n'a pas recours aux savoir-faire acquis en dehors de la classe avec ses relations en Finlande et en France. Du reste, c'est elle qui introduit la thématique des stéréotypes dans l'entretien :

ES2 : (…) bon ça fait pas vraiment partie de la question mais par rapport aux stéréotypes c'est vrai maintenant quand je parle avec des gens je remarque des choses que je remarquais pas avant et j'ai tout de suite envie de leur dire mais c'est pas vrai bon ben je le fais pas parce que sinon on parle plus avec personne mais on repère tout ça surtout dans le contexte où on était les Erasmus les autres Françaises, elles disaient souvent ah les Finlandais ceci et cela et maintenant c'est clair, je le dis moins quoi et quand il y a des gens qui le disent je le remarque

La répétition du verbe *remarquer* (qui rappelle *se rendre compte de*) souligne à nouveau la conscience qu'a ES2 des stéréotypes omniprésents dans sa communauté Erasmus à Turku.

Elle va même jusqu'à introduire un discours représenté direct pour confirmer : « *surtout* dans le contexte où on était *les Erasmus les autres Françaises, elles disaient souvent* ah les Finlandais ceci et cela ». Ce qui est intéressant, c'est que ES2 dit explicitement qu'elle ne réagit pas, même si elle note les stéréotypes : « j'ai tout de suite envie de leur dire *mais c'est pas vrai* bon ben je le fais pas parce que sinon *on parle plus avec personne* ». Son explication (« sinon on parle plus à personne ») montre qu'elle a saisi la présence et le besoin des stéréotypes dans les relations sociales et que les remettre en question pourrait soit la pousser à éviter de *rencontrer* pour ne pas contredire soit endommager certaines de ces relations. Il semblerait que la stagiaire opère un lapsus ou une manipulation dans ce tour de parole. En effet, lorsqu'elle parle des Erasmus et des autres Françaises qui « disaient souvent *ah les Finlandais ceci et cela* », elle fait suivre ce commentaire par un retour à soi qui laisse penser qu'elle s'intègre entièrement dans ce qu'elle vient d'attribuer à ces groupes : « maintenant c'est clair, je *le* dis moins quoi » (*le* ne pouvant faire référence qu'à ce qui a été dit avant par les « Françaises »). En d'autres termes, elle semble nous dire ici qu'elle aussi a souvent dit « ah les Finlandais ceci et cela »… Nous vérifierons cette hypothèse *infra*.

Le deuxième contexte décrit par ES2 et lié au refus d'utiliser les savoir-faire introduits lors du déconditionnement est celui de l'après-séjour, imaginé par la stagiaire :

ES2 : je serai tentée de dire ça en France quand on va me demander comment c'était et tout ça, je crois que je vais rentrer dans ces stéréotypes à la con ouais enfin pour moi ils sont un peu plus froids que les Français mais les Français du coup ils sont un peu trop euh chiants quoi enfin je sais pas.

ES2 imagine un *tiers* (*on*, sa famille ? ses amis ?) qui l'interroge sur son expérience en Finlande et à qui elle répond avec un discours virtuel direct : « pour moi ils sont un peu plus froids que les Français ». ES2 explique même qu'elle sait que c'est un stéréotype « à la con » mais qu'elle va l'utiliser. Toutefois, elle ne dit pas pourquoi elle répondra par des représentations (pour faire plaisir ?). Enfin, il est intéressant qu'elle ajoute un autre stéréotype, cette fois-ci sur les Français (« mais les Français du coup ils sont un peu trop euh chiants »), un peu comme pour contrebalancer le stéréotype « négatif » des Finlandais qu'elle proposera au *tiers* à son retour en France. À nouveau, on note que le discours est contradictoire et qu'ES2 en est consciente.

Oscillation entre certitudes et doutes

Les signes de confusion et contradiction traversent largement le discours des étudiantes. Tout d'abord, pour répondre à la question « la méthode employée au département vous a-t-elle rendue confuse ? » (question qui peut mener bien sûr au type de réponse observée), ES2 commente la méthode proposée en général et le fait qu'elle a du faire face à deux types de discours : celui de l'enseignant-chercheur et celui des Erasmus.

ES2: Ben oui y a eu une petite période de confusion forcement parce que on nous sort tout ça et on se dit ah oui c'est vrai... Ils sont quand même comme ça et nous on est quand même comme ça et quand on parle avec des gens des Erasmus qui nous disaient ci-ça on disait oui ils ont tort mais on... moi j'avais tendance à dire oui mais c'est quand même un peu vrai c'est vrai qu'il y avait de la confusion on en parlait même entre nous à savoir oui c'est quand même vrai ce qu'il dit mais y a quand même ça et c'est vrai que c'est un peu confus tout ça

La première partie du tour fait référence de manière vague à ce que les Erasmus ont pu dire sur les Finlandais (« on nous sort *tout ça* », « quand on parle avec des gens, des Erasmus qui nous disaient *ci-ça* » i.e. des stéréotypes) et que ES2 affirme avoir acquiescé (« on se dit ah oui c'est vrai » ; « moi j'avais tendance à dire oui mais c'est quand même un peu vrai ») et remis en question (en groupe avec les autres stagiaires ? : « on disait oui ils ont tort »). L'aveu sur la confusion engendrée bat son plein à la fin du tour lorsque ES2 réitère que « c'est vrai qu'il y avait de la confusion » et « c'est vrai que c'est un peu confus tout ça » - le tout étant accentué par le commentaire « oui *c'est quand même vrai* ce qu'il dit (l'enseignant-chercheur) *mais* y a quand même ça ». On a ici un exemple parfait d'oscillation entre attitudes contraires, certitudes et doutes. Un deuxième extrait sur le refus de stéréotyper d'ES2 soutient cette observation :

ES2: ben c'est un peu pareil, forcement avec toute la préparation qu'on a eue ici on peut pas on peut pas peut-être que sans cette préparation là j'aurais dit alors oui les Finlandais sont comme ça ils sont froids ils parlent pas tout ça et avec toute la préparation on comprend que c'est pas vrai et c'est vrai de toute façon que c'est pas vrai parce que tu rencontres des gens bon enfin on n'a pas rencontré beaucoup de Finlandais parce qu'on était tout le temps dans notre contexte Erasmus et je pense que quand même et alors là c'est contradictoire mais je pense que quand même ils parlent pas beaucoup aux étrangers du moins certains j'en sais rien c'est trop bizarre, on en a rencontré certains à la limite impossible de leur parler et d'autres qui se lâchent complètement ouais c'est différent non je sais pas non je sais pas peut-être qu'ils sont un peu un peu plus froids non j'en sais rien (...)

Il est étonnant de voir ici qu'ES2 vacille entre des énoncés en *on* in/identifiables (« forcement avec toute la préparation qu'*on* a eue ici *on* peut pas *on* peut pas » ; « *on* n'a pas rencontré beaucoup de Finlandais parce qu'*on* était tout le temps dans notre contexte Erasmus »...) et *je* (« j'aurais dit alors oui les Finlandais sont comme ça ils sont froids ils parlent pas tout ça ») qui accentuent l'impression de divergence. La répétition de « non j'en sais rien » remplit d'ailleurs les mêmes fonctions. Enfin, lorsque ES2 commence à parler des Finlandais, elle prévient ses auditeurs (« je pense que quand même et *alors là c'est contradictoire* mais ») avant de faire une liste de généralités (contenant des modalités, en italique dans ce qui suit) sur les Finlandais (qui deviennent « certains » au fil du tour) : « ils parlent *pas beaucoup* aux étrangers » ; « *peut être* qu'ils sont un peu un peu plus froids ».

ES1 exprime aussi ce déchirement entre deux opinions et un appel à ne pas généraliser lorsqu'elle répond à une question qui la pousse à tester la résistance de son discours aux stéréotypes (qu'elle reconnait au début) :

I: est-ce que vous pouvez dire que vous avez appris quelque chose sur les Français et le Finlandais?
ES1: Ah la la la la c'est la question piège ben moi je pense j'avoue même si j'ai fait un mémoire là-dessus j'arrive quand même de pas stéréotyper mais je vais dégager certaines généralités ben je sais qu'on peut pas mais je reste persuadée qu'il y a des petits traits qui sont quand même pas chez tout le monde parce qu'on peut pas généraliser mais les choses qui se retrouvent un petit peu plus...

Même phénomène que chez ES2 dans ce tour de parole : ES1 répète l'énoncé « on ne peut pas » qui semble reprendre une voix tierce (celle de l'enseignant-chercheur responsable de leur formation ou bien des ouvrages théoriques qu'elles ont lus sur les questions de communication interculturelle ?). Les affirmations d'ES1 décortiquées en 3.1. (l'approche est « vraie », la culture est dynamique, etc.) paraissent ne plus être privilégiées quand ES1 parle ici des Finlandais. ES1 en est au demeurant consciente et elle précise (pour faire autorité) qu'elle a écrit son mémoire de stage sur l'approche interculturelle du département. Le contradictoire et le doute sont donc clairement reconnus et acceptés.

Contradictions : stéréotypes

En contraste avec la première partie d'analyse où les étudiantes vantaient la méthode proposée et les atouts qu'elle apportait à la didactique, nous analysons ici des extraits de l'entretien où le classement et le stéréotypage sont patents, qui accentuent la relation contradictoire discursive qu'entretiennent les stagiaires avec les savoir-faire qui leur ont été proposés. Commençons avec ES2 qui généralise et classe les Erasmus :

ES2 : c'est sûr que le fait qu'on ait pas pu sortir autant entre guillemets que les autres Erasmus bon ben y a des gens qu'on connait pas vraiment énormément on connait juste nos amis proches et toutes les soirées les choses comme ça quand on nous parle d'un tel d'un tel ben on connait pas parce qu'on était un peu différents on était pas les Erasmus à faire la fête tout le temps on était Erasmus mais on avait du boulot

Dans cet extrait, la stagiaire divise la communauté Erasmus en deux groupes : les « fêtards » et ceux qui ont « du boulot » (i.e. elles). ES2 met ainsi en avant un stéréotype qui circule sur les populations estudiantines en mobilité (cf. nos analyses de discours similaires chez d'anciennes étudiantes finlandaises Erasmus, Dervin, 2007a).

Dans le deuxième extrait, ES2 continue ses analyses sur les Erasmus (auxquels elle s'identifie ici, cf. « nous ») et oppose ces derniers aux Finlandais (avec une dialectique *nous* vs. *eux* très claire) dans son explication de la difficulté de rencontrer ces derniers :

ES2: le fait que quand on est entre Erasmus on sort généralement entre nous on se mélange pas forcement et je pense qu'eux ils cherchent pas vraiment à connaître des étrangers peut-être qu'ils pensent qu'on est là pour un certain temps bon ils sont là ils ont leurs amis ils se disent que c'est pas la peine d'essayer quoi

Ainsi, les attitudes et habitudes des deux groupes semblent être pré-déterminées dans ce que dit ES2. Toutefois, l'étudiante ne porte aucune accusation mais fait parler les Finlandais pour révéler les hypothèses qu'elle établit elle-même (ou qu'elle a posées avec ses camarades Erasmus): « *peut-être* qu'ils pensent qu'on est là pour un certain temps » et « ils se disent que c'est pas la peine d'essayer quoi ». Notons que le dernier énoncé est plus catégorique que le premier car il ne contient aucune modalité (« *peut-être qu'*ils pensent » versus « ils se disent que »). Plus on avance dans l'extrait, plus le stéréotype se « solidifie ».

Pour finir, regardons comment ES1 explique ce qu'elle a souligné avant dans l'entretien sur les « petites différences culturelles » qu'elle avait notées. L'exemple qu'elle donne est celui de la politesse et du fait que les « gens disent pas pardon (sic) » en Finlande :

ES1: Ben le fait que les gens disent pas pardon ben ça c'est un truc ben qui... après en France tout le monde ne dit pas pardon non plus mais c'est vrai que je vois des gens même des personnes âgées des choses comme ça qui poussent dans la rue etc. que j'avais pas remarqué en France.

À nouveau, ES1 alterne entre des généralisations (« les gens disent pas pardon » ; « mais c'est vrai que je vois des gens (…) qui poussent dans la rue ») et des comparaisons qui suggèrent une certaine ouverture de sa part (« après en France tout le monde ne dit pas pardon non plus » ; « j'avais pas remarqué en France » qui sous-entendrait que cela puisse arriver en France). Le commentaire sur les personnes âgées (« je vois (…) même des personnes âgées (…) qui poussent dans la rue ») est saisissant car il révèle une représentation, autre qu'interculturelle, qu'ES1 laisse échapper.

Conclusion :
i. Contre une confiance aveugle dans les discours
ii. Qu'est-ce que rencontrer ?

L'approche décrite dans cette contribution tente à la fois de déconditionner des apprenants de FLA et des stagiaires français qui interviennent au sein de notre département. Le déconditionnement interculturel, comme nous l'avons souligné, n'est ni automatique ni permanent. L'analyse dévoile que, dans les discours (qui sont instables par nature car ils sont liés, entre autres, aux relations établies entre les interlocuteurs et aux contextes), tout élément mis en avant peut être contredit, complété, répété, transformé, co-construit, etc. Ainsi, les stagiaires françaises, dans l'entretien analysé, ont des difficultés à appliquer et à conserver le discours « liquide » de l'approche de déconditionnement des apprenants à laquelle elles ont participé. Il semblerait même que, pour elles, la démarche soit primordiale et obligatoire dans un contexte de classe mais que, dès qu'elles conversent sur des expériences personnelles, elles n'arrivent pas à la mettre à exécution. Cette étude de cas démontrerait à nouveau que l'acte de mobilité n'est pas synonyme d'apprentissages interculturels immuables et acquis pour la vie.

Bien sûr, ce n'est pas à partir d'un entretien que l'on obtient des preuves de liens entre discours et actions : rappelons que, même si les stagiaires ont recours à des stéréotypes dans leurs récits, rien ne prouve que dans leurs rencontres avec l'autre elles y aient recours (ou vice versa). C'est pourquoi la mobilité estudiantine est un phénomène complexe qui peut remettre en question certaines croyances et attitudes difficilement vérifiables par le chercheur. Baser une simple analyse des apprentissages *existentiels*[7], interculturels et relationnels sur ce qu'affirment les étudiants, sans prendre en compte les contradictions, les doutes, les co-constructions, etc. ne semble pas donner une image tout à fait fidèle de la complexité de ces phénomènes. Par conséquent, il paraît essentiel de confronter *ce qui est dit* avec *ce qui est dit plus*

---

[7] Le lecteur se reportera à Dervin (2008b) où nous soulignons les mythes de « l'hypermobilité existentielle » accordés aux mobilités Erasmus à partir de témoignages d'anciens étudiants Erasmus laissés sur le site des vingt ans du programme européen.

tard par la même personne ou à travers des tiers et avec *comment cela est dit.*

La méthode de déconditionnement proposée déstabilise généralement les étudiants de FLA et les stagiaires car elle ne propose aucune recette miracle pour rencontrer l'autre. L'anthropologue norvégien Thomas Hylland Eriksen, dans un chapitre qui cherche à justifier le manque d'intérêt du public pour les écrits anthropologiques, décrit parfaitement le problème que pose le déconditionnement à ceux qui en font l'expérience : « (…) *the reading public is necessarily dismissive of complexity as such, but (...) most readers expect a book to make sense of the complexity and not just leave the job to the reader* » (2006 : 30). Il est clair qu'en matière de rencontres interculturelles, on s'est longtemps concentrés sur des savoirs qui rassurent celui qui doit faire face à un étranger. Le déconditionnement, de son côté, apporte des savoir-faire qui sont transférables à tout contexte de rencontre (inter- comme intraculturel) et utilisables à vie. Les stagiaires qui ont été interviewées dans le cadre de cette étude confirment qu'elles ont dorénavant à leur disposition un certain nombre de ces savoir-faire qu'elles peuvent/ souhaitent utiliser ou non. La liquidité, l'instabilité, la culture comme dynamique, les (co-)constructions identitaires sont des concepts qu'elles pourront désormais proposer, appliquer et examiner dans des contextes professionnels et personnels divers, tout en espérant que les prises de conscience maintes fois exprimées dans l'entretien leur permettent d'aller au-delà d'une vision de ces savoir-faire comme « *mere place-holders, gestures signaling a stance rather than words conveying a meaning* » (Brubaker and Cooper, 2000 : 11).

Bibliographie

Anquetil, M. 2006. *Mobilité Erasmus et communication interculturelle.* Collection Transversales. Bern : Peter Lang.

Augé, M. 2003. *Fictions fin de siècle, suivi de, Que se passe-t-il ? 29 février, 31 mars, 30 avril 2000.* Paris : Fayard.

Barthes, R. 2005. *Empire des signes.* Paris : Points Essais.

Bauman, Z. 1993. *Postmodern ethics.* London : Blackwell Publishing Limited.

Bauman, Z. 2000a. *Liquid modernity.* Cambridge : Polity Press.

Bauman, Z. 2000b. As seen on TV. Communication présentée au colloque *Politeia 2000 - Modern media & social dialogue*. 26.05.2000. www.politeiaconferentie.be/viewpic.php?LAN=E&TABLE=DOCS&ID= 1 13.

Blanchet, A. 1991. *Dire et faire dire, L'entretien*. Paris : Armand Colin.

Brubaker, R. & Cooper, F. 2000. Beyond 'Identity'. *Theory and Society*. 29. 1–47.

Dahlén, T. 1997. *Among the interculturalists An emergent profession and its packaging of knowledge.* Stockholm Studies in Social Anthropology. 38. Stockholm : Stockholm University.

De Féderico de la Rúa, A. à paraître. *Rédes eur peas de amistad y la gestación de nuevas identidades de los jóvenes en Europa.* Madrid : Centro de Investigaciones Sociológicas.

Deleuze, G. 1972. Michel Tournier et le monde sans autrui. Postface in Tournier, M. *Vendredi ou les limbes du pacifique*. Paris : Gallimard, coll. « Folio », 959. 287-283.

Dervin, F. 2006a. Proteophilic competence. In Schützelhofer, B.& Schimek, F. (eds.). *EU-Bildung-2010*. Regionalveranstaltung für Wien, Niederösterreich und Burgenland. 75-112.

Dervin, F. 2006b. Reflections on the Deconditioning of Language Specialists in Finnish Higher Education. In Dervin, F. & Suomela-Salmi, E. (eds.). *Intercultural Communication and Education. Finnish Perspectives*. Bern : Peter Lang. 105-127.

Dervin, F. 2007a. Mascarades estudiantines finlandaises. *Les Langues Modernes*. 1/2007. 27-44.

Dervin, F. 2007b. Temps et identifications vagabondes : le cas des étudiants européens en Finlande. *Migrations Société*. Vol. 19. no 110. 17-31.

Dervin, F. 2007c. Les canulars de l'interculturel : mettre fin à la quasibiologisation. *LMS Lingua*. 4. 25-29.

Dervin, F. 2007d. The Erasmus experience: halcyon days of hypermodernity? In Airas, M & Zenkner, V. (eds.). *Yli rajojen. Erasmus Eurooppalaista korkeakoulutusta rakentamassa*. Center for International Mobility CIMO. Helsinki : Libris Oy. 116-125.

Dervin, F. 2008a. *Métamorphoses identitaires en situation de mobilité*. Turku : The University of Turku Humanoria Annales.

Dervin, F. 2008b. Erasmus 20 ans d'hyper-/hypomobilité existentielle. In Dervin, F. & Ljalikova, A. (éds). *Regards sur les mondes hypermobiles : mythes et réalités*. Paris : L'Harmattan. 225-245.

Dervin, F. à paraître. *Compétence interculturelle et mobilité estudiantine.* Paris : L'Harmattan.

Dervin, F. & Dirba, M. à paraître. Figures of strangeness : blending perspectives from mobile academics. In Byram, M. & Dervin, F. (eds.).

Student, staff and academic mobility in higher education. Cambridge : Cambridge Scholars Press.

Dervin, F. & Johansson, M. 2007. Curriculum en études françaises et constructions identitaires: de la production académique sur les mondes contemporains. In Aden, J. (éd.). *Constructions identitaires et altérité en didactique des Langues*. Paris : Editions le Manuscrit. 135-153.

Dervin, F., Johansson, M., Mutta, M. 2007. Écriture académique: collaboration multimodale et « co-constructions identitaires » en FLA. *Synergies Europe*. 2. 93-109.

Dervin, F. & Rosa, E.L. 2006. *Research on Academic Mobility: An overview, list of researchers and bibliography*. Foreword by Martine Abdallah-Pretceille. Turku : The University of Turku Press.

Dervin, F. & Suomela-Salmi, E. 2007. Solidité et liquidité des stéréotypes d'étudiants universitaires finlandais. In Boyer, H. (éd.). *Stéréotypage, stéréotypes: fonctionnements ordinaires et mises en scène*. Tome 3 : éducation, école, didactique. Paris : l'Harmattan. 65-79.

Ehrenreich, E. 2006. The assistant experience in retrospect and its educational and professional significance in teachers' biographies. In Byram, M. & Anwei, F. (eds.). *Living and study abroad*. Clevedon : Multilingual Matters. 186-209.

Eriksen, T.H. 2006. *Engaging anthropology, the case for a public presence*. Oxford : Berg.

Foucault, M. 1967. *Of Other Spaces, Heterotopias*. http://foucault.info/documents/heteroTopia/foucault.heteroTopia.en.html

Freund, A. 1991. *Journalisme et misinformation*. Paris : La pensée sauvage.

Hannerz, U. 2001. Reflections on Varieties of Culturespeak. *European journal of cultural studies*. 2 (3). 393-407.

Kauffman, J.-C. 2004. *L'invention de soi: une théorie de l'identité*. Paris : Armand Colin.

Lawes, S. & Barbot, M.-J. 2001. The intercultural problems involved in setting up a joint teacher training programme. In Kelly, M., Elliott, I., Fant, L. (eds.). *Third Level, Third Space. Intercultural Communication and Language in European higher Education*. Bern : Peter Lang. 105-117.

Le Breton, D. 2002. *Signes d'identité : Tatouages, piercing et autres marques corporelles*. Paris : Métailié.

Lewellen, T. 2002. *Anthropology of globalization: cultural anthropology enters the 21st century*. Westport : Bergin & Garvey.

Maffesoli, M. 1988. *Le temps des tribus*. Paris : La table ronde.

Mucchieli, A. 1987. *Les motivations*. Paris : Que sais-je ?, PUF.

Murphy-Lejeune, E. 2003. *L'étudiant européen voyageur, un nouvel étranger*. Paris : Didier.

Paganini-Rainaud, G. 1998. *Entre le « très proche » et le « pas assez loin »: différences, proximité et représentation de l'italien en France.* Thèse de doctorat, Paris III.

Papatsiba, V. 2003. *Des étudiants européens: "Erasmus" et l'aventure de l'altérité.* Bern : Peter Lang.

Porcher, L. 2003. *Enseignant, chercheur, expert, Entretiens avec Dominique Groux.* Paris : l'Harmattan.

Saïd, E. 1980. *L'orientalisme, l'Orient créé par l'Occident.* Paris : Seuil.

Sennett, R. 1977. *The Fall of Public Man - On the Social Psychology of Capitalism.* New York : Alfred A. Knopf.

Taajamo, M. 2003. *Erilaisuuden toisenlainen hahmotelma.* Jyväskylä : Koulutuksen tutkimuslaitos.

Urry, J. *Sociology Beyond Societies: Mobilities for Twenty First Century.* Florence, KY : Routledge.

Vasseur, M.-T. 2000. Apprendre à être professeur de langue étrangère dans un pays étranger. Déplacement, imaginaire et réfléxivité. In Zarate, G. (éd.). *Mobilité internationale et formation, Recherche et formation.* Paris : INRP. 45-61.

Annexe: protocole de l'entretien

-Ça va? Vous êtes contentes de votre séjour?

-Commençons par vous demander si vous avez déjà vécu à l'étranger. Combien de temps, quand ? Pourquoi ?

-Pourquoi vous avez choisi la Finlande pour votre stage de M1?

-Vous avez eu des problèmes pendant votre séjour? Si oui lesquels? (dans la vie privée comme professionnelle)

-Qu'est-ce que vous avez appris pendant votre séjour? Au niveau professionnel et personnel?

-Qu'est-ce que vous avez appris sur vous-mêmes?

-Sur les Finlandais? Les Français?

-C'était quoi l'interculturel pour vous avant de venir ici?

-L'interculturel, c'est quoi pour vous maintenant? C'est important? Si oui, pourquoi?

-Est-ce qu'il y a eu un moment où vous avez été confuses à cause de l'approche proposée à Turku? Pourquoi?

-A votre avis, votre expérience et réflexions sur l'interculturel ont-elles eu un impact sur le travail de déconditionnement que vous avez fait avec les apprenants? Pourquoi?

-Qu'est-ce que les cours que vous avez donnés sur l'interculturel vous ont apporté? Est-ce que cela a un impact sur votre façon d'être maintenant? -Vous pouvez me donner un exemple concret, une anecdote qui montre que cela a eu un impact?

-A votre avis, qu'est-ce que les étudiants ont appris dans les cours d'interculturel surtout à partir de vos activités? Etaient-ils satisfaits?
-Qu'est-ce que, vous, vous avez appris à partir des résultats des cours?
-Vous pouvez m'expliquer une de vos séquences chacune et me dire pourquoi vous avez choisi cette séquence? Quels étaient les objectifs et ont-ils été remplis?
-Comment vous avez ressenti votre vie quotidienne à Turku? Ça vous a plu?
Que retiendrez-vous sur la Finlande?
-Si vous aviez fait votre stage en France ou dans un autre pays, qu'est-ce que ça aurait changé?
-Si vous deviez refaire votre stage ou votre séjour Erasmus, qu'est-ce que vous changeriez?
-Vous avez quelque chose à rajouter sur votre séjour à Turku?

FORMER A LA MOBILITE

Mobilité sans conscience… !

Martine Abdallah-Pretceille

Le 15 Décembre 2004, le Parlement européen et le Conseil prenaient une décision relative à la mise en place d'un cadre communautaire unique pour la transparence des qualifications et des compétences (Europass). L'Europass-Mobilité est un document qui consigne les périodes d'apprentissages accomplies dans d'autres pays que le sien. Si l'objectif est bien d'attester d'un parcours européen et de permettre de mieux faire connaître ce qu'a apporté cette expérience, surtout en termes de compétences, il faut noter qu'il est encore bien difficile d'évaluer les aptitudes et les compétences sociales du titulaire et encore plus celles qui sont liées à des expériences interculturelles, pour reprendre les formulations même du texte.

Les objectifs visés (cf. Conseil européen de Lisbonne, 2000) par le développement de la mobilité sont multiples :

- contribuer au développement d'un sentiment d'appartenance et à l'acquisition d'une conscience européenne et à l'élaboration de la citoyenneté européenne ;
- accroître les capacités d'adaptation et d'accès à l'emploi et pour les formateurs et les chercheurs d'enrichir leurs expériences et de renforcer leur compétence (on admirera le flou et l'imprécision de la terminologie) ;
- participer à la création d'un espace européen d'éducation et de formation tout en contribuant à la puissance de l'Europe dans une économie mondialisée.

Il nous revient donc d'analyser l'adéquation des fins et des moyens et d'interroger l'efficacité des mesures et la pertinence des déclarations multiples sur la valeur même de la mobilité.

En parodiant la célèbre formule de Rabelais (1532) « *science sans conscience n'est que ruine de l'âme* », je me propose de démontrer l'importance de la formation comme préalable à l'efficacité de la mobilité académique. On a l'habitude de dire que « *les voyages forment la jeunesse* », ce dicton populaire confond action et formation, outil et objectif.

La mobilité académique s'est largement développée voire banalisée, par contre la formation et les apprentissages y afférents sont rarement évoqués et restent à l'état embryonnaire. La « commercialisation de l'altérité » par le biais de séjours de plus en plus « clés en mains », souvent fortement soutenus par des subventions publiques, négligent la structuration des apprentissages.

En se multipliant, les échanges se sont non seulement diversifiés mais ils se sont aussi complexifiés autant dans leurs objectifs que dans leurs modalités provoquant ainsi des fractures et des interrogations. Associée pendant longtemps aux apprentissages linguistiques, la mobilité s'est élargie aux apprentissages culturels.

Première fracture du fait de la diversification généralisée du tissu social. Rencontrer des Allemands en Allemagne, des Français en France, des Britanniques en Grande Bretagne, « *élémentaire ! Cher Watson !* », mais quelle place est attribuée aux émigrés, aux citoyens européens, aux étrangers… ? Les représentations nationales voire les stéréotypes résistent à l'épreuve de la réalité.

Seconde fracture : les rencontres croissent de manière exponentielle et dépassent largement les possibilités linguistiques de chacun. Les individus ont désormais plus de chances de rencontrer des personnes de cultures et de nationalités différentes sans pouvoir prétendre maîtriser leurs langues, sans pouvoir avoir nécessairement une langue commune. Les enjeux culturels ont désormais largement dépassé les apprentissages linguistiques. Reste dès lors à résoudre la question de la communication en situation de non-partage d'une langue.

Troisième fracture : la connaissance de la langue et de la culture constitue un des objectifs prioritaires étant entendu qu'une meilleure connaissance d'autrui est supposée améliorer la compréhension d'autrui. Cette conception positiviste et rationaliste a été largement invalidée par les faits et la recherche.

En effet, la mobilité comme moyen d'améliorer et de favoriser les relations et les perceptions réciproques s'est banalisée en se démultipliant. Les voyages, les contacts, les rencontres sont considérés comme d'excellents moyens de lutter contre le racisme, la xénophobie, les préjugés. Ce postulat largement partagé par les responsables politiques, les décideurs, les éducateurs mérite, cependant, d'être remis en question.

De nombreuses études ont démontré que les échanges ne réduisent pas systématiquement les stéréotypes et les préjugés. Rien ne prouve que l'expérience du contact suffise à éroder les préjugés. Au contraire, l'expérience sert aussi à renforcer des idées et des représentations fausses au nom du "vécu" ("j'ai vu", "j'y étais"). Il n'est pas rare de revenir d'un voyage avec plus d'idées xénophobes qu'au départ. Il s'est développée une utopie de l'échange et de la rencontre comme remède à la détérioration des relations inter-individuelles ou inter-groupes.

Les chercheurs en sciences sociales ont démontré, depuis longtemps déjà, que les contacts ne suffisent pas à améliorer les relations entre les individus et les groupes. Les violences et les conflits inter-nationaux, inter-ethniques, inter-religieux, etc., passés et présents, contredisent malheureusement, l'utopie du « dialogue interculturel » via les contacts et les échanges.

Dès 1973, C. Tapia a démontré que les contacts quotidiens entre des groupes n'entraînent pas des attitudes et des opinions favorables en l'absence d'interventions ou d'institutions régulatrices. F.S.C Northrop (1946) dénonçait déjà l'illusion qui consiste à croire que l'expérience immédiate fournit une connaissance appropriée. Il insistait, au contraire, sur la nécessité, non pas de vivre en Orient pour connaître l'Orient mais de faire des expériences en oriental. Pour lui, l'étude de la littérature et des textes chinois serait, paradoxalement, suffisante pour connaître la Chine.

Avec E.T. Hall, on s'interrogera sur une croyance qui veut que la prise de conscience entraîne un changement. Ce postulat n'est, en fait, valable que dans des situations très particulières et au contraire, « *dans la situation la plus courante, c'est le comportement qui change, et, quand le comportement change, alors il en résulte une prise de conscience* » (1981 : 306). La question pourrait donc être aussi de savoir quel type de programmes ou d'habitudes il faudrait instaurer pour changer le comportement.

Dès lors, il revient aux chercheurs et aux praticiens d'analyser les conditions d'une éducation à l'altérité et à la diversité susceptibles de sortir la mobilité de son idéologie sirupeuse au sens où la bonne volonté et les bonnes intentions ne suffisent pas pour garantir l'efficacité, intellectuelle et humaine, de l'expérience de la mobilité.

Celle-ci doit être dépoussiérée de certains mythes comme ceux de l'entente, de la spontanéité, de la communication authentique, de la sympathie mutuelle, de l'amitié entre les peuples, de dialogue entre les cultures, car ces mythes ne conduisent qu'à aseptiser les rapports et surtout à les situer dans l'irréel, dans l'ailleurs et non dans le quotidien qui est souvent moins enthousiasmant et moins idyllique. Il ne suffit pas de réunir des individus pour faire un groupe, encore moins de les obliger à se côtoyer pour s'accepter.

Dès lors, comment situer les apprentissages cognitifs par rapport aux autres apprentissages expérientiels, anthropologiques, psychosociologiques, affectifs ? On pourrait allonger la liste des questionnements.

1. La Mondialisation toujours et encore

La pluralité et l'hétérogénéité des mondes contemporains imposent et exigent d'apprendre à vivre la multiplicité des appartenances et des références sur le mode de la complémentarité et de la continuité. On se trouve de fait devant une réalité sociale polychrome, labile et mouvante qui conduit à reconnaître que « *rencontrer un homme, c'est être tenu en éveil par une énigme* » pour reprendre une formule d'Emmanuel Lévinas.

De manière différente mais dans le même esprit, Edouard Glissant (1996 : 71-72) « *réclame pour tous le droit à l'opacité. Il ne m'est plus nécessaire de « comprendre » l'autre, c'est-à-dire de le réduire au modèle de ma propre transparence, pour vivre avec cet autre ou construire avec lui. Le droit à l'opacité serait de nos jours le signe le plus évident de la non-barbarie* ».

La mondialisation c'est aussi cette dynamique en émergence, que les uns ne voient pas, que d'autres ne veulent pas voir, que d'autres encore rejettent. Quel que soit le critère de définition du groupe ou du système, il s'avère que le cadre national, groupal, culturel, ethnique est dépassé. La mondialisation, les échanges, les transgressions, les métissages réduisent à néant les logiques d'enclosure. C'est donc davantage vers une recherche de traces, d'indices dispersés à travers les espaces que devraient porter le regard et l'analyse.

Le métissage n'est pas une conséquence, un aboutissement, aimé par les uns ou rejeté par les autres, mais la source même, le point origine qui rend caduque toute tentative de connaissance des cultures, des groupes en tant qu'entités homogènes, claires et transparentes.

Le « baroque culturel » est, en quelque sorte, une invitation à sortir du piège identitaire. Métissage, créolisation, baroque culturel, autant d'expressions qui marquent la nécessité de sortir d'une pensée de système au profit d'une interprétation ouverte et plurielle.

À partir des années 80, on considère qu'il est de plus en plus difficile d'opérer un classement des individus d'une société et d'une culture. Le principe même d'une division s'estompe au profit d'une conception plus nébuleuse à partir de notions comme celles de « mosaïques de tribus », de réseaux de sociabilités, de groupes structurés autour de valeurs. Les frontières entre les catégories sociales traditionnelles s'effacent au profit de clivages plus labiles, plus changeants et provisoires. Les sociétés et les cultures sont davantage marquées par la variation qui se traduit par des modélisations moins strictes, moins hiérarchiques et multi-critériées. L'apprentissage de la bigarrure et de la variation s'impose à la connaissance de l'espace et du temps.

Cette évolution se traduit dans tous les domaines de la société y compris dans l'expression artistique et théâtrale. Ainsi, par exemple, « *Le metteur en scène, d'Ariane Mnouchkine à Antoine Vitez, qui intègre des accents étrangers dans la langue cesse de l'assimiler à l'expression inaltérable de l'identité nationale ; en l'ouvrant à un autre univers sonore, il met en cause le « Un » au profit du « Double », voire même du « Multiple ». Sur la scène, on n'entend plus le parler de la nation seulement, mais celui de la ville, ville désormais cosmopolite* » (Banu, 1997 : 108). Acteurs d'origine culturelle et ethnique, accents linguistiques et intonations de plus en plus ouverts, emprunts musicaux… autant de signes d'une ouverture du théâtre au cosmopolitisme, autre forme de dénomination de la mondialisation. Que ce soit par le biais du texte énoncé en plusieurs langues ou l'association de plusieurs modes d'expressions issus de supports et de cultures différents, l'ensemble des productions artistiques s'appuient sur de nouvelles dimensions spatio-temporelles. Le monde, le « *chaos-monde* » (image d'Edouard Glissant) est devenu le lieu d'expression du singulier.

2. Le monde comme champ d'exploration de soi et des autres

L'intérêt de la mobilité réside aussi dans le fait qu'elle permet de vivre une altérité exponentielle. En effet, dans les rencontres, l'altérité est vécue de manière plus forte et parfois plus spectaculaire. Cette situation peut favoriser des apprentissages qui sont noyés et banalisés dans le quotidien et l'environnement proche. Par cette rencontre d'autrui, la mobilité participe à la construction identitaire. C'est à travers la dynamique des groupes bi- ou plurinationaux, que J.R. Ladmiral et E.M. Lipiansky (1989) ont étudié, non les interactions linguistiques mais les stratégies identitaires et les mécanismes de défense (projection, clivage, dénégation, idéalisation...) ainsi que la place de l'identité nationale dans les rencontres. Les identités, y compris les identités dites culturelles, ne se définissent plus dans une perspective d'identification et de catégorisation mais dans un permanent jeu de miroirs.

Cette approche de l'altérité suppose non seulement une préparation cognitive, émotionnelle et affective mais s'appuie sur la reconnaissance de soi. Il ne s'agit pas de se perdre dans l'étrangéité d'autrui, de se fondre ni de se confondre. Victor Segalen (1978 : 38) insistait lui aussi sur cette exigence. Pour lui, « *ne peuvent sentir la Différence que ceux qui possèdent une Individualité forte (...). Que ceux-là goûteront pleinement l'admirable sensation, qui sentiront ce qu'ils sont et ce qu'ils ne sont pas. L'exotisme n'est donc pas cet état kaléidoscopique du touriste et du médiocre spectateur, mais la réaction vive et curieuse au choc d'une individualité forte contre une objectivité dont elle perçoit et déguste la distance. Les sensations d'Exotisme et d'Individualisme sont complémentaires* » (*Ibid.*).

Le savoir n'est pas séparable d'un travail sur soi. La devise gravée sur le fronton du temple d'Apollon « *Connais-toi toi-même* », reprise indéfiniment depuis par de nombreux philosophes est toujours d'actualité. Propos à forte connotation philosophique mais qui rend cependant bien compte de la spécificité de la démarche interculturelle et de la mesure des enjeux.

Comprendre l'autre, à ne pas confondre avec, connaître l'autre, ne relève pas d'une simple projection de sens sur un objet ou un phénomène mais exige un travail sur soi, sur son expérience afin d'éviter toute tautologie expérientielle. Comprendre, ce n'est pas accumuler des informations mais c'est opérer un mouvement, de soi vers soi mais aussi de soi vers autrui, en privilégiant la méthode synthétique, en ne s'enfermant pas dans l'analyse segmentaire et en prenant en compte le contexte.

En référence à Socrate, Epictète (1995 : 64) écrivait déjà « *quand on nous demande d'où nous sommes, ne répondons jamais d'Athènes ou de Corinthe, mais toujours de l'univers. Pourquoi parler d'Athènes, et non tout simplement du coin de terre où, à ta naissance, fut jeté ton humble corps* ». Par delà, les temps et les lieux, l'exigence d'universalité se confond avec la reconnaissance de la singularité. D'Epictète à Oscar Wilde puis à Henry Miller, en passant par de nombreux autres auteurs, c'est toujours le même constat.

C'est le même lien, le même fil qui tisse le monde. Oscar Wilde (1891/1997 : 85), lui-même, invite celui qui souhaite admirer un effet japonais à ne pas partir pour Tokyo comme simple touriste mais à « *rester ici, à s'absorber dans l'étude de certains artistes nippons, puis quand vous serez pénétré de leur style et que vous aurez adopté leur mode imaginaire de vision, d'allez un après-midi vous asseoir dans le parc ou de faire un tour à Piccadilly ; si vous n'y découvrez pas un effet parfaitement japonais, vous n'en trouverez nulle autre part* ». C'est la même idée que formule Henry Miller (1956 : 14) quand il évoque l'effet de mélange que produisent sur lui l'art et la littérature japonaise: « *Tantôt j'ai le sentiment que ce que je lis se déroule sur une autre planète, et parle d'une espèce qui vient d'être découverte. Tantôt, j'éprouve le même sentiment que j'ai eu avec la Chine : que tout cela m'est connu, que ce que je vois, entends, ressens est l'expression même de l'homme originel, la plus humaine qui soit, la plus universelle de toutes les races de la terre* ».

3. L'illusion linguistique

Le thème de la langue est un thème récurrent dans une perspective de mondialisation et d'internationalisation du quotidien. Du paradoxe de Jacques Derrida (1996 : 21) qui s'appuie sur deux propositions : « Proposition 1. *On ne parle jamais qu'une seule langue*. Proposition 2. *On ne parle jamais une seule langue* ».

En ce sens, on peut s'interroger sur la place et le rôle du plurilinguisme dans l'apprentissage du divers et la rencontre de l'Autre. Auteur d'un remarquable ouvrage sur « une poétique du divers », Edouard Glissant (1996 : 40), écrivain objectivement résolument monolingue, insiste sur le fait que « *nous écrivons en présence de toutes les langues du monde, même si nous n'en connaissons aucune* ». Il précise qu'il est « *imprégné, poétiquement imprégné de cette nécessité* » alors même qu'il a une « *difficulté terrible à parler une autre langue que celles dont il use* (le créole et le français). *Mais écrire en présence de toutes les langues du monde ne veut pas dire connaître toutes les langues du monde. Ca veut dire que dans le contexte actuel des littératures et du rapport de la poétique au chaos-monde, je ne peux plus écrire de manière monolingue. C'est-à-dire que ma langue, je la déporte et la bouscule non pas dans des synthèses, mais dans des ouvertures linguistiques qui me permettent de concevoir les rapports des langues entre elles aujourd'hui sur la surface de la terre-rapports de domination, de connivence, d'absorption, d'oppression, d'érosion, de tangence, etc., comme le fait d'un immense drame, d'une immense tragédie dont ma propre langue ne peut pas être exempte et sauve. Et par conséquent je ne peux pas écrire ma langue de manière* monolingue » (*Ibid.*).

Edouard Glissant rejoint ici Kafka qui mentionnait dans son journal qu'il parlait toutes les langues mais en yiddish (1981 : 207). Formule, reprise sous une autre forme par Abdelkebir Khatibi (1983 : 179) qui développe une théorie sur la bi-langue en disant que « *la langue 'maternelle' est à l'œuvre dans la langue étrangère. De l'une à l'autre se déroule une traduction permanente et un entretien en abyme, extrêmement difficile à mettre au jour (...) où se dessine la violence du texte, sinon dans ce chiasme, cette intersection, à vrai dire irréconciliable ?* ».

Pour Abdelhaï Diouri (1987 : 63), toute langue est aussi bilingue : « *dans « bi-langue », le « bi » est un « préfixe issu du latin, bis, deux fois ». Cela veut dire qu'il ne s'agit pas d'un chiffre pluriel qu'on peut obtenir par simple addition d'un élément à un autre et qu'on peut décomposer par différence et soustraction ou division. Deux fois (une langue) évoque plusieurs questions: deux fois la même langue ou deux langues différentes? Deux fois la/les langues en même temps et même lieu ou séparément, successivement? La première est-elle pareille à la deuxième, n'y ajoute ni n'en retranche rien ou le contraire? Ce que sous-tend le « bi » de « bi-langue », c'est la question du double et tout le jeu complexe de ses doubles, de la copie, de l'original et de l'effacement* » (*Ibid.*).

Le multilinguisme ne se définit donc plus comme une pratique de plusieurs langues, il « *ne suppose pas la coexistence des langues ni la connaissance de plusieurs langues mais la présence des langues du monde dans la pratique de la sienne* » (*Ibid.*).

Au-delà des mots, au-delà des langues, c'est donc la communication qui est en jeu, une communication entre des altérités universelles et singulières qui suppose une personnalisation des signes linguistiques. « *La langue est une fatalité, les langues sont une fatalité; le discours est, en principe, un acte de liberté. Quelle que soit la langue que vous parliez, veillez bien au choix du discours que vous tenez. Parlez la langue de vos parents, de vos voisins (vous ne pouvez d'ailleurs pas faire autrement), mais construisez votre propre discours. Que votre discours n'appartienne qu'à vous, à chacun de vous. Le véritable débat n'est pas entre les langues, mais entre les discours* » (Kilito, 1987 : 89).

Rencontrer autrui, ce n'est pas seulement utiliser "ses mots". Au delà du linguistique, il est nécessaire de développer d'autres compétences : aptitude à l'empathie, à la communication, à la négociation inter-groupale, à la relation... compétences sans lesquelles tout apprentissage linguistique risque d'être réduit à une mécanique. La connaissance d'une langue peut, paradoxalement, occulter la rencontre de l'Autre et développer une forme de psittacisme social, d'autisme social policé et généralisé.

La mondialisation du quotidien et les enjeux internationaux font exploser la bijection langues-séjours au profit d'un élargissement et d'un approfondissement des objectifs au bénéfice de l'idée de rencontre, de solidarité, de coopération, de participation.

4. Quelle formation ?

Participer à des échanges et promouvoir le travail en coopération sont les formes les plus souvent avancées dans les différents programmes. Or, l'expérience n'est un vecteur de formation que si elle est analysée à partir de savoirs. Des travaux (cf. Tapia, 1973), trop souvent oubliés, ont largement démontré que les contacts ne suffisaient pas pour garantir une meilleure connaissance et une meilleure acceptation d'autrui.

La valeur formative de la mobilité ne dépend pas de la seule spontanéité des organisateurs et de leur engagement, souvent important, mais d'un travail de formation sur les plans cognitif, émotionnel et psycho-sociologique. Il nous faudra admettre un jour, que les séjours organisés à grands frais pour le contribuable français et européen, n'ont de valeur qu'intégrer dans un programme de formation (programme trop souvent confondu avec actions et activités de formation), structuré et finalisé.

La relation trop facilement admise entre multiplication des contacts et amélioration des attitudes et des relations inter-groupes, inter-ethniques, inter-nationales ne prend pas assez en compte le fait que l'attitude à l'égard d'une personne ou d'un groupe dépend aussi très largement des idées couramment admises. Cette survalorisation du contact relève d'une posture dogmatique que ni l'expérience, ni la recherche ne corroborent.

Le contact n'a pas de valeur intrinsèque. L'expérience et le vécu n'ont de valeur que dans l'apprentissage de la distanciation et de la critique. En effet, l'argument du vécu sert trop souvent de caution à une réflexion partiale souvent entachée d'émotion, d'affectivité et de passion.

L'éducation relève et relèvera toujours d'un travail de réflexion, de distanciation, d'intégration dans un savoir plus large. Le vécu n'a de sens que s'il est analysé et inscrit dans un réseau de connaissances. « *Savoir et interpréter ont des centres de gravité différents ; il existe des choses qui sont visibles, et d'autres qui sont cachées. Aussi la relation entre elles n'est-elle pas « ou bien, ou bien », elle est « non seulement, mais encore* ». Ernst Jünger (1963 : 36), dans *Le Mur du temps*, pose le principe d'une pensée qui sort de la dichotomie et du mode binaire.

Parmi les nombreux points qui peuvent ou pourraient être envisagés, on proposera :

4.1. « L'ironie, pensée de l'universel »

Parmi les obstacles à la compréhension mutuelle, on trouve l'incapacité à se placer du point de vue d'autrui, à poser sur soi et son groupe, un regard extérieur. L'aptitude à la décentration n'est pas innée, elle nécessite un apprentissage systématisé et objectivé. Wittgenstein (2002) explique lui-même, qu'une des méthodes dont il se sert le plus est de se représenter le développement historique des idées autrement qu'elles ne sont en réalité. Ces généalogies fictives autorisent, selon lui, un changement de point de vue. Aux explications causales, Wittgenstein substitue « *la présentation synoptique* » qui permet de voir les maillons intermédiaires et les relations. L'obligation de décentration est une des conditions d'appropriation de l'étrangéité et du changement.

Parmi la batterie de méthodes possibles, on trouve (ou devrait retrouver) l'ironie car, pour reprendre un propos de V. Jankélévitch (1964 : 182) « *quiconque est sourd au chuchotement de l'ironie se condamne au dogmatisme stationnaire et à l'engourdissement béat* ». L'ironie est un des meilleurs remparts à toute réification. Postures d'énonciation, l'ironie et l'humour ne sont pas inhérents aux situations ou aux personnes, ce ne sont que des constructions qui s'appuient sur l'obliquité, la dissymétrie et la mise en scène de la langue et de la pensée. L'ironie a le caractère formateur du passage par une attitude surplombante, et d'une distance critique. La nature sociale de l'ironie autorise à travailler sur les rapports de pouvoir, toujours impliqués dans des questions culturelles. Apanage des dominants pour les uns, ruse du faible pour les dominés, ou encore production généralisée de différenciation, l'ironie se joue des mots, des êtres et des choses, elle incite donc à la pluralisation du sens et introduit dans notre savoir, pour reprendre les propos de V. Jankélévitch (1964 : 21) « *le relief et l'échelonnement de la perspective* ».

L'ironie et l'humour ont une valeur interrogative qui leur confère une dimension méthodologique dans le cadre de la formation. La perception oblique, le détour cassent les certitudes et les fausses évidences et autorisent une mise en perspective créatrice. Et c'est dans cette distance que le pluriel s'insinue par opposition au monisme et à l'homogène. L'ironie permet le détachement et la disjonction d'éléments qui seraient perçus comme un bloc, elle pluralise le sens et brise les dogmatismes. À partir d'un détail, d'un point, d'un indice, l'écart se creuse et, en ce sens, « *l'ironie est la pensée de l'universel* » (Jankélévitch, 1964 : 161) car elle ne reste pas engluée dans le détail et le singulier. En cultivant le retrait, elle favorise le doute et l'émergence d'un autre regard, d'un autre point de vue. La dérision trouble la cohérence des systèmes.

L'ironie et l'humour en tant que figures de pensée s'opposent à toutes les logiques porteuses de la radicalité du sens. Depuis quelques années, on assiste à une évolution paradoxale, d'un côté une omniprésence de l'humour et de l'ironie dans le monde du spectacle, dans la publicité, dans les titres de certains journaux et d'un autre, le développement de l'esprit de sérieux voire de normalisation (cf. « pensée unique ») dans les discours pédagogiques, politiques et autres. « *L'humour n'est pas une humeur, c'est une vision du monde* » disait Wittgenstein (2002 : 150), c'est d'ailleurs ce qui explique son absence voire son interdiction dans toutes les formes de totalitarisme, de dogmatisme et d'intégrisme.

4.2. De l'usage et des limites de la comparaison

Les termes de la comparaison ne peuvent pas, pour toutes les raisons évoquées, transcrire la réalité des faits empiriques, mais seulement des systèmes de rapports que le chercheur établit et construit en tant qu'hypothèses. En ce sens, la comparaison n'a qu'une valeur heuristique. Elle n'est ni descriptive, ni prédictive, ni explicative.

La mobilité est trop souvent l'occasion de pointer les différences au détriment des ressemblances. Outre les dérives déjà mentionnées, cette approche n'est pas intellectuellement riche. Elle reste extérieure à l'objet. Elle est exotique dans le sens, où elle pointe les différences en les mettant hors contexte, comme les pièces d'un musée. En effet, il suffit d'un simple constat pour cerner les différences, alors que les ressemblances exigent une démarche d'investigation. Appréhender une culture, c'est dépasser une vision parcellaire, réduite à l'énumération de faits culturels, à une collection de rites, de mythes et de pratiques. Il faut au contraire s'engager à dépasser la connaissance mosaïque pour rechercher une cohérence et des points communs. Alors que les différences sont des données, les ressemblances sont le fruit d'une construction, d'une opération cognitive afin de dépasser le niveau du détail, de l'intuition et de la subjectivité.

Selon E. Jünger (1963 : 81), « *la pure comparaison crée des relations, non des mesures. Le problème demeure, de l'unité interne des multiples phénomènes et déroulements, par-delà la ressemblance. La ressemblance n'est pas seulement un inépuisable champ d'interprétations, elle indique aussi l'inépuisable interprétation, la création.* ». Dans la mesure où la comparaison permet la mise en évidence de spécificités par contraste et mise à distance, elle est aussi à travers la recherche de particularismes une recherche identitaire. Cette instrumentalisation de la comparaison remet en cause sa validité comme instrument de connaissance et de compréhension générale. « *La conséquence que nous voulons tirer de la ressemblance des événements est mal sûre, d'autant qu'ils sont toujours dissemblables : il n'est aucune qualité si universelle en cette image des choses que la diversité et la variété* », disait déjà Montaigne (1965 : 353).

Les critères de la comparaison ne sont pas toujours ni explicites, ni explicités. De même que sont rarement indiqués les aspects sous lesquels les phénomènes ont été rapprochés. C'est d'une certaine manière, ce que Musil appelait « *le débordement de l'imprécision lyrique sur les terres de la raison* » (Musil, cité par J. Bouveresse, 1999 : 58).

Le contexte, les dimensions diachronique et synchronique sont souvent étouffés au profit d'une exacerbation des contrastes, des oppositions et d'une sous-estimation des convergences, des emprunts, des transferts. De même, le système de références, celui de l'observateur, celui de l'énonciateur de la comparaison est oblitéré au profit d'un vacuum érigé implicitement en universel. Les comparaisons sont plus souvent l'occasion de transfert culturel, conscient ou inconscient, plus que d'investigations épistémologiquement et méthodologiquement pertinentes. L'existence même de catégories et de critères définissant la dimension de la comparaison présuppose autant l'existence d'universaux que l'équivalence des processus et traits étudiés.

Toute comparaison n'a de valeur que comme mise en perspective. La comparaison est en fait un cheminement permanent entre eux et nous, entre là-bas et ici, entre le proche et le lointain, dans un processus d'aller et de retour, ou plus exactement, pour reprendre une formule de F. Jullien (1995), entre détours et retours.

4.3. Civilisation/culture(s), aller et retour

La reconnaissance un peu tardive de la variable culturelle au sens anthropologique du terme a quelque peu éludé l'importance d'une culture générale élargie à la dimension européenne et internationale. Si la connaissance des règles de savoir-vivre peut favoriser une négociation commerciale, la connaissance académique européenne et internationale ne saurait être négligée, connaissance académique ancrée dans le passé, certes mais aussi dans la modernité et le monde contemporain. Savoir évoquer quelques œuvres littéraires, picturales, architecturales, connaître les principaux événements historiques et politiques, être capable de situer géographiquement les principaux lieux, en bref avoir une culture académique minimale devrait relever de la panoplie de tous ceux qui veulent et doivent travailler dans un cadre international.

La culture, au sens académique du terme est un outil stratégique pour une entreprise. Les connaissances techniques et professionnelles ne sont plus suffisantes pour conduire des négociations internationales et travailler dans l'international. De plus en plus, les entreprises organisent des stages de formation continue dans des domaines comme la littérature, les arts, l'histoire. Les formations littéraires, humaines et sociales des universités pourraient trouver dans cette perspective un renouveau nécessaire et indispensable à condition d'opérer un virage méthodologique et pédagogique afin de s'adapter à des publics non universitaires et de nouvelles demandes. L'investissement des universitaires dans la formation continue reste encore trop marginal alors qu'elle représente des potentialités considérables. D'ailleurs, l'augmentation de centres privés spécialisés dans ce domaine traduit bien l'existence de besoins. Posséder une vision globale du monde qui les entoure, comprendre les mutations sociales et humaines en cours sont des éléments indispensables à tout acteur engagé dans la vie sociale et économique, mais aussi éducative. Pour comprendre un monde de plus en plus complexe, les hommes d'entreprise ont besoin de redécouvrir l'histoire, la géographie, la sociologie, la philosophie, la littérature non seulement de leur pays mais aussi des autres pays. L'objectif n'est pas une accumulation de savoirs mais la disponibilité et l'ouverture à d'autres questionnements. L'opérationnalité d'une formation professionnelle ne passe plus par une focalisation sur des compétences strictement professionnelles.

Les Sciences Humaines et Sociales ont pendant longtemps écarté la littérature de leurs investigations comme si les deux acceptions du mot « culture » étaient exclusives l'une de l'autre. Or, le retour du sujet, la valeur accordée à l'étude des représentations, le recours à la compréhension, la reconnaissance de la pluralité des points de vue et d'une certaine forme de relativisme méthodologique constituent autant de raisons qui justifient le retour du texte littéraire comme témoignage de l'expérience individuelle et collective. La littérature est le lieu privilégié de l'expérience et de l'apprentissage de l'altérité et du divers[1].

« *La littérature, support électroscope, frémit et enregistre plus vite les frissons de la sensibilité collective* ». Cette formule de l'historien M. Vovelle (1982 : 49) autorise, en ce sens, l'inscription de la littérature dans la lignée des supports d'investigation. L'objectif est de pointer le général à partir du particulier. Certes, cette méthode d'investigation ne peut prétendre à une représentativité statistique mais elle permet, cependant, d'appréhender des faits et des événements à travers une profondeur subjective qui leur rend, dans le même temps, leur dimension proprement humaine. En outre, si le romancier s'arrête plus volontiers sur le singulier, l'original et le marginal alors que « *les monographies d'ethnologues ressemblent*, selon J. Meunier (1987 : 53), *à une partition musicale sans silences, sans altérations ni contre-chants* », il ne faut y voir une occasion supplémentaire de se prémunir de l'illusion réaliste.

Que ce soit au nom de l'expérience intime de l'étrangéité et de l'altérité, de la projection de visions personnelles ou collectives, de la volonté de sortir des risques d'enfermement liés aux descriptions ethnographiques, la littérature constitue une opportunité unique. Après avoir évacué l'imaginaire au nom de la scientificité, c'est au nom de la rigueur que l'imaginaire retrouve, par la médiation de la littérature, ses lettres de noblesse. Alors que la rigueur s'est desséchée au nom de l'objectivité, le sujet implose et ne peut être

[1] Cf. chapitre « L'expérience de l'altérité et de la diversité culturelle dans leurs rapports à la littérature » in Abdallah-Pretceille, M. & Porcher, L. (1996/2001).

cerné « en toute rigueur » que si l'on fait appel à la fluidité de l'imaginaire.

Bibliographie

Abdallah-Pretceille, M. & Porcher, L. 1996. *Education et communication interculturelle*. 2ème éd 2001. Paris : PUF.

Banu, G. 1997. L'étranger ou le théâtre enrichi. In Hébert, C. & Perelli-Contos, I. (dir.). *Théâtre, multidisciplinarité et multiculturalisme*. Québec : Nuit Blanche Editeur. 51-53.

Derrida, J. 1996. *Le monolinguisme de l'autre*. Paris : Galilée.

Diouri, A. 1987. Traité de l'intraitable. In *Imaginaires de l'autre. Khatibi et la mémoire littéraire*. Paris : L'Harmattan.

Epictète: 1995. *Ce qui dépend de nous*. Paris : Ed. Arléa

Glissant, E. 1996. *Introduction à une poétique du divers*. Paris : Gallimard.

Hall, E.T. 1981. Entretien avec Martha Davis. In Winkin, Y. (textes recueillis et présentés par). *La nouvelle communication*. Paris : Seuil. 304-318.

Jankélévitch, V. 1936/1964. *L'ironie*. Paris : Flammarion.

Jullien, F. 1995. *Le détour et l'accès. Stratégies du sens en Chine, en Grèce*. Paris : Grasset.

Jünger, E. 1963. Le mur du temps. Paris : Gallimard.

Kafka, F. 1981. *Journal*. (Traduit et présenté par M. Robert). Paris : Grasset.

Khabiti, A. 1983. *Maghreb pluriel*. Paris : Denoël.

Kilito, A. 1987. La langue des sirènes. In *Imaginaires de l'autre*. Paris : L'Harmattan. 89-99.

Ladmiral, J.-R. & Lipiansky, E.M. 1989. *La communication interculturelle*. Paris : Armand Colin.

Meunier, J. 1987. Le monocle de Joseph Conrad. Paris : Ed. de la Découverte.

Miller, H. 1956/1994. Préface. In Tanizaki, J. *Deux amours cruelles*. Paris : Stock.

Montaigne, M. de 1588/1965. *Essais*. Paris : Ed. Gallimard.

Northrop, F.S.C. 1946. *The meeting of East and West*. New York : Macmillan.

Bouveresse, J. 1999. *Prodiges et vertiges de l'analogie*. Paris : Raisons d'agir Editions.

Segalen, V. 1978. *Essai sur l'exotisme*. Paris : Fata Morgana.

Tapia, C. 1973. Contacts interculturels dans un quartier de Paris. *Cahiers internationaux de sociologie*. Vol. LIV. 127-138.

Vovelle, M. 1982. *Idéologies et mentalités*. Paris : F. Maspéro.
Wilde, O. 1891/1997. *Intentions*. Paris : Stock.
Wittgenstein, L. 1984/2002. *Remarques mêlées*. Paris : Flammarion.

Apprendre à être étranger : des parcours de formation interculturelle pour les étudiants de mobilité

Mathilde Anquetil

Le programme Erasmus a longtemps représenté le volet humaniste du projet européen par rapport à la construction technocratique d'une union économique : un espace concret de libre circulation des personnes et des idées dans une Europe réconciliée. Avec l'adoption d'un processus d'unification politique et dans un contexte de concurrence économique aiguë, Erasmus s'est chargé d'une mission éducative plus exigeante, au sein d'un plus vaste projet, celui du programme Socrates, comme action pour la construction de l'Europe selon le modèle de la société cognitive, en réponse aux défis de la mondialisation de l'économie.

Mais on s'aperçoit actuellement que la seule mobilité n'apporte pas toujours tous les effets escomptés. Les étudiants reviennent du séjour, certainement déniaisés sur le plan personnel, ils ont pris conscience des dimensions internationales du monde contemporain, ils ont abandonné un ethnocentrisme primaire et acquis une autonomie salutaire par rapport au milieu d'origine. La plupart ont appris à s'adapter, dans le sens d'« accepter les autres comme ils sont », ont passé quelques examens en se pliant au système, ont su profiter des ressources touristiques du territoire, ont noué des amitiés internationales. Des objectifs de flexibilité opérationnelle, transférables pour promouvoir l'employabilité des sujets, sont atteints. Mais si l'on assigne au programme la mission d'insuffler les bases d'une citoyenneté européenne active par la participation à la construction d'un espace identitaire tiers, où le pluriculturel signifie plus qu'une cohabitation respectueuse, les résultats restent au-dessous des investissements (Papatsiba, 2003).

Les bilans mettent en relief les déficits de l'éducation communicative et culturelle des sujets si l'on confie ce soin à la seule expérience du dépaysement. Des mesures sont alors mises en place pour soutenir les étudiants dans leurs démarches d'intégration. Ainsi naît un nouveau terrain d'intervention sociale d'accompagnement de la mobilité, mais l'approche retenue s'inspire souvent de démarches d'assistance pour des sujets réputés « en difficulté » par rapport au milieu d'accueil. Or sur le terrain de l'immigration, de nouveaux concepts ont été forgés pour promouvoir l'interaction entre sujets d'origines culturelles différentes, comme communication interculturelle enrichissante pour les deux parties, abandonnant l'objectif d'assimiler l'étranger dans le groupe dominant, ou de le cantonner à un rôle d'hôte temporaire. Ces conceptions ont insufflé un renouvellement dans la didactique des langues étrangères, et s'imposent aujourd'hui comme références majeures pour la définition des finalités des échanges culturels.

Le programme Erasmus a été perçu par les universités comme dispositif d'internationalisation de l'enseignement disciplinaire, garantissant à tous la possibilité de faire l'expérience de l'universalité des savoirs. Les objectifs de formation personnelle et sociale ont longtemps été tenus à l'écart de l'enceinte académique et délégués à la socialisation dans le milieu informe. Notre hypothèse est que l'université peut contribuer à cette éducation citoyenne si elle organise un raccord entre la formation expérientielle et la démarche réflexive caractéristique de l'enseignement supérieur. Outre la qualification des compétences des étudiants, l'université produit aussi des connaissances sur ce domaine et devient un sujet en mesure de dialoguer avec les politiques culturelles en provenance des institutions européennes, un sujet caractérisé par sa participation à un idéal humaniste qui ne se départit pas de son esprit critique face aux risques d'idéologisation des initiatives politiques conditionnées par le contexte économique.

Dans le cadre de l'école doctorale *Politica, Educazione e Formazione Linguistico-Culturale* de l'Université de Macerata, il nous a été permis de réunir les conditions d'une recherche-action sur ce thème en proposant aux étudiants Erasmus un module de formation universitaire intitulé « *Mobilité Erasmus et Communication Interculturelle* ». Nous présenterons ici plus particulièrement l'intervention didactique expérimentée à cette occasion.

1. Apprendre à être un étranger

Passée la frontière, on devient automatiquement un étranger. Pourquoi alors synthétiser l'objectif de notre dispositif sous le titre "Apprendre à être un étranger". C'est que le parcours prévu repose sur une certaine conception du rôle de l'étudiant Erasmus en tant qu'étranger dans le milieu social d'accueil, ainsi que du rapport à l'étranger que nous souhaitons promouvoir. Aussi commencerons-nous par exposer comment nous concevons la participation sociale de l'étudiant de mobilité, ces principes directeurs structurant la formation mise en place.

Si l'on analyse l'étudiant Erasmus selon les deux axes fondamentaux proposés par Lesley Harman (1988) dans *The Modern Stranger*: proximité et orientation participative *(membership orientation)*, on peut penser de prime abord, que le degré d'étrangeté de l'étudiant Erasmus est assez réduit. D'une part, il est assez proche des étudiants locaux, aussi bien d'un point de vue spatial, social que culturel, puisqu'en tant qu'Européen, il appartient à un territoire en voie d'unification politique, appartenant à la même aire culturelle fondée sur un patrimoine commun, et qu'il provient de couches sociales de structure globalement similaire, le rapprochement étant encore renforcé par l'appartenance à une culture générationnelle dont on connaît le caractère planétaire. D'autre part, le statut Erasmus lui assure en principe un droit de participation égalitaire dans la structure universitaire où "il n'a qu'à s'intégrer" au même titre que les locaux, une fois que la bourse lui a permis d'affronter le voyage. L'essentiel du soutien institutionnel est en effet constitué par l'aide monétaire qui permet le déplacement physique des étudiants.

Mais alors, pourquoi si peu de contacts s'établissent-ils avec les étudiants locaux ? Pourquoi les étudiants étrangers tendent-ils à se réfugier dans une "bulle Erasmus" ? Les études (Papatsiba, 2003) montrent que l'éducation interculturelle déléguée à la seule expérience du séjour reste déficitaire vis-à-vis de ses potentialités. Une analyse plus fine du statut d'étranger de l'étudiant Erasmus nous amène à renverser les termes sur les deux axes de l'étrangeté, tout en posant les conditions d'une intervention sociale.

Tout d'abord, *l'anthropologie du proche* (Lévy, 1989), mais aussi Freud (1929), nous apprennent combien la proximité est le règne de l'hypostasie, voire de la haine, de la petite différence. Il est donc dangereux de laisser au champ social le loisir de gérer sans médiation les jeux d'affrontement d'identités. Nous avons observé que le séjour Erasmus peut très bien devenir l'occasion d'un renforcement des stéréotypes nationaux. D'autre part, une intervention reposant sur des appels réitérés aux valeurs du respect et de la tolérance finit par congeler l'approche de l'altérité dans une attitude "*interculturally correct*", tandis que les spécialistes de l'éducation interculturelle européenne, comme en particulier le groupe de *l'Office Franco-Allemand pour la Jeunesse* (OFAJ), ont insisté sur la nécessité de thématiser la différence (Müller, 1996), et d'en faire l'occasion d'une approche comparative. Dans le cadre de la construction d'une citoyenneté européenne, la réserve diplomatique ne joue pas dans le sens de la construction active d'un espace culturel qui n'est pas une somme respectueuse de diversités mais un processus d'acculturation réciproque. Trop souvent encore on présente aux étudiants le modèle de l'adaptation et de la flexibilité pour faciliter une intégration dans le milieu étranger qui tend à se rapprocher du mimétisme. Tandis qu'il s'agit de part et d'autre de se confronter sur les différences et donc d'en approfondir l'étude ; il s'agit de s'exposer au risque d'une vraie rencontre qui bouleverse, dont on sortira métissé.

Par ailleurs, la sociologie des conditions modernes de l'étrangeté et de la familiarité (Harman, 1988) propose des paradigmes adaptés aux changements sociaux contemporains pour repenser la participation sociale au sein des sociétés devenues multiculturelles. La sociologie de la métropole américaine a ainsi forgé le concept de *modern stranger* (Murphy-Lejeune, 2003) qui concerne la condition de la majorité des populations urbaines déplacées éprouvant fortement un sentiment de perte d'authenticité dans leur insertion sociale. Seule une minorité privilégiée domine le langage de l'étrangeté moderne, sachant se mouvoir avec souplesse dans le monde de la flexibilité et du cosmopolitisme. Pour échapper aux régressions vers des représentations mythologiques d'un passé révolu, celui de la communauté culturelle traditionnelle où la communication est transparente sur des bases partagées, mais aussi pour échapper à une fuite en avant de la perte de soi dans la fascination pour la consommation de symboles collectifs planétarisés, il est proposé aux nouveaux étrangers d'apprendre à se mouvoir dans un nouveau cadre, celui de la communication comme négociation continue de sens afin de former une communauté de parole créatrice de nouvelles configurations culturelles. Selon ce modèle, étrangers au sens traditionnel et "nouveaux étrangers" sont appelés à exprimer et à reconnaître chez l'autre un désir de participation sociale transcendant les bases de la précarité existentielle, participation qui n'est pas ralliement à une culture dominante, mais création d'un nouvel espace de communication. La présence de l'autre induit une crise réflexive amenant les deux partenaires à passer d'une appartenance culturelle fondée sur l'évidence des références partagées à une construction active du sens de la communication grâce à la mise en place de compétences communicatives particulières.

Or en Europe, la massification de l'enseignement supérieur a rempli les universités d'étudiants d'origines sociales très diverses en opérant un vaste drainage sur des territoires par ailleurs devenus multiculturels du fait des phénomènes migratoires. On reconnaît donc chez de très nombreux étudiants dits "locaux" les effets d'une étrangeté due à *une double mobilité sociale et géographique*. Manque d'investissement social et affectif de la ville et de l'université, sentiments de précarité, il y a en somme une certaine communauté de conditions existentielles d'étrangeté qui rapprochent l'étudiant Erasmus de l'étudiant local.

C'est à partir de ces réflexions que nous avons pensé à des dispositifs favorisant à un premier niveau la construction d'une communauté de communication entre étudiants étrangers et locaux, comme *speech community* (Habermas, 1972), pouvant favoriser une redéfinition du chez soi comme lieu tiers d'insertion sociale. Il s'agit aussi bien pour les étudiants locaux (mais mobiles) que pour les Erasmus de passage (mais séjournant) de définir un lieu comme Macerata comme un chez soi possible même s'il est temporaire, de transformer la contingence d'un lieu où l'on est échu en un choix délibéré d'investir la place pour y fonder une communauté de communication. Cette démarche de *promotion de la participation sociale* touche alors tout autant les étudiants locaux qui font aujourd'hui l'objet d'attention particulière dans les recommandations européennes (Communautés Européennes, 2001) afin qu'ils puissent participer aux bénéfices formatifs de la mobilité internationale.

La nécessité d'une intervention se fonde aussi sur la prise en compte d'un facteur déterminant mais trop délaissé : celui du temps de séjour. La durée est en effet trop courte pour que l'on laisse le jeu social suivre ses méandres hasardeux. Notre intervention se conçoit ainsi comme *un facteur d'accélération* du processus de socialisation. Mais il s'agit aussi de contrer le désintérêt de la population locale pour un contingent d'étrangers qui ne représente plus une nouveauté, mais au fil des années, s'est installé dans l'imaginaire comme groupe passager sympathique mais furtif, sujet selon les sensibilités à un accueil assistanciel ou à une indifférence courtoise (Anquetil, 2006).

2. Deux niveaux d'intervention : éducation sociale et formation universitaire

La nécessité d'une intervention résulte aussi de l'analyse sociologique de la mobilité estudiantine. D'une part, à un niveau individuel, on reconnaît que les étudiants ne disposent pas tous d'un capital de mobilité (Murphy-Lejeune, 2003), comme capital culturel et compétences interculturelles préalables, leur permettant de transformer l'expérience en formation. Le laisser-faire pédagogique (Bourdieu, 1970) aboutit à une auto-exclusion ou à un échec chez les jeunes ne disposant pas de l'aisance communicative d'un habitus cosmopolite. D'autre part, à un niveau institutionnel, la politique internationale des universités est déterminée par le champ social de la concurrence sur le terrain de la formation supérieure : on constate ainsi (Anquetil, 2006) que les universités anglo-saxonnes très demandées sont plus actives sur le domaine de la préparation de leurs propres étudiants au séjour à l'étranger, tandis que d'autres systèmes d'éducation supérieure se soucient davantage de l'accueil des étudiants incoming, dans des dispositifs souvent inspirés par des politiques auto-promotionnelles. Or il s'agit de construire un terrain pédagogique de coopération internationale pour la promotion de formations interculturelles se basant sur l'interaction entre les flux d'étudiants en mobilité dans les deux sens.

On distingue dans notre projet formatif deux niveaux d'intervention : l'un s'adresse à l'ensemble de la communauté étudiante et vise à une accélération de la mise en place de communautés d'échanges de type paritaire, comme autant de lieux et occasions de développer ce *language of membership* de la sociabilité des nouveaux étrangers (Harman, 1988) ; l'autre se situe à un niveau universitaire et propose un parcours d'approfondissement de compétences interculturelles correspondant à des critères de formation académique et ouvrant à une reconnaissance officielle par crédits. Ainsi lors de notre recherche-action à l'université de Macerata, un module dénommé « *Mobilité Erasmus et communication interculturelle* » a-t-il été mis en place et reconnu par la faculté de sciences politiques.

En effet, tout contact interculturel est l'occasion d'une problématisation des références culturelles en jeu, et donc une occasion formative. Cependant les formes de médiation de l'interaction paritaire, si elles créent les conditions d'une communauté de communication, risquent d'être limitées sur le plan de la qualité des procédures mises en œuvre, en l'absence de protocoles formatifs spécifiques pour l'apprentissage de méthodologies d'exploration et l'enseignement d'un métalangage conceptuel.

Les dispositifs d'accompagnement prévus dans le premier volet de notre dispositif relèvent de l'éducation sociale et peuvent être gérés par des structures associatives. Ils n'ouvrent pas droit à des crédits, contrairement au deuxième volet proposant des parcours de formation universitaire qui répondent à des critères qualitatifs et méthodologiques qualifiants, tant dans la partie des modules d'enseignement que par la production de travaux de recherche selon deux approches : enquête ethno-sociologique ou approche autobiographique. Le passage par un travail d'écriture ouvre alors la voie à une reconnaissance académique de l'expérience, par réflexion et traduction du vécu en une production écrite qui en construit le sens, grâce aussi à l'apport méthodologique et conceptuel proposé en cours.

3. Les dispositifs de démultiplication des échanges communicatifs et culturels

Trois protocoles ont été créés sur ce volet de notre intervention : nous avons réalisé une rencontre intitulée « Visitons ensemble les sites internet des universités étrangères », un buffet-fête interculturel d'accueil, et tenté de lancer des tandems d'échanges de savoirs.

Lors des réunions d'orientation, les candidats Erasmus sont habituellement invités par les bureaux des relations internationales à visiter les sites universitaires des universités. Mais les étudiants semblent démunis face à cette première incursion en direct dans le milieu étranger, et l'une des causes qui ont été repérées pour rendre compte du fort taux de désistement, est justement la difficulté d'accéder aux informations, tant sur l'offre didactique que sur les conditions de vie. Nous avons donc tenté de transformer une demande diffuse d'assistance en une occasion de rencontre et d'échange. Le concept est simple : il s'agit de réunir autour d'un ordinateur relié à l'internet les candidats au départ sur une université étrangère, les étudiants italiens ayant déjà eu l'expérience de cette université et les étudiants étrangers provenant de cette même université.

Les objectifs sont multiples. Il s'agit en premier lieu de fournir un soutien personnalisé au candidat en mettant à sa disposition un médiateur linguistique et culturel. L'étudiant étranger peut en effet baser son interprétation des documents du site sur une expérience vécue ; il sait non seulement transcoder mais expliciter le système par comparaison avec le système du pays d'accueil qu'il a désormais compris, il sait traduire l'implicite, se distancer par rapport aux intérêts institutionnels qui s'expriment dans des descriptions à visée promotionnelle, fournir des stratégies pour aborder l'institution du point de vue de l'usager avec diverses stratégies dans l'usage des services.

On donne ainsi à l'étudiant Erasmus étranger l'occasion de renverser le rapport avec les étudiants locaux fondé sur une incompétence sociale partielle dans la société d'accueil : *l'étranger devient alors le sujet compétent* par opposition au candidat local timoré et anxieux face à l'inconnu. C'est là l'occasion d'exercer ses compétences de médiation de sa culture d'origine.

Il ne s'agit pas d'un tutorat organisé administrativement mais d'*un lien interpersonnel à construire*, mettant le candidat au départ dans la position de mesurer attentivement son niveau de requête d'assistance s'il ne veut voir la relation se rompre. À terme, on peut penser à la création d'un réseau de groupes d'étudiants de provenances diverses mais réunis par l'expérience et la pratique d'une université européenne, réseau qui peut devenir *un sujet social actif* dans des relations de collaboration avec les professeurs responsables de l'accord bilatéral.

La fête de bienvenue fait partie des *rites de passage* (Van Genepp, 1909) qui marquent la volonté du groupe d'introduire l'étranger dans ses rangs. Ce sont les étudiants par le biais de leurs associations qui organisent en général l'événement. Le *don* qui est fait, témoigne d'un désir d'altérité, de renouvellement du tissu social, sans oublier que cela ouvre un nouveau "marché matrimonial" où les locaux se trouvent en position de force face à une disponibilité dépaysée. Les étudiants étrangers rapportent avec émotion l'accélération d'intensité de leur vie durant la période des fêtes initiales où ils sont projetés comme protagonistes sur le devant de la scène en tant que sujets disponibles à de nouveaux liens. Mais ils rapportent aussi leur fatigue dans l'effort d'interpréter les attentions dont ils font l'objet et de déjouer les prises de pouvoir dans un jeu dont les règles contextuelles leur échappent.

Nous croyons qu'il y a là aussi un terrain où *une intervention institutionnelle* peut se justifier, non pas pour se substituer au jeu social mais pour renforcer la position des étrangers et rétablir des conditions de parité. Il apparaît ainsi important de créer les conditions d'un échange de dons dès le départ, afin d'éviter que l'étranger ne soit confiné dans une position basse de réception et de gratitude obligée. La fête devrait aussi prévoir une participation active à la création de moments de convivialité négociés, créateurs de moments de métissage des pratiques culturelles. Une des tâches de l'opérateur de mobilité est d'opérer la médiation entre université, associations étudiantes et groupe Erasmus pour promouvoir des dispositifs répondant à ce type d'exigence que les étrangers ne sont pas en position à leur arrivée d'imposer de façon autonome.

Nous avons donc voulu dès l'arrivée *placer l'accueil sous le signe de l'échange*. En effet, la fête a été annoncée par mail avant l'arrivée en Italie, et les étudiants étrangers, de même que les étudiants italiens ex-Erasmus, ont été conviés à apporter « quelque chose de chez eux », musique selon leurs choix personnels et/ou aliment d'origine régionale à partager. La fête ne devait donc pas constituer un cadeau surprise, d'ailleurs assez escompté, mettant les invités en position d'être redevables, mais un premier moment de mise en commun et de partage symbolique d'éléments constitutifs de l'identité sociale des participants. Il est prévu un moment initial de présentation des dons, qui sont aussi l'occasion d'une brève présentation qui a pour seule fin l'identification de la personne, comme signalement de sa présence aux autres, annonce publique comme première reconnaissance et éventuellement amorce initiale pour tout autre étudiant ayant séjourné dans sa ville ou souhaitant s'y rendre. Ceci dans le souci de donner un départ immédiat à la constitution du réseau social.

Le troisième protocole mis en place dans le cadre du programme Cronolang est celui des tandems de savoirs. Il s'agit d'une tentative pour réunir les acquis méthodologiques expérimentés dans le cadre des tandems de langue (Helmling, 2002) et des systèmes de trocs des savoirs ou S.E.L. (Systèmes d'Echange Local), diffusés en Italie sous le nom de *banca del tempo* d'où le nom de *Cronolang, una banca del tempo per gli Erasmus*, qui réunit le concept de banque du temps et celui d'échange linguistique.

L'initiative découle d'une analyse des besoins des étudiants Erasmus, qui fait apparaître plusieurs terrains que nous avons tentés de réunir : besoins d'un soutien dans la création de situations communicatives avec les étudiants locaux, besoin d'apprentissage linguistique, besoin de tutorat universitaire ; mais le dispositif repose sur un *concept d'intégration par présentation de soi comme porteur de savoirs et non pas comme demandeur d'assistance.* Nous avons donc procédé à un repérage de ce que les étudiants étrangers pouvaient apporter à l'échange, en parité avec les étudiants locaux : compétences linguistiques, compétences socio-culturelles sur le pays d'origine, compétences académiques, compétences pratiques, artistiques, sportives, compétences sociales par la fréquentation de divers milieux socio-professionnels. Le système doit donc mettre en relation, sur pied d'égalité, les étudiants étrangers et tout étudiant local intéressé à un échange communicatif avec eux.

4. Le module de formation « Mobilité Erasmus et communication interculturelle »

Pour le module accrédité, deux stages intensifs d'environ deux semaines pour environ 40 heures de formation ont été mis en place, pour les deux groupes d'étudiants en mobilité : accueil des étrangers et préparation au départ pour le groupe italien. L'accès aux crédits octroyés par la faculté de Sciences Politiques, est lié à la présentation d'un travail d'observation méthodique sous la forme d'une enquête de type socio-ethno-méthodologique ou de la tenue d'un journal de bord d'inspiration autobiographique, à l'issue du séjour.

Le stage incoming a été centré sur le développement de compétences socioculturelles et interculturelles, en collaboration avec la formation linguistico-culturelle sous la responsabilité des enseignants d'italien langue étrangère. Le programme s'articule sur trois modules thématiques : *Vivre à Macerata, S'intégrer comme étudiant Erasmus, Etudier à Macerata.* Pour chaque séance, il est prévu de consacrer environ deux heures à des activités en classe et deux heures d'ateliers pratiques ou de découverte guidée dans le milieu social d'interaction ciblé.

Le premier thème est centré sur les activités essentielles de vie quotidienne dans le nouveau milieu : s'orienter dans l'espace, habiter, acheter, manger, se déplacer, effectuer diverses démarches administratives, se soigner. Il s'agit ici essentiellement de se créer une cartographie linguistico-conceptuelle en relation avec le nouveau milieu, d'acquérir une familiarité initiale avec l'espace et les schémas d'interactions quotidiennes, de réfléchir à une première stratégie essentielle d'intégration, celle du choix de la formule de logement, sachant que ce choix déterminera en grande partie l'ampleur et la qualité des interactions ultérieures.

Le deuxième cycle de rencontres a pour toile de fond la réflexion sur la participation à la vie sociale en tant qu'étudiant étranger. Il s'agit ici d'amener à une réflexion sur les stéréotypes et représentations croisées, ainsi que sur les divers types d'interaction menant à l'intégration par extension de la sphère communicative. La séance intitulée « interroger le territoire, découvrir la culture socio-économique locale » est aussi l'occasion de la mise en pratique d'une attitude d'exploration et d'interrogation envers la culture locale. L'intégration dans la société d'accueil sera aussi problématisée au vu des finalités du programme Erasmus.

Le troisième thème du stage est centré sur l'organisation des études, la culture et la communication universitaires avec la participation active d'anciens Erasmus, et le lancement du projet d'observation et d'écriture pour l'accréditation du module.

Le stage de formation pour les étudiants outgoing est constitué de deux sessions principales : la première prévoit la participation de tout le groupe pour un moment de formation interculturelle générale visant la réflexion sur le nouveau statut d'étudiant étranger en mobilité et la notion de communication interculturelle ;

le second est organisé en groupes selon les grandes zones linguistiques pour une approche particulière de la culture des pays d'accueil et des rapports socioculturels entre l'Italie et ces pays.

Tels sont les thèmes affrontés lors de la première semaine:

- Parcours Erasmus : se construire un parcours entre visées institutionnelles et projet personnel, avec une réflexion basée sur les discours faits aux/sur/par les Erasmus ;
- Le voyage et son récit : penser le voyage, construire l'expérience par le journal de voyage, repérer les traces de voyages des prédécesseurs ;
- Figures de l'étranger : repenser son identité culturelle par l'expérience de l'altérité, composer valises et bagages dans son projet de voyage ;
- Culture courante : observer, participer au sens de l'autre, avec une réflexion sur l'observation participante ;
- Communication interculturelle : définir des objectifs, se former, promouvoir une dynamique interculturelle.

La deuxième semaine de stage est conçue comme *contextualisation* de la démarche amorcée lors de la formation interculturelle générique centrée sur la mobilité et l'échange. Le point focal est ici la relation particulière entre les deux cultures, qui déterminent comme *facteur intergroupe* le contexte de l'interaction. Il s'agit donc d'acquérir des références essentielles du cadre culturel étranger sur des points spécifiques : territoire, université, champ social et disciplinaire correspondant au secteur d'études, communication universitaire ; de prendre conscience de l'état des relations et représentations entre les deux nations (relations culturelles, économiques, politiques) en ce qu'elles déterminent le cadre des relations personnelles ; de poursuivre la formation méthodologique quant aux compétences de lecture critique des documents culturels.

Trois thèmes ont été traités:

- *Approche documentaire critique* (Zarate, 1993) *de la "culture locale"*, avec une analyse de sites promotionnels locaux où l'on repère les traces des enjeux sociaux de la description, l'approche méthodologique est ensuite appliquée aux sites étrangers ;

- *Rapports socio-culturels entre l'Italie et le pays de destination* comme bases des représentations croisées collectives, à partir de trois sources documentaires : guides touristiques, documents sur l'émigration italienne et l'état actuel des communautés italiennes à l'étranger, documents historiques et actuels sur les relations politiques, commerciales et culturelles entre les deux pays à un niveau national ;
- *Aspects linguistico-culturels de la communication universitaire* en liaison avec les cours de mise à niveau linguistique, avec aussi une approche comparative des systèmes académiques à un niveau global (recrutement, place de l'établissement dans le système, niveaux, diplômes, style communicatif et rhétorique en vigueur dans la communication en cours et lors des examens), en collaboration avec des anciens Erasmus.

5. Travaux d'observation et d'écriture

Pour les deux groupes d'étudiants, les travaux individuels sont proposés selon deux méthodologies : *ethno-sociologique*, visant la rédaction des résultats d'une enquête dans le tissu social du pays d'accueil, et *autobiographique* visant un travail d'écriture réflexive plus personnalisée sur la rencontre avec l'altérité. Ces deux approches présentent des points communs, puisque la méthodologie ethnologique (Roberts et al., 2001) prévoit des moments de mise à distance et de réflexion sur les attaches culturelles personnelles, de même que le journal de bord (Wagner & Magistrale, 2003) n'est pas à confondre avec un journal intime puisque sa fonction est de construire un lieu de réflexion de la rencontre avec la culture étrangère, en dialogue avec le tuteur.

Ces deux voies répondent aux *critères d'une formation académique* portant en soi une analyse explicite de ses propres moyens d'investigation du réel. Le choix entre les deux nous semble relever de l'inclination personnelle de l'étudiant au regard de son style cognitif et de son rapport à la culture étrangère, ainsi que l'examen des disponibilités conjoncturelles du corps professoral à s'engager dans ce type de protocoles. Car ce que nous retenons aussi de notre expérimentation, c'est la nécessité d'un enseignement préalable et d'un soutien méthodologique continu, tant dans la phase d'observation et de recueil de données que dans celle de l'écriture, dans un projet engageant une forte motivation de la part des étudiants comme de leurs guides.

Mais c'est à ce prix que le travail de recherche de l'étudiant se détache du simple rapport de stage, dont l'étude (Papatsiba, 2003) nous a montré les limites : cadre énonciatif encourageant la répétition d'un discours convenu sur l'enrichissement personnel, exploration du territoire générique et superficielle se détachant à peine du mode touristique ou fonctionnel d'usage des lieux et manque d'inscription de la subjectivité traduisant un manque d'implication personnelle.

6. Quelle évaluation?

Pour l'établissement d'une sorte de bilan de compétences en fin de parcours, nous avons choisi la forme du *rapport individuel sur les travaux de l'étudiant*. Ce rapport est joint au programme du module afin de le situer dans la conception globale de la formation, ses choix quant aux finalités de la communication interculturelle et ses cadres de références méthodologiques, de sorte que les prestations sont évaluées comme réponse singulière à une sollicitation singulière qui affiche son orientation. Nous ne croyons en effet ni possible, ni souhaitable, sur un sujet aussi sensible, d'évaluer des compétences dans une démarche prétendant à une objectivité décontextualisée. La contribution particulière proposée par le candidat est présentée de façon descriptive, selon les différentes rubriques proposées dans notre référentiel de compétences interculturelles (Anquetil, 2006) :

- savoirs : références de la culture partagée par la communauté étrangère, relation à l'étranger au sein des cultures en contact, références sur les relations binationales et les représentations croisées, concepts et notions de la réflexion sur l'interculturel ;
- savoir-faire en situation d'interprétation, d'interaction et de médiation ;
- compétences méthodologiques pour la démarche interculturelle : méthodologie d'apprentissage, gestion du contact interculturel et compétences relationnelles, compétences méta-culturelles pour la communication interculturelle.

L'évaluation se base sur des critères qualitatifs généraux pouvant être résumés sous le binôme engagement/distanciation. Tout d'abord un engagement réel dans le dialogue interculturel qui fonde la base de tout apprentissage ; les dispositifs d'accompagnement fournissent des occasions qui peuvent remédier à des carences dans les capacités des étudiants à entamer des relations suivies, à élargir le cercle des contacts fortuits. Il reste au sujet à miser une part de lui-même dans la relation, à assumer le risque d'une remise en question, à oser aller vers l'autre, à s'exposer. Ces tentatives laissent une trace dans les écrits, outre qu'elles en transforment l'acteur, et sont objet d'évaluation positive quelles qu'en soient les issues, rencontres approfondies ou déboires relationnels, lorsque l'expérience croise le deuxième critère qui est celui de la distanciation réflexive, lorsque l'étudiant rend compte de façon critique de son vécu, de ses méthodes d'approche, des références culturelles qu'il a mises en jeu au départ et de leur évolution à l'issue de son parcours.

L'évaluation descriptive constitue l'essentiel du protocole puisqu'elle permet la lecture de compétences singulières par d'autres destinataires utiles à la carrière académique ou professionnelle de l'étudiant, compétences que les sujets intéressés pourront évaluer selon leurs besoins. Cette description des compétences est contextualisée dans le projet particulier mis en œuvre par l'étudiant afin d'en faire apparaître toute l'originalité. Elle est conçue comme relevé des compétences manifestées, sans référence à une échelle de niveaux. En communication interculturelle, il est en effet délicat d'établir un échelonnage graduel normatif. Les grilles établies en ce sens trahissent trop souvent la référence à une compétence culturelle native que l'apprenant est supposé assimiler graduellement. Par excès inverse, certains modèles tendent à un relativisme culturel généralisé qui correspond à un choix philosophique personnel que le didacticien n'est pas en droit de prescrire.

Une tentative intéressante pour intégrer le rapport à la différence dans l'évaluation des compétences interculturelles est représentée par le modèle d'échelonnage de la sensibilité interculturelle de Bennett (1993) : il s'agit en effet du fruit d'une réflexion prenant comme référence, non pas la compétence culturelle native, mais l'évolution de la perception et l'attitude face à la différence culturelle. En synthèse :

Stages ethnocentriques

1. Déni (A. Isolation; B. Séparation)
2. Défense (A. Dénigrement; B. Supériorité; C. Renversement)
3. Minimisation (A. Universalisme physique; B. Universalisme transcendantal)

Stages ethnorelatifs

4. Acceptation (A. Respect des différences de comportement; B. Respect des différences de valeur)
5. Adaptation (A. Empathie; B. Pluralisme)
6. Intégration (A. Evaluation contextuelle; B. Marginalité constructive).

Cette typologie d'attitudes est un outil diagnostic précieux pour repérer le type de relation à l'altérité manifesté dans une interaction. Mais si l'outil nous semble utile d'un point de vue paradigmatique, la progression proposée n'est ni prédictive, ni obligée.

Geneviève Zarate et Aline Gohard (Zarate & Gohard, 2004) ont exposé quelques principes pour la reconnaissance d'une *cartographie du parcours identitaire*, à élaborer en alternative aux matrices graduées par niveaux. Elles proposent de ne pas tenter de réduire la complexité à une somme de produits ordonnés, mais de préserver et même promouvoir, le caractère individuel, imprévisible des parcours. Mais sur ce chantier ouvert, l'instrument à la hauteur des exigences scientifiques exprimées est encore en construction.

Reste la nécessité de disposer d'un outil d'évaluation concret, permettant aux compétences interculturelles d'accéder à la reconnaissance académique, ce qui suppose de se plier aux normes de l'évaluation chiffrée avec un seuil d'acceptabilité. Nous avons donc proposé une solution de compromis entre les contraintes institutionnelles et la distanciation prudente vis-à-vis de l'idéologisation, prudence et distance qui ne doivent cependant pas déboucher sur une paralysie de l'action éducative.

Il semble ainsi admissible d'établir *un niveau seuil* entre l'ethnocentrisme et l'ethnorelativisme que, en référence au modèle de Benett mais contrairement à lui, nous situons au stade de l'attitude universaliste : atteindre ce niveau constitue donc la base d'une maîtrise minimale pour des adultes appelés à être citoyens du monde, et on peut le reconnaître en attribuant une note positive et les crédits universitaires. Le niveau peut fort bien convenir à l'employeur éventuel, il n'y a donc aucune raison d'indiquer par référence à une échelle, qu'il ne s'agit que d'un niveau intermédiaire dans le déploiement de compétences interculturelles. *Il suffit de décrire ce qui est.* En dessous de ce seuil, on ne décrit pas, mais on renvoie l'étudiant à un approfondissement de son travail dans une démarche dialogique.

À partir de ce seuil, une échelle de notation sommaire comme celle de l'ECTS qui évalue essentiellement *le travail effectué*, et non le niveau atteint, peut être appliquée en tenant compte du contexte d'insertion de la performance à évaluer, car les études (Ogay, 2000) ont bien montré l'importance de ce facteur qui se croise avec la compétence de la personne pour déterminer l'interaction. Il faut en particulier tenir compte de l'état des représentations intergroupes qui déterminent l'action individuelle. La note n'aura donc pas de valeur universelle, mais doit assumer son *relativisme contextuel* en rapport avec d'une part l'inscription des performances individuelles dans le contexte de cultures en contact à un certain moment historique, et d'autre part l'orientation du cadre conceptuel proposé par le formateur.

Ces exigences entraînent une forte pression sur le facteur de *faisabilité* du dispositif, la rédaction d'un rapport circonstancié pour chaque étudiant entraînant une charge de travail importante pour un programme sur plus large échelle. Mais la complexité de l'argument nous semble justifier cette approche circonstanciée.

Conclusion

Alors que les institutions européennes viennent de fêter le 20ème anniversaire du programme Erasmus, il est temps de mettre en œuvre les recommandations des experts chargés de l'évaluation de son impact sur l'avenir professionnel des étudiants (Bracht et al., 2006), en particulier lorsqu'ils recommandent de mettre en place des préparations intensives, de définir des objectifs académiques mieux ciblés, de prévoir une reconnaissance de la valeur ajoutée d'une formation Erasmus dans un monde où l'expérience internationale se banalise. Si les finalités humanistes de notre initiative éducative restent prépondérantes, en faveur d'une recherche de sens dans la rencontre de l'autre, les objectifs fonctionnels d'enrichissement du CV professionnel font partie de nos responsabilités. Il s'agit en outre d'atouts maîtres pour obtenir des institutions le soutien nécessaire à l'émergence d'un nouveau champ pédagogique : celui des compétences liées à une mobilité engagée et réfléchie, dans le projet de construction d'une identité élargie à sa dimension européenne mais surtout complexifiée par composition de la pluralité, plus que par juxtaposition de fragments de la postmodernité.

Bibliographie

Anquetil, M. 2006. *Mobilité Erasmus et communication interculturelle.* Bern: Peter Lang.

Bennett, M. J. 1993. Towards Ethnorelativism: A Developmental Model of Intercultural Sensitivity. In Paige, R.M. (ed). *Education for the Intercultural Experience.* Yarmouth : Intercultural Press. 21-71.

Bourdieu, P. 1970. *La reproduction.* Paris : Editions de Minuit.

Bracht O., Engel C., Janson K., over A., Schomburg H., Teichler U. 2006. *The Professional Value of ERASMUS Mobility.* Kassel : INCHER-Kassel.
http://ec.europa.eu/education/news/Erasmus20_fr.html

Communautés Européennes. 2001. *Passeport pour la mobilité.* Luxembourg : Office des Publications Officielles des Communautés Européennes.

Freud, S. 1929/1971. *Malaise dans la civilisation.* Paris : PUF.

Habermas, J. 1972. The Speech Community. In Giglioli, P.P. (ed.). *Language and Social Context.* Hardmonsworth : Penguin. 219-231.

Harman, L. D. 1988. *The Modern Stranger.* Berlin, New York, Amsterdam : Mouton de Gruyter.

Helmling, B. (éd). 2002. *L'apprentissage autonome des langues en tandem.* Paris : Didier.

Lévy, D. 1989. L'hypocrite lecture du semblable ou spécificité de la lecture contrastive d'une culture voisine. *Studi italiani di Linguistica Teorica ed Applicata.* Anno XVIII (1-2). Roma: Liviana Editrice. 129-134.

Müller, B. 1996. *Apprendre les différences, vivre les différences.* Textes de travail OFAJ 12. www.ofaj.org

Murphy-Lejeune, E. 2003. *L'étudiant européen voyageur, un nouvel étranger.* Paris : Didier.

Ogay, T. 2000. *De la compétence à la dynamique interculturelles*. Bern : Peter Lang.

Papatsiba, V. 2003. *Des étudiants européens. Eramus et l'aventure de l'altérité*. Bern : Peter Lang.

Roberts, C., Byram, M., Barro, A., Jordan, S., Street, B. 2001. *Language learners as ethnographers*. Clevedon : Multilingual Matters.

Van Genepp, A. 1909/1981. *Les rites de passage*. Paris : Picard.

Wagner, K. & Magistrale, T. 2003. *Writing across culture*. New York : Peter Lang.

Zarate, G. 1993. *Représentations de l'étranger et didactique des langues*. Paris : Didier.

Zarate, G. & Gohard-Radenkovic, A. 2004. *La reconnaissance des compétences interculturelles: de la grille à la carte*. Sèvres : Cahiers du CIEP.

Un outil pour préparer les futurs enseignants en formation à la dimension interculturelle de la mobilité internationale

Michèle Foucard, Shirley Lawes et Daniel Niclot

Introduction

Depuis quelques années, la mobilité internationale des enseignants en formation initiale s'est considérablement développée dans le cadre des programmes de l'Union européenne ou d'accords bilatéraux notamment. Elle n'est plus réservée aux étudiants spécialisés dans les langues étrangères, elle est devenue un élément important de la formation professionnelle des enseignants du primaire et du secondaire, quelle que soit, pour ces derniers, la discipline enseignée. Il apparaît, cependant, que les différences culturelles que rencontrent les étudiants durant leur séjour et les représentations liées à celles-ci peuvent constituer des obstacles à une bonne compréhension des valeurs, des modes de vie ou du fonctionnement du système éducatif du pays d'accueil. Cela peut avoir pour conséquence de limiter, voire de freiner, la construction des compétences professionnelles d'ouverture, pourtant visées prioritairement en situation de mobilité par l'institution. Il est donc crucial d'accompagner la formation à l'étranger de dispositifs permettant de dépasser les réactions affectives et immédiates, les stéréotypes, d'aider les étudiants à construire une véritable réflexion professionnelle.

Comment préparer les futurs enseignants à la confrontation avec les différences de nature « culturelle » qu'ils rencontreront lors de leur séjour à l'étranger aussi bien dans leur vie quotidienne et durant leur stage en établissement scolaire ? C'est à cette question que voudrait répondre cet article. Il présente d'abord les référents théoriques sur lesquels s'appuie un *journal de réflexivité,* outil de formation utilisé dans le cadre d'un programme de coopération entre l'Union européenne et le Canada dans l'enseignement supérieur et la formation professionnelle qui regroupe trois universités canadiennes et trois universités européennes. Il décrit ensuite les méthodes d'analyse et d'interprétation des journaux de réflexivité rédigés par les étudiants et propose les premiers résultats obtenus.

1. La réflexivité au centre du processus de formation

Le journal de bord réflexif est un outil de formation conçu pour des professeurs en formation initiale dans le cadre d'une mobilité internationale. Il est destiné à les accompagner dans leur découverte du pays d'accueil et à les aider à analyser leur vécu quotidien et professionnel. Les étudiants en mobilité doivent consigner remarques, réflexions et analyses à différents moments, avant le départ, durant le séjour et au retour. Le journal se réfère à quatre concepts principaux : interculturalité, médiateur interculturel, professionnalisation et réflexivité. Ces concepts sont au cœur du modèle de formation initiale des enseignants en France, en Espagne, en Grande-Bretagne et au Canada, pays d'où viennent les étudiants participant à ce programme.

1.1. L'interculturalité comme forme de gestion de la diversité culturelle : les modèles de la gestion de la diversité culturelle

Dans ce texte, l'interculturalité est d'abord appréhendée dans le contexte de la gestion de la diversité culturelle et elle s'organise essentiellement selon deux modèles : le modèle anglo-saxon multiculturel, qui se décline différemment en Amérique du Nord et en Europe, et l'orientation interculturelle d'inspiration française (Abdallah-Pretceille, 1999).

Le multiculturalisme

En Amérique du Nord, le relativisme culturel constitue le fondement du multiculturalisme. En rendant possible l'appartenance à une communauté autre que celle de l'Etat-Nation, il contribue à donner la priorité au groupe d'appartenance. Dans cette logique, le multiculturalisme émerge dans les années 60 au Canada et aux Etats-Unis sur fond de lutte pour les droits civiques et il trouve son affirmation politique dans le principe de la discrimination positive. Il fait d'ailleurs l'objet au Canada d'une codification juridique spécifique. Dans une loi votée en 1988, il est rappelé que la constitution « *reconnaît l'importance de maintenir et de valoriser le patrimoine multiculturel des Canadiens* » (Parlement Canadien, 1988 : 4). Aux Etats-Unis, le multiculturalisme donne également lieu à une reconnaissance officielle qui se traduit par la mise en place de programmes d'éducation multiculturelle dans les établissements scolaires et à l'université. Les curricula visent à la prise de conscience chez les élèves et les étudiants de l'existence de préjugés raciaux, de l'importance des mutations sociales qui entraînent une diversité ethnique et culturelle accrue partout dans le monde. Dans le contexte européen, la situation est quelque peu différente. On tend à considérer, en effet, que la responsabilité de l'intégration incombe de manière prioritaire aux individus eux-mêmes (Abdallah-Pretceille, 1999 : 26).

L'interculturalité

Un second modèle de gestion de la diversité culturelle prend appui sur une tradition différente : la philosophie des Lumières et le principe d'universalité d'une part, et une tradition juridique qui ne reconnaît pas l'existence des minorités d'autre part. Ce modèle n'a pas, de ce fait, donné lieu à des prises de position codifiées par une juridiction spécifique. Ce n'est qu'en 1975 que le terme « interculturel » apparaît pour la première fois dans le contexte éducatif français, avant de s'étendre progressivement au domaine de l'action sociale. Dans le contexte français, l'interculturel fait avant tout référence à l'immigration. Plusieurs facteurs favorisent la critique de l'orientation interculturelle : une terminologie qui manque de précision, une méfiance envers les discours traitant de la différence, mais aussi envers ceux qui s'appuient sur le déterminisme culturel comme facteur explicatif de problèmes sociaux (Abdallah-Pretceille, 1999 : 46-52).

Dans le cadre de la construction de l'Europe, des programmes européens en matière d'éducation (Erasmus, Comenius…), de l'internationalisation du quotidien et de la mondialisation, le concept d'interculturel occupe une place de plus en plus importante. À partir des années 1950, le Conseil de l'Europe (Conseil de l'Europe, 1954) met la question de la diversité culturelle et de l'interculturalité au cœur de ses préoccupations. Il est à noter que les textes adoptés passent progressivement d'un objectif d'ouverture à une véritable éducation liée à des valeurs d'humanisme et de citoyenneté.

Cependant, dans les textes européens, le dialogue interculturel ne renvoie pas uniquement à des valeurs, mais également à une fonction : il devient l'outil d'une éducation aux valeurs sociales et européennes fondatrices et garant d'une continuité. Dans cette perspective, la gestion de la diversité culturelle est conçue comme une source d'enrichissement mutuel, qui doit favoriser non seulement le dialogue interculturel, mais également le dialogue politique et interreligieux, grâce à des actions de coopération ciblées. Si le concept d'interculturalité est indissociable d'actions concrètes, il convient de les planifier avec soin et d'accompagner leur mise en œuvre, ce que notre journal de bord réflexif vise à réaliser.

1.2. La médiation interculturelle, une mise en relation entre deux aspects culturels

Le concept de médiateur interculturel développé par Michael Byram et Geneviève Zarate (1997) est le deuxième référent sur lequel s'appuie le journal de bord réflexif. Selon la définition qu'ils en proposent dans le contexte de l'apprentissage des langues, le locuteur interculturel, ou médiateur interculturel, établit des relations entre deux aspects d'une culture donnée en terme de différences et de similitudes, voire, d'origine et adopte le rôle d'intermédiaire, de médiateur entre ceux-ci. La mise en relation s'effectue non seulement entre les cultures et donc entre les individus socialisés dans ces cultures, mais aussi entre soi et les autres. Il s'agit en d'autres termes d'adopter un point de vue externe sur soi pendant qu'on interagit avec d'autres pour analyser puis adapter, quand cela s'avère nécessaire, ses propres comportements, voire, les croyances et les valeurs qui sous-tendent ces comportements. Cette médiation peut aussi mener à adopter une troisième position, résultat de la médiation culturelle (Bredella, 2002 : 40). Du point de vue du formateur, il s'agit d'aider l'étudiant-enseignant à anticiper des variations, à considérer le changement comme normal, à valoriser la diversité sans porter immédiatement de jugement de valeur, à improviser grâce à un entraînement interculturel. Ainsi, tout individu capable d'effectuer ces médiations, ne serait-ce qu'en partie, démontre l'acquisition de compétences interculturelles et professionnelles. Quelles que soient les définitions proposées pour cerner le concept d'interculturalité, qu'il s'agisse du « mieux vivre ensemble », de simples valeurs d'ouverture, de la transmission de valeurs citoyennes et démocratiques, de l'apprentissage de l'altérité ou de l'aptitude à adopter le rôle de médiateur/négociateur interculturel, toutes renvoient à un savoir agir dans des contextes par définition culturellement marqués. Or, l'action met en jeu des comportements, qui traduisent des compétences (Byram, 2002 : 27).

1.3. Professionnalisation et profession enseignante

L'acquisition de compétences et de comportements professionnels, notamment ceux liés à l'interculturel et à la médiation interculturelle, sont au centre du processus de professionnalisation des enseignants.

Le terme de professionnalisation a d'abord été développé dans le cadre de la sociologie du travail anglo-saxonne pour décrire le processus d'organisation et de contrôle par des pairs de l'exercice d'une profession donnée. « *La professionnalisation d'un groupe suppose que celui-ci exerce le contrôle de cet espace. C'est-à-dire qu'il ait le contrôle de la légitimité de cet espace et qu'il bénéficie d'une délégation d'autorité lui reconnaissant une autonomie d'exercice dans son secteur d'activité* » (Lang, 1999 : 37). La constitution d'un « ordre » professionnel permet de renforcer le caractère professionnel d'une activité.

Durant les années 1970, paraissent aux Etats-Unis plusieurs rapports qui préconisent l'attribution d'une plus grande autonomie aux enseignants, la création d'un conseil de l'ordre, une responsabilisation des enseignants par rapport aux résultats des élèves (Huberman, 1978). Le processus de professionnalisation au sens de constitution d'un ordre professionnel pour établir un contrôle éthique, économique et social par les pairs est un mouvement qui se développe actuellement avec des fortunes diverses au Canada. Dans la province de Colombie britannique ou dans celle d'Ontario, un ordre professionnel des enseignants (qui n'ont pas le statut de fonctionnaire dans ce pays) a été créé (Baillat, 2000 : 59). Dans les pays anglo-saxons, la problématique de la professionnalisation des enseignants est très liée à l'acception du terme tel qu'il est défini par la sociologie, ce qui n'est pas le cas en France.

En France, les notions de profession enseignante et de professionnalisation appliquées aux enseignants ne renvoient pas à la question de la constitution d'un ordre professionnel, d'un code éthique ou à l'émergence de cette profession dans l'espace public. Elles font référence aux conditions de la formation professionnelle et de l'exercice de l'activité.

Le terme de professionnalisation fait l'objet d'approches multiples selon Vincent Lang (1999 : 14). Il distingue notamment trois approches dans la littérature de langue française. Dans la première, celle de la sociologie des organisations, la perspective adoptée est celle de la gestion des ressources humaines. La seconde, celle de la politique de l'éducation, renvoie à l'analyse des politiques institutionnelles de réponse aux attentes sociales. La troisième approche, pédagogique et philosophique, fait référence à la nature de la formation des enseignants, à la définition des métiers enseignants et de leurs fondements.

L'approche de la professionnalisation de Vincent Lang (1999 : 15), qui s'appuie notamment sur les travaux d'Habermas, est dynamique : « *Elle passe par la constitution progressive d'un espace d'autonomie, condition à moyen terme, tant de la construction d'une professionnalité spécifique que de la reconnaissance d'un statut social valorisé* ».

Le référent théorique de la professionnalisation entendue comme une construction réalisée par l'enseignant en formation qui réfléchit sur ses pratiques à partir de savoirs théoriques, se trouve chez Schön (1983) qui théorise le modèle du praticien réflexif. Comme l'explique le titre d'un ouvrage de Philippe Perrenoud, (1996*), « enseigner : agir dans l'urgence, décider dans l'incertitude »,* la professionnalisation des enseignants est un processus de formation à une posture réflexive face aux situations complexes, uniques et singulières, qui peuvent paraître chaotiques et incontrôlables. Voici comment Donald Schön (*Ibid.* : 97) décrit l'activité du praticien réflexif : « *il réfléchit aux phénomènes qu'il constate et aux premières conclusions que son comportement lui a implicitement dictées ; ensuite, la poursuite de l'expérimentation lui permet de comprendre les phénomènes autrement et de transformer la situation. Quand quelqu'un réfléchit sur l'action, il devient un chercheur dans un contexte de pratique* ».

Dans sa réflexion, le professionnel adopte donc, selon Schön, une posture semblable à celle du chercheur et sa réflexion est guidée par des savoirs théoriques. Beaucoup d'auteurs donnent un rôle essentiel aux savoirs issus de la recherche en éducation qui « *constituent un réservoir de savoirs de haut niveau, dans lequel puise le professionnel pour traiter le problème qu'il doit résoudre* » (Bourdoncle, 1998 : 472). Mais il faut insister sur le fait qu'il en existe d'autres ; les savoirs didactiques ou ceux provenant de l'épistémologie des disciplines constituent des savoirs de références mobilisables par l'enseignant professionnel pour théoriser sa pratique. Le concept de professionnalisation renvoie donc à celui du praticien réflexif.

1.4. Le praticien réflexif

Dans le monde francophone, Paquay et Sirota (2001 : 5) décrivent la pratique réflexive comme « *une brèche épistémologique* ». À travers la réflexion, appelée aussi « *analyse des pratiques* », les enseignants peuvent s'interroger sur leurs propres pratiques professionnelles et tenter de « *les objectiver, les partager, les améliorer et introduire des innovations susceptibles d'accroître leur efficacité* » (Paquay et Sirota, 2001 : 5). Altet (1994), considère la pratique réfléchie comme moyen de transformation de la formation professionnelle des enseignants mais aussi, celle de la pratique professionnelle des enseignants expérimentés. Certains enseignants-chercheurs en sciences de l'éducation adoptent une interprétation du concept de praticien réflexif, davantage orientée vers la psychologie et l'auto-analyse (Fumat, 1996 ; Etienne et Lerouge, 1997 ; Vermeerch, 2001). Il faut bien remarquer cependant que l'analyse réflexive est un outil paradoxal, dans la mesure où elle met en relation une réflexion subjective et une compréhension plus objective des expériences vécues et des problèmes rencontrés.

2. Le programme Europe-Canada et le journal de réflexivité

La mobilité internationale, en plaçant l'étudiant en contact avec une culture étrangère pendant la durée de son séjour, constitue un contexte favorable au développement de compétences interculturelles dans un contexte professionnel et participe à sa professionnalisation.

L'enjeu du journal de bord réflexif s'appuyant sur les réflexions théoriques qui viennent d'être présentées est donc de tirer parti du séjour à l'étranger pour favoriser la construction de compétences professionnelles participant à un processus de professionnalisation dans le cadre d'une approche interculturelle.

2.1. Le contexte de la mobilité étudiante : le programme Europe-Canada

Le programme de formation international dans lequel le journal de bord réflexif a été développé est centré sur la formation des enseignants. Il associe les départements d'éducation de trois universités canadiennes : l'Université de Sherbrooke (Québec, Canada), l'Université Bishop (Québec, Canada), l'UBC (Colombie britannique, Canada) et trois institutions universitaires européennes : l'IUFM de Champagne-Ardenne (France), l'Université Rovira i Virgili de Tarragone (Espagne), et le Saint Martin's College of Higher Education de Lancaster (Angleterre). Ce programme est habilité par l'Union européenne et le gouvernement canadien dans le cadre du *programme de Coopération entre l'Union européenne et le Canada dans l'enseignement supérieur et la formation professionnelle*. Il est doté d'un financement pour trois ans. De 2005 à 2007, vingt-deux étudiants appartenant aux institutions partenaires européennes sont partis en formation au Canada durant près de trois mois et vingt étudiants canadiens sont venus en Europe.

La démarche pédagogique mise en œuvre est celle de la formation par la recherche. Les étudiants sont mis en stage en établissement scolaire et rédigent un mémoire professionnel. La rédaction du mémoire s'inscrit dans une démarche de projet personnel élaboré par l'étudiant dans une perspective de développement professionnel. Cette démarche est en conformité avec le modèle de formation mis en œuvre dans les États participant à ce consortium qui privilégie, notamment, la réflexion et l'autonomie des enseignants en formation initiale. Le journal de bord réflexif tient une place essentielle dans le dispositif de formation. Dans ce contexte, une formation interculturelle a pour but d'anticiper les difficultés rencontrées dans un système éducatif étranger.

2.2. Le journal de bord réflexif

Le journal de bord réflexif est un outil destiné à recueillir des données et à accompagner l'analyse des situations professionnelles vécues lors d'une formation à l'étranger effectuée par de futurs enseignants au Canada, en France ou en Espagne. Il contient des informations, des observations et des analyses appelées à nourrir et à contribuer à la rédaction de travaux divers, celle du mémoire professionnel notamment. Le concept de « journal » se distingue en anglais du « *diary* » qui désigne un journal intime et personnel et du « *log* » qui consiste uniquement en un compte-rendu des faits (McDonough & McDonough, 1997). Le journal de bord réflexif comporte à la fois des comptes-rendus factuels, la relation de certains évènements, des descriptions et des analyses de l'activité en classe et des réflexions personnelles qui mènent à une analyse des pratiques professionnelles. Il s'appuie sur une expérience antérieure (Lawes et Barbot, 2001 ; Barbot, 2006) de l'utilisation du journal de bord réflexif dans une formation initiale des enseignants. Le journal de bord réflexif a pour but de favoriser « *l'identification, l'articulation et l'examen, des connaissances et des problématiques professionnelles* » (Tripp, 1993 : 18). Le repérage de « carrefours critiques », de tensions, la mise en œuvre d'interrogations de plusieurs ordres s'imposent. Il s'agit également de construire des activités favorisant une décentration, une attitude de compréhension pour ne pas se figer dans des attitudes affectives.

Ce journal de bord réflexif est divisé en six parties. Il se distingue d'autres journaux à caractère plus subjectif car à chaque étape, il s'agit de recueillir des informations, de décrire, d'analyser et de commenter divers aspects liés à la formation suivie, tout en prenant appui sur des lectures et des connaissances théoriques pour nourrir une réflexion personnelle. Une première section du journal de bord, « *la mise en perspective des comparaisons culturelles* » vise à préparer au stage et à la formation professionnelle que les étudiants vont suivre dans leur pays d'accueil, en les aidant à clarifier leurs attentes et en tentant d'identifier des écarts possibles. La section intitulée « *premières impressions (journal d'étonnement*) » s'appuie sur des comparaisons culturelles dans le champ professionnel, qui doivent permettre de mieux comprendre le système scolaire et les pratiques d'enseignement/apprentissage du pays d'accueil. Parallèlement, elles ont pour but d'affiner la compréhension qu'ont les étudiants du système scolaire et des pratiques d'enseignement/apprentissage de leur pays d'origine, en les incitant à les mettre en perspective. La troisième partie est consacrée à *l'observation de cours*, en fonction de critères ciblés et la quatrième, à *des enquêtes et des entretiens.* Ces sections visent à la construction progressive, à partir de points de vue et d'angles d'approche différents, d'une vision plus globale, plus complète des processus et des pratiques d'enseignement / apprentissage. Il est ensuite demandé aux étudiants d'analyser et de faire la synthèse de cours, de séminaires ou d'ateliers suivis pendant leur formation dans leur pays d'accueil. Dans la dernière partie, ils sont mis en situation de réfléchir, selon différents angles d'approche, aux expériences professionnelles faites dans le cadre de leur année de formation, à la fois dans leur pays d'origine et à l'étranger. Ils sont également invités à revenir sur leurs premières impressions pour commenter la manière dont leurs perceptions ont changé, dont ils ont enrichi leur compréhension de cultures, de systèmes éducatifs différents, et dont ils ont consolidé et développé leurs compétences professionnelles.

Compte tenu du fait que les apprentissages professionnels s'effectuent en partie dans le cadre d'un système éducatif étranger, les entrées et activités proposées incluent une dimension comparative et interculturelle visant à accompagner le développement professionnel des étudiants. Toute approche interculturelle s'appuie sur une démarche comportant des étapes spécifiques, la seule mise en contact ne garantissant en aucun cas l'ouverture nécessaire préalable à tout apprentissage (Byram, Gribkova, Starkey, 2002). Elle inclut une phase préparatoire à la mobilité, constituée par la première partie du journal de bord, suivie ensuite par un accompagnement de la formation à l'étranger sur le terrain correspondant aux parties 2 à 5. La dernière section se complète à l'issue de la mobilité et constitue le bilan de la formation.

Par le biais de tâches concrètes, les étudiants sont mis en situation d'entrer en contact avec des membres de la communauté scolaire d'accueil, dans le but non seulement de recueillir des informations précises, de solliciter des opinions ou d'analyser des situations professionnelles diverses, mais aussi de multiplier les échanges sans lesquels il ne pourrait y avoir d'apprentissage efficace. Ces prises de contact s'accompagnent systématiquement d'une approche analytique afin d'inciter à comparer des données culturelles du pays d'accueil et du pays d'origine, ou encore à revenir sur des impressions ou des réactions premières. L'objectif est double : atteindre une compréhension conceptuelle, de l'intérieur, du système éducatif du pays d'accueil, et en miroir, de celui de son pays d'origine, ce qui implique un nécessaire retour sur soi, ses réactions affectives, afin de les dépasser pour mieux comprendre les données de la situation interculturelle, mieux se comprendre soi, et donc pour effectuer des choix d'ordre professionnel les plus pertinents possibles, en fonction de critères raisonnés, explicites.

Cette démarche vise la construction des compétences interculturelles que doit acquérir le médiateur interculturel (Byram & Zarate, 1997 : 60) : savoir apprendre, ou savoir acquérir de nouvelles connaissances et les mettre en œuvre en situation d'interaction d'une part, et savoir comprendre, ou, en d'autres termes, savoir comparer, mettre en relation, interpréter, reconstruire le cadre de référence de l'Autre et percevoir à travers son regard d'autre part (Bredella, 2002 : 40). Les étudiants doivent donc effectuer une série de tâches pour actualiser et compléter dans une perspective comparative leurs connaissances concernant le pays d'accueil (partie 2.1 à 2.4), les pratiques professionnelles (parties 3, 4) et procéder à une série de retours en arrière réflexifs : sur les chocs culturels (2.5 a et b, 6.1 4) et sur leurs apprentissages de façon plus globale (parties 6.1, 2 et 3).

Ils sont ainsi invités à faire montre de curiosité, d'ouverture et à relativiser leurs propres croyances, leurs comportements et leurs valeurs. Ces capacités interculturelles vont de pair avec la compétence professionnelle de transmission des valeurs d'une société démocratique. Parallèlement, le savoir s'engager renvoie à l'aptitude à prendre position, à évaluer de manière critique, en fonction de critères explicites, les points de vue, pratiques et produits de la culture de son pays et du pays d'accueil (Byram, 2002 : 62). Dans le cadre de la formation d'enseignant, cela renvoie à deux types de capacités : la capacité à analyser des pratiques professionnelles (les siennes ou celles d'autres enseignants) et leur contexte, ainsi que la capacité à effectuer des choix raisonnés, en fonction des valeurs démocratiques fondamentales de respect de la dignité humaine et de l'égalité de droits de l'homme.

Le dernier groupe de compétences pris en compte dans l'élaboration du journal de bord concerne l'individu en situation interculturelle. En effet, la réflexion menée sur les objets culturels ne peut s'effectuer sans un retour réflexif sur ses propres points de vue, réactions et valeurs, qui sont à appréhender dans le contexte plus large des processus d'acculturation (Sen Gupta, 2002 : 163-164). Ce terme est utilisé pour désigner l'ensemble des changements résultant, sur le plan individuel, de contacts avec des groupes culturels différents. Ils sont liés à l'impact de la dialectique identité /altérité sur l'identité de l'individu en situation interculturelle et relèvent de ce que Martine Abdallah-Pretceille appelle *la dimension ontologique* (1999 : 55).

Cette capacité de changement dépend du degré d'acquisition de compétences spécifiques (Bredella, 2002 : 237-238) : se concevoir comme un « être culturel », prendre conscience des tensions déplaisantes inhérentes à l'expérience interculturelle, savoir s'impliquer et réfléchir sur son implication, analyser ses contacts culturels, savoir se créer un nouveau cadre de référence en adoptant le rôle de médiateur entre différents cadres de références pour poursuivre ses propres objectifs. Dans le champ de la formation d'enseignants, il s'agit d'analyser des pratiques d'enseignement dans des contextes particuliers, mais aussi de jouer le rôle de médiateur entre les systèmes éducatifs du pays d'origine et du pays d'accueil pour pouvoir effectuer des choix concernant les différents aspects du métier qui prennent en compte le vécu professionnel dans son propre pays et/ou dans le pays d'accueil.

3. Méthodologie d'analyse

3.1. Grille d'analyse des journaux de bord réflexifs

La grille d'analyse des journaux de bord réflexifs obéit à la logique suivante. Les principaux attributs du concept d'interculturalité définis dans la première partie (colonne 1) ont été traduits en termes de « compétences mises en œuvre dans des contextes interculturels » (colonne 2). Ces compétences de nature générale ont été rapprochées des quatre domaines de compétences professionnelles (colonne 3) figurant dans le référentiel des compétences des enseignants français du primaire et du secondaire (Ministère de l'Education nationale, 1997) :

- domaine de la conception et de la planification de l'enseignement ;
- domaine de la gestion de classe et de la régulation des apprentissages ;
- domaine de l'auto-évaluation et de l'analyse réflexive ;
- domaine de la responsabilité et de l'éthique professionnelle.

Le troisième domaine, celui de l'auto-évaluation et de l'analyse réflexive, rejoint les compétences du médiateur interculturel et la description que fait Donald Schön (1983) de l'activité du praticien réflexif. Il s'agit « *d'adopter un point de vue externe sur soi pendant qu'on interagit avec d'autres pour analyser puis adapter, quand cela s'avère nécessaire ses propres comportements, voire, les croyances et les valeurs qui sous-tendent ces comportements* » (Schön, 1983 : 97), et donc ses démarches et savoir agir professionnels.

Tableau 1 - Grille d'analyse des journaux de bord réflexifs des étudiants

Attributs du concept d'interculturalité	**Compétences à mettre en œuvre dans des contextes interculturels**	**Compétences professionnelles**	**Activités du journal de bord réflexif correspondantes**
Connaissance - des groupes sociaux, de leurs produits et pratiques (Byram, Gribkova, Starkey, 2002) - des interactions entre les sociétés, les individus	- Savoir acquérir de nouvelles connaissances et les mettre en œuvre en situation d'interaction : le savoir apprendre - Savoir comparer, mettre en relation, interpréter, reconstruire le	- Actualiser et compléter ses connaissances concernant le pays d'accueil, les pratiques professionnelles - Identifier les différentes dimensions du métier, à la fois dans son propre pays et dans le pays d'accueil : connaissance des systèmes scolaires et	2.1, 2.2, 2.3, 2.4 : connaissance du système éducatif du pays d'accueil 4.1 : la journée d'un professeur 4.2 : la conception des enseignants de leur métier 4.3 et 4.4 : la journée d'un élève, entretien

	cadre de référence de l'Autre, percevoir à travers son regard : le savoir comprendre (Byram, 2002 et Bredella, 2002).	des pratiques - Savoir conduire la classe.	avec l'élève 5 6 2.5 a et b, 6 : les chocs culturels 3
Valeurs collectives / individuelles (les savoir-être) (Byram, Gribkova, Starkey, 2002)	- Savoir rester curieux, ouvert, tolérant - Savoir relativiser ses propres croyances, comportements et valeurs (décentrer).	Transmettre les valeurs d'une société démocratique (droits de l'homme : respect des personnes, égalité pour tous, ouverture).	2.5 a et b, 6 : les chocs culturels
Prise de position ou engagement (Byram, Gribkova, Starkey, 2002)	Evaluer de manière critique, sur la base de critères explicites, les points de vue, les pratiques et les produits, à la fois de son propre pays et du pays d'accueil.	Analyser des pratiques professionnelles et les contextes dans lesquels elles s'exercent, à la fois dans son propre pays et dans le pays d'accueil, et effectuer des choix raisonnés.	3 4 6
Dimension ontologique - Impact sur l'identité de la dialectique identité / altérité (Abdallah-Pretceille, 1999 et Bredella, 2002)	- Se concevoir comme un « être culturel ». - Prendre conscience des tensions déplaisantes inhérentes à l'expérience interculturelle - Savoir s'impliquer et réfléchir sur son implication, analyser ses contacts culturels - Savoir se créer	- Analyser ses pratiques professionnelles et l'impact du contexte culturel sur celles-ci - Jouer le rôle de médiateur entre les systèmes éducatifs du pays d'origine et du pays d'accueil - Effectuer des choix concernant les différents aspects du métier d'enseignant qui prennent en compte le vécu professionnel dans son propre pays et/ou dans le pays	1.1 : les attentes 2.5 a et b, 6 : les chocs culturels 5 6

	un nouveau cadre de référence en adoptant le rôle de médiateur entre différents cadres de référence pour poursuivre ses propres objectifs (Byram & Zarate, 1997).	d'accueil et choisir une troisième voie (Bredella, 2002).	

Il faut noter que ce sont surtout les compétences professionnelles des enseignants français en formation qui ont servi de référence.

4. Résultats

Une étude des journaux de bord réflexifs remplis lors de leur formation au Canada par des étudiants anglais, français et espagnols permet d'obtenir un certain nombre d'informations concernant la construction de compétences interculturelles et leur impact sur le développement des compétences professionnelles. Les analyses s'appuient sur la présentation d'extraits de réponses aux questions posées dans le journal de bord réflexif qui semblent particulièrement significatives par rapport à l'objet de cette étude. Dans un corpus comprenant 20 journaux d'étudiants, des extraits de réponses rédigées par 14 étudiants ont été sélectionnés. Les étudiants auteurs des extraits cités sont nommés par leur prénom. Les journaux de bord réflexifs des étudiants français sont rédigés en français, ceux des étudiants britanniques et espagnols sont rédigés en anglais. Tous les extraits cités dans ce texte ont été traduits en français. Le tableau ci-dessous récapitule la liste des étudiants cités et précise leur nationalité et le niveau (enseignement primaire ou secondaire) dans lequel les étudiants ont enseigné durant leur stage dans les établissements scolaires outre-Atlantique.

Tableau 2 - Liste des étudiants cités selon leur nationalité et leur spécialité d'enseignement

Etudiant(es) français (es)	Odile	Enseignement secondaire. Spécialité : histoire géographie
	Benjamin	Enseignement secondaire. Spécialité : anglais
	Antoine	Enseignement secondaire. Spécialité : mathématiques
	Emeline	Enseignement primaire
	Cindy	Enseignement secondaire. Spécialité : anglais
	Hélène	Enseignement secondaire
Etudiant(es) espagnole (s)	Estefania	Enseignement primaire
	Yorkanda	Enseignement primaire
	Marta	Enseignement primaire
	Olga	Enseignement primaire
	Anna Francesca	Enseignement primaire
Etudiant(es) anglais (es)	Marta	Enseignement secondaire. Spécialité : français
	Alan	Enseignement secondaire. Spécialité : français
	Anna Marie	Enseignement secondaire. Spécialité : français.

Selon les individus, les degrés de maîtrise des compétences interculturelles acquises en situation de mobilité à l'étranger peuvent être très variables dans les quatre domaines constitutifs de l'interculturalité tels qu'ils ont été définis dans le tableau 1 ci-dessus : la connaissance des groupes sociaux, de leurs produits et pratiques, les savoir-être, la prise de position concernant les valeurs, l'impact sur l'identité personnelle et professionnelle.

4. 1. Les connaissances : savoir apprendre, savoir comprendre

Savoir apprendre : du choc culturel au simple constat - le processus d'enculturation

Des réactions diverses ont accompagné la découverte du système éducatif du pays d'accueil. Elles varient du choc culturel au simple constat, indiquant ainsi que les étudiants ont été confrontés à des degrés variables de difficulté face à un système éducatif qui leur était jusque là inconnu. Odile, future professeur d'histoire-géographie en France, ne s'étonne pas des différences entre les programmes de ces deux disciplines scolaires en France et en Colombie Britannique. « *Etant données les relations entre la Colombie Britannique et l'Asie*[1], *il est normal que cette dernière fasse partie des programmes. Tous les élèves étudient les civilisations de la Chine (...) et de l'Inde. Toutes sortes de choses qui ne sont jamais étudiées dans les programmes français* ».

Estefania, étudiante espagnole, a effectué son stage pratique au Québec dans une école catholique. Elle fait plusieurs fois allusion aux pratiques religieuses de son établissement d'accueil en des termes particulièrement virulents. À propos des réunions hebdomadaires regroupant les élèves et les enseignants le lundi matin, elle déclare : « *ça ressemblait à une secte* » ou encore, concernant la prière matinale des enseignants en salle des professeurs : « *je reconnais que je me suis affolée et que je me suis dit : « mais qu'est-ce que c'est que ce...* ». Il semble que les filtres culturels jouent un rôle prépondérant dans ces réactions. En effet, selon la culture dans laquelle les étudiants ont été immergés dès l'enfance, les aspects culturels qui attirent leur attention sont ceux qu'ils considèrent comme étant différents et particulièrement frappants. Ces points de vue sont étroitement liés aux conditions d'enculturation, concept défini par Amita Sen Gupta (2002 : 161-162), comme étant le résultat du processus de socialisation primaire qui, par imprégnation, permet à l'individu d'acquérir les règles, les valeurs et les comportements dont il a besoin pour fonctionner de manière efficace dans son environnement socioculturel. Ces données intériorisées de la culture individuelle filtrent donc les perceptions et les réactions. Par exemple, si la plupart des étudiants européens constatent les tenues ou les comportements décontractés des élèves canadiens, seuls les Britanniques commentent l'absence d'uniforme dans les établissements scolaires.

Pour une autre étudiante, le fait que les élèves appellent leurs professeurs par leur prénom était un constat choquant au début du

---

[1] La Colombie Britannique, province du Canada située sur la côte de l'Océan Pacifique, entretient des relations économiques étroites avec l'Asie et connaît une forte immigration en provenance des pays asiatiques dont elle est relativement proche.

stage : « *j'avoue que j'étais choquée, parce que j'ai toujours appelé mes professeurs « monsieur » ou « madame ». Je pense que c'est plus poli. Mais au bout d'un moment, je me suis rendu compte que cela crée un rapport très positif entre les enseignants et les élèves, ils se font confiance, l'un et l'autre. Mais je dois avouer que j'ai mis pas mal de temps pour me sentir à l'aise avec cette pratique* ».

Savoir comprendre : rôle de la démarche comparative et réflexive

Le « choc culturel » peut provoquer une déstabilisation par sentiment d'insécurité. L'analyse menée vise à faire prendre conscience du fait que l'on construit sa propre culture à partir d'attentes et de filtres divers. Il s'agit également de comprendre qu'une autre culture, parce qu'elle se construit sur des choix historiques, sociaux, et politiques différents, constitue un tout à interpréter.

Les futurs enseignants sont incités par les activités du journal de bord réflexif à rechercher des informations diverses, à exprimer les réactions qu'elles suscitent, mais également à les analyser et à comparer les données recueillies à des aspects similaires ou équivalents de leur culture d'origine. Ainsi, au début de leur séjour au Québec, plusieurs stagiaires français sont frappés par l'absence, dans certaines matières, de devoirs donnés à la maison, pratique incontournable en France dans l'enseignement secondaire. Benjamin en conclut *in petto* que : « *l'apprentissage est donc grandement pénalisé* ». De retour en France, il explique sa réaction sur ce point en ces termes : « *j'ai eu trop vite tendance à juger par rapport à mon système de valeur (...) en occultant totalement les impératifs de la société québécoise d'une part et surtout les enjeux au niveau local (en particulier le décrochage scolaire)* ».

Cet étudiant semble être parvenu, grâce à l'analyse *a posteriori* de ses réactions premières, à interpréter et à reconstruire en partie le cadre de référence québécois pour atteindre une « *compréhension de l'intérieur* » d'un autre système éducatif que celui de son pays d'origine.

Emeline, quant à elle, procède également à la réévaluation plus nuancée des opinions et points de vue exposés au début de son séjour : « *mes conceptions ont évolué parce que maintenant que ce stage est terminé, je me rends compte que les différences que j'ai notées font partie intégrante du mode de vie des écoliers et professeurs canadiens. (...) Je reste quand même basée sur mes conceptions françaises et certaines choses continuent de me choquer* ».

Il est cependant à noter que les activités conçues pour inviter à des retours sur des réactions ou des points de vue initiaux sont parfois délibérément mises de côté. Certaines des rubriques du journal de bord réflexif ne sont pas renseignées ou bien disparaissent à la faveur d'une réorganisation de l'écrit produit. C'est le cas du travail rendu par Yordanka, une étudiante espagnole qui choisit systématiquement de mettre l'accent sur la dimension affective de l'expérience vécue et n'insiste pas sur les autres dimensions : « *j'adorerais recommencer cette expérience parce qu'elle m'a procurée des émotions que je n'oublierai jamais* ».

4.2. Les savoir-être

Rester curieux et ouvert

Avant son départ, Marta est à la fois consciente du rôle de la curiosité dans la découverte d'une autre culture et des difficultés que cela peut engendrer : « *ce qui est important pour découvrir toutes ces différences (culturelles), c'est d'être curieux. De poser beaucoup de questions pour savoir si ce qu'on considère normal en Espagne l'est aussi au Canada. Mais je pense que ce ne sera pas si facile, parce que ce qui nous semble normal à nous, on n'y pense pas, on le trouve si évident qu'on ne pense pas que cela pourrait être différent ici (au Canada)* ». En d'autres termes, Marta a conscience que la différence n'est pas forcément visible et est difficile à analyser.

Le journal de bord réflexif a été conçu afin de palier cette difficulté et de guider les étudiants dans la découverte d'une autre culture. Ils ont dû, pour effectuer les diverses activités, multiplier les contacts, explorer de nombreux aspects du système scolaire du pays d'accueil. Cette démarche a créé chez certains un réel appétit de découverte et suscité une implication personnelle qui s'est souvent traduite par un recours à un lexique de l'appréciation. Odile déclare ne pas avoir éprouvé de choc culturel en arguant du fait que sa connaissance du système scolaire américain avait largement contribué à la préparer à la découverte du système canadien, du fait de leurs points communs. Dans ses écrits, elle n'en recourt pas moins à de nombreux points d'exclamation et à des expressions affectivement marquées : « *j'ai du mal à comprendre...* », « *ce qui est surtout frappant...* », « *je me demande ce que cela donne...* », « *j'étais étonnée que...* ». On peut donc noter que des écarts, et parfois des contradictions, s'observent entre les réponses aux questions du journal de bord réflexif et les comportements réels des étudiants face aux situations qu'ils rencontrent au cours de leur séjour à l'étranger. Ces écarts ne sont guère surprenants et sont bien connus des chercheurs en sciences humaines et sociales. Ils sont de même nature que ceux mis en évidence par Bernard Lahire (1998) entre le « faire » et le « dire sur le faire » qui apparaît quand on compare les pratiques réelles des enseignants et ce qu'ils disent (ou pensent) de leurs pratiques. Il n'en reste pas moins que ces écarts doivent être pris en compte dans les analyses et les conclusions qu'on peut faire sur l'utilité de journal de bord réflexif comme outil d'accompagnement à la mobilité des étudiants.

Relativiser et se décentrer

Par le biais de la comparaison et de l'analyse réflexive, Odile, tout comme Benjamin, va être amenée dans un deuxième temps à relativiser ses propres valeurs et à effectuer un décentrage culturel. C'est ce qu'Estefania parvient également à faire de retour en Espagne : « *je me suis habituée aux prières matinales avec les enseignants et les élèves. Je les vois à présent comme une façon d'établir des liens, de se sentir intégré, d'avoir sa place dans la communauté* ». Etre capable de reconstruire le cadre de référence de « l'Autre » témoigne du développement de compétences interculturelles de compréhension et de décentrage, que certains étudiants ont utilisées pour mener à bien une réflexion sur les missions du professeur. Il leur était demandé de comparer les conceptions qu'ont les conseillers pédagogiques, du pays d'accueil et du pays d'origine, sur le métier d'enseignant. La plupart des étudiants, indépendamment de leur nationalité, placent les compétences d'organisation et la capacité à endosser des rôles multiples au premier plan. Selon Anna-Marie, une étudiante britannique qui se destine au professorat de français, sa conseillère pédagogique peut être tout à tour psychologue, assistante sociale, mère ou agent de voyage. Elle analyse ce constat en établissant une comparaison avec la situation en Grande Bretagne et en tire des conclusions plus larges. « *Si je compare avec ce que je sais des professeurs de langues vivantes en Grande Bretagne, j'en conclus que les responsabilités et les devoirs qu'on a jouent un rôle important dans la manière de concevoir son rôle en tant qu'enseignant et que cela dépend de la matière qu'on enseigne. De manière générale, toutefois, il est évident que les professeurs dans les deux pays sont conscients du fait que leur profession ne se limite pas au simple enseignement de leur matière* ».

Transmettre les valeurs d'une société démocratique

Pour les étudiants qui ont commenté les missions du professeur dans le journal de bord réflexif, la profession d'enseignant dépasse la simple transmission de connaissances disciplinaires et inclut une dimension éducative qui prend appui implicitement sur les valeurs des sociétés démocratiques. C'est le point de vue d'Odile, qu'elle partage avec son conseiller pédagogique : « *de tout ce que j'enseigne, de quoi les élèves se souviendront-ils dans cinq ou dix ans ? Certainement pas de la date de tel ou tel événement ou du fonctionnement du gouvernement. En revanche, ce qu'il veut, c'est leur donner des méthodes de travail utiles pour l'université, des compétences qui leur serviront dans la vie. Il veut les aider à vivre ensemble et leur apprendre à se confronter aux différences des autres* ».

Il est intéressant de constater que les étudiants ont relativement peu débattu de la transmission des valeurs démocratiques et n'ont pas cherché à inclure dans leurs propres cours des objectifs interculturels. Pourtant, ils enseignent des matières - les langues, l'histoire-géographie - qui comportent des objectifs d'ouverture et une dimension civique. Par exemple, en conformité avec les directives européennes, les objectifs de l'apprentissage des langues incluent l'éducation interculturelle, c'est-à-dire la formation de l'acteur social appelé à agir dans un contexte démocratique marqué par la diversité culturelle. Les étudiants sont de plus mis en situation de mettre en pratique ces valeurs dans le cadre de leur formation à l'étranger.

Anna-Marie est en fait la seule à mettre en relation les apprentissages interculturels liés à la mobilité en formation professionnelle et les valeurs à transmettre aux élèves. « *Ce qui me semble le plus important, c'est le fait qu'une expérience de cette nature rende généralement les gens plus tolérants et plus à même de s'adapter à des situations différentes ; ceci est très important pour des enseignants, puisqu'il s'agit des qualités que nous devons enseigner à nos élèves dans nos cours* ».

En revanche, Olga, qui se destine à l'enseignement d'une langue étrangère en Espagne, assiste à un cours de sa conseillère qui comporte des objectifs interculturels précis. Dans le cadre d'une séquence sur l'hiver et les aborigènes de Colombie Britannique, il s'agit de « *comparer les coutumes de la société contemporaine des élèves à celle des peuples aborigènes étudiés, d'établir des liens avec le concept de l'hiver* ». Mais aucune perspective de transfert n'est évoquée dans l'analyse du cours. En fait, l'adhésion aux valeurs démocratiques dans la salle de classe semble devoir se manifester de manière indirecte dans le cadre de la relation aux élèves. Estefania, par exemple, insiste sur la dimension humaine de la profession d'enseignant.

Plusieurs pistes peuvent être avancées pour rendre compte du fait que la réflexion sur l'interculturel est inégale selon les étudiants. D'une part, étant en formation, les futurs enseignants ne maîtrisent pas encore la mise en œuvre de démarches qui nécessitent un haut degré de maîtrise professionnelle. D'autre part, force est de constater que l'aptitude à se décentrer varie beaucoup selon les individus.

4.3. Prendre position, s'engager

Lorsqu'ils font le bilan de leur formation au Canada, les étudiants européens tentent d'évaluer de manière critique les aspects du système éducatif du pays d'accueil qu'ils considèrent comme importants. Ils adoptent alors, la plupart du temps, une perspective comparative. Le va-et-vient entre deux cultures et deux systèmes éducatifs exerce un effet de miroir et fait émerger des problématiques significatives pour leur compréhension et l'exercice professionnels.

Par exemple, Alan, un étudiant anglais, a trouvé l'interprétation de la notion d'« inclusion » scolaire différente au Québec. Il fait remarquer que le mot en Angleterre est devenu un slogan, qui a perdu de son sens, tandis qu'au Canada, les pratiques au sein de l'école favorisaient une réelle inclusion scolaire et sociale de l'enfant. Il cite l'exemple des programmes de formation professionnelle créés au sein des écoles du Québec pour combattre le décrochage scolaire. Une « mini-usine », en l'occurrence une chocolaterie, accueille les élèves « difficiles ». Ils apprennent à confectionner des chocolats qu'ils vendent ensuite dans la salle des professeurs, ce qui a pour conséquence de les remotiver au lieu de les exclure. Cette expérience a amené Alan à mettre en question la politique et les pratiques menées en Angleterre dans ce domaine.

Analyser des pratiques professionnelles, effectuer des choix raisonnés

Grâce à leurs expérimentations, à l'analyse des pratiques - de leurs conseillers pédagogiques ou des leurs, dans le pays d'accueil, mais aussi dans leur pays d'origine - les étudiants sont mis en situation de prendre position sur ce qui leur semble le plus pertinent dans le cadre de leur apprentissage professionnel. Ainsi, dès le début de son séjour, Odile identifie le recours plus systématique Outre-Atlantique à de grands projets pédagogiques réalisés en classe comme une des différences majeures avec le système éducatif français. Après avoir expérimenté cette approche, elle a le sentiment que les productions de ses élèves canadiens sont plus riches que celles de ses élèves français. Elle note également que « *cela permet aux élèves de développer des compétences beaucoup plus grandes* » et d'être plus créatifs. Elle prend donc clairement position en faveur d'une pédagogie sur la base d'un critère explicite : son efficacité en termes d'apprentissage.

Dans le domaine de la gestion de classe, Estefania déclare avoir « *effectué des apprentissages particulièrement riches et diversifiés* ». Elle souhaite notamment avoir recours aux techniques acquises et aux savoir-être développés lorsqu'elle enseignera en Espagne, car ils permettent de diriger la classe de manière moins agressive et placent les élèves en situation d'acquérir un meilleur contrôle de soi.

Les diverses analyses et comparaisons effectuées à l'aide des activités du journal de bord réflexif mettent en lumière le fait que les apprentissages professionnels sont inégaux selon les étudiants. Cependant, le journal de bord, en mettant systématiquement les étudiants en situation d'analyser leur vécu, offre l'opportunité de développer chez chacun une approche réflexive sur le monde.

Les étudiants sont amenés à prendre conscience des tensions parfois déplaisantes inhérentes à l'expérience interculturelle lorsqu'ils dressent la liste de chocs culturels dont ils font l'expérience à leur arrivée au Canada. Deux séries de tâches les invitent à revenir ultérieurement sur ces chocs pour les analyser. Leurs points de vue sont parfois différents, ou bien restent inchangés. Mais les attitudes extrêmes de rejet sont globalement abandonnées, probablement au fil du temps et au fil des analyses, qui permettent de se décentrer progressivement.

Estefania, néanmoins, déclare ne pas surmonter un choc culturel, celui concernant le repas de midi. Selon elle, la durée trop brève de la pause déjeuner nuit à la qualité des menus sur le plan diététique. On peut toutefois considérer que l'importance accordée à la nourriture à un moment précis de la journée ne constitue jamais qu'un point de vue culturel et résulte en partie du processus d'enculturation, qui selon Amita Sen Gupta (2002), contribue à générer des postures ethnocentriques. Il s'agit moins pour Estefania de modifier son point de vue que de prendre conscience des processus en jeu, ce qui ne semble pas être le cas.

Benjamin, quant à lui, parvient à se percevoir comme un être culturel par l'intermédiaire du comportement de son entourage au Canada. « *Les réactions et jugements portés sur ma culture, même s'ils ont pu être blessants, se comprennent mieux à la lumière de certains facteurs ou explications. Cela permet une prise de recul sans commune mesure par rapport à soi-même et à ses valeurs* ».

Grâce aux interactions, à la dialectique identité / altérité, la perception de soi est modifiée (Abdallah-Pretceille, 1999). Il y a également prise de conscience de ce que Lothar Bredella (2002 : 238) appelle les « *tensions déplaisantes inhérentes à l'expérience interculturelle* ».

Les conséquences sur le processus de professionnalisation

Les étudiants européens qui passent trois mois au Canada poursuivent durant leur période de mobilité des apprentissages commencés dans leur pays d'origine. Pour pouvoir donner du sens à ces savoirs qui pourraient être perçus comme déconnectés, voire contradictoires, et développer une posture réflexive, il leur faut inévitablement endosser le rôle de médiateur entre deux systèmes éducatifs.

Ainsi, Cindy compose avec son point de vue sur les devoirs à la maison pour atteindre un objectif pragmatique qu'elle estime plus important : enseigner de manière la plus efficace possible. « *Quant aux devoirs, même si je pense fermement qu'il est bon de donner du travail à la maison pour permettre à l'élève de résoudre des problèmes en autonomie, je comprends que cela soit omis dans la mesure où le travail n'est pas fait dans la majorité des cas. Il semble que beaucoup d'étudiants ne bénéficient pas de conditions propices au travail chez eux ; autant le faire en classe* ». Anna Francesca ne s'interroge pas sur son identité professionnelle. Néanmoins, elle élabore un projet de correspondance électronique avec ses collègues canadiens, qui consistera en des échanges thématiques d'informations culturelles de nature diverse.

Antoine, quant à lui, commente explicitement le développement de compétences professionnelles au contact d'une classe regroupant des élèves en difficulté.

> La compétence la plus importante que je pense avoir développée durant mon stage est la capacité de remise en cause. En effet, je pensais déjà posséder cette compétence mais la particularité du public auquel j'ai enseigné durant ces quatre mois a mis l'emphase sur cet aspect non négligeable de l'enseignement. Cette compétence est primordiale si l'on désire captiver l'attention des élèves tout au long de l'année. Il était alors inévitable à la suite de chaque séance d'analyser les points forts et les points faibles de cette dernière. C'est cette analyse qui permet ensuite une adaptation de la séance qui a été prévue pour la suite et qui offrira donc aux élèves une formation plus adaptée.

Il est néanmoins peu aisé d'apprécier dans quelle mesure cet apprentissage résulte du profil de la classe, de la nature du stage effectué dans un pays étranger, ou bien d'une combinaison de ces deux facteurs.

Lorsque l'étudiant s'implique dans la rédaction de son journal de bord réflexif, il est possible de suivre avec précision son parcours de formation. Cet écrit semble alors jouer un rôle dans la verbalisation et ce faisant, le développement d'une posture réflexive participant à un processus de professionnalisation. Le cas d'Hélène est particulièrement significatif à cet égard, comme le prouve cet extrait de son journal de bord réflexif. « *Ce stage m'a permis de rendre mon enseignement plus humain, plus vivant et surtout plus personnel. Il m'a permis de construire ma propre personnalité d'enseignante. En débutant ce stage, je pense que je maîtrisais l'aspect plus formel comme les préparations de cours, l'organisation d'une séance ou encore certaines méthodes didactiques, mais ce stage m'a permis d'y ajouter ma touche personnelle* ».

Il apparaît que la rédaction de son journal de bord a permis à Hélène de mettre en mots une réflexion professionnelle, non seulement sur la formation effectuée au Canada, mais également sur la conception du métier d'enseignant, ainsi qu'en témoigne ce passage.

Le principal apprentissage que j'ai fait lors de mon stage (…) est l'importance de créer une ambiance de classe positive où règne le respect mutuel, où chaque enfant se sent en sécurité et libre de parler, où chacun des élèves se sent responsable de sa classe et capable de prendre des décisions relatives à la gestion de la classe. J'avais relevé au début de mon stage le rapport professeur/élève et la manière d'appliquer la discipline. En effet, j'avais remarqué que tout était basé sur le dialogue, l'écoute mutuelle et le respect, très rarement sur les sanctions et jamais sur les cris du professeur. (…) Ce n'est que plus tard que j'ai compris que tout cela s'ancrait dans un système général où le professeur passait beaucoup de temps à établir un rapport de respect, de confiance mutuelle et de responsabilisation à chaque moment de la journée. C'est grâce à tout cela que le dialogue s'avère aussi efficace.

La formation effectuée au Canada par Hélène a modifié ses conceptions professionnelles et elle semble bien décidée à les mettre en œuvre dans sa classe à son retour en France.

J'espère pouvoir mettre en place cette vision de l'enseignement et de la relation parent / professeur dans mes futures classes françaises même si j'ai parfaitement conscience que le système français est beaucoup plus centré sur les apprentissages disciplinaires et qu'il sera peut-être difficile de mettre en place cette philosophie de l'enseignement qui met l'accent sur le développement personnel de l'enfant.

Hélène repère des différences, les analyse, fait sienne une conception de l'enseignement et se l'approprie - ou du moins elle y travaille : interrogée oralement à son retour sur les stratégies qu'elle utilisera pour mettre en œuvre son projet professionnel, elle éprouve néanmoins quelques difficultés à les définir avec précision à ce stade.

Conclusion

Le journal de bord réflexif semble être un outil qui favorise, chez les étudiants futurs enseignants participant à une formation dans un pays étranger, la construction de réelles compétences interculturelles. Les analyses présentées dans cet article montrent que la plupart des étudiants qui ont travaillé avec cet outil ont acquis, de manière certes inégale mais réelle, des capacités pour comprendre les différences, réagir à autrui sans juger et jouer le rôle de médiateur culturel. On peut estimer que ces acquisitions contribuent à favoriser le développement de compétences professionnelles dans le domaine des choix pédagogiques, de la gestion de classe, de la planification, de l'analyse réflexive et de l'éthique. Ainsi, l'usage du journal de bord réflexif peut apparaître comme un outil propice à la construction d'un processus de professionnalisation.

Toutefois, il faut souligner les limites de cet outil. Elles tiennent, notamment, aux écarts qui ont parfois été notés entre ce qui disent les étudiants dans leur journal et ce qu'ils pensent réellement d'une situation professionnelle rencontrée à l'étranger qui les a surpris et dont ils ne comprennent pas vraiment la signification. Le pari pris parfois adopté est d'exprimer des idées consensuelles, conformes à ce qu'ils croient être les attentes du professeur qui lira les écrits consignés dans le journal de bord, sans livrer le fond de leur pensée. Ce comportement explique également une certaine instabilité du discours de beaucoup d'étudiants.

Conçu dans le cadre d'un programme spécifique, l'utilisation du journal de bord réflexif dans d'autres types de formations internationales semble pertinente, malgré ses limites et même si son intérêt n'est pas toujours perçu par les étudiants. Ce fut le cas notamment pour de futurs professeurs d'histoire et géographie, qui ont participé à un programme de mobilité de trois mois aux Etats-Unis, comportant des stages dans des établissements d'enseignement secondaire de l'Etat de Pennsylvanie. Cette formation était très structurée et comportait un nombre conséquent d'écrits à produire, aussi l'accompagnement à la mobilité n'est pas apparu véritablement nécessaire aux étudiants. Le journal de bord réflexif a même provoqué chez eux des réticences et a été perçu comme une incursion dans la sphère personnelle du ressenti et de l'identité. Les entretiens menés avec les étudiants à leur retour ont montré que leur séjour n'avait pas entraîné une distanciation à l'égard de l'expérience professionnelle vécue aux Etats-Unis, ce qui laisse penser qu'il serait probablement souhaitable de négocier plus explicitement l'usage de cet outil d'accompagnement, en l'adaptant en fonction des différents programmes.

Bibliographie

Abdallah-Pretceille, M. 1999. *L'éducation interculturelle.* Paris : PUF, Que sais-je ?

Altet, M. 1994. *La formation professionnelle des enseignants.* Paris : PUF.

Baillat, G. 2000. *La professionnalisation des enseignants, une approche didactique.* Dossier d'habilitation à diriger des recherches. Reims : Université de Reims Champagne-Ardenne.

Barbot, M-J. 2006. L'accompagnement de l'expérience interculturelle : construire la rencontre. In Bézille, H & Courtois, B. (dir.). *Expérience et formation.* Lyon : Chronique sociale. 171-187.

Bourdoncle, R. 1993. La professionnalisation des enseignants : les limites d'un mythe. *Revue Française de pédagogie.* N°105. Octobre. 115-122.

Byram, M. 2002. On Being "Bicultural" and "Intercultural". In Byram, M., Fleming, M., Alred, G. (eds.). *Intercultural Experience and Education.* Clevedon : Multilingual Matters. 50-66.

Bredella, L. 2002a. For a flexible model of intercultural understanding. In Byram, M., Fleming, M., Alred, G. (eds.). *Intercultural experience and education.* Clevedon : Multilingual Matters. 31-49.

Bredella, L. 2002b. Afterword : What Does it Mean to be Intercultural? In Byram, M., Fleming, M., Alred, G. (eds.). *Intercultural experience and education.* Clevedon : Multilingual Matters. 225-239.

Byram, M., Gribkova, B., Starkey, H. 2002. *Développer l'enseignement culturel dans l'enseignement des langues : une introduction pratique à l'usage des enseignants.* Strasbourg : division des politiques linguistiques, direction de l'éducation scolaire, extra-scolaire et de l'enseignement supérieur, DG IV, Conseil de l'Europe.

Byram, M. & Zarate, G. 1997. Definitions, objectives and assessment of sociocultural competence. In Council of Europe. *Sociocultural competence in Langue Learning and Teaching.* Strasbourg : Council of Europe. 7-43.

Conseil de l'Europe. 1954. *Convention culturelle européenne.*

http://conventions.coe.int/Treaty/FR/Treaties/Html/148.htm
Etienne, R. & Lerouge, A. 1997. *Analyser sa pratique professionnelle* (article non publié).
Fumat, Y. 1996. D'un ensemble confus à un réseau de causes : le GEASE. *Cahiers pédagogiques*. No. 346. Paris : Cahiers pédagogiques. 23-24.
Huberman, M. 1978. L'évolution de la formation américaine. Une analyse contextuelle de la formation des enseignants aux Etats-Unis et quelques points de comparaison avec l'Europe francophone. In Debesse, M. & Mialaret, G. (éds.). *Traité des sciences pédagogiques.* Tome 7. Paris : PUF. 315-340.
Lahire, B. 1998. Logiques pratiques : le " faire " et le " dire sur le faire ". *Recherche et formation.* N° 27. 15-28.
Lang, V. 1999. *La professionnalisation des enseignants*. Paris : PUF.
Lawes, S. & Barbot, M-J. 2001. The intercultural problems involved in setting up a joint teacher training programme In Kelly, M., Fant, L., Elliott, I. (eds). *Third level, third space, Intercultural communication and language in European higher education.* Bern : Peter Lang SA. 105-117.
McDonough, J. & McDonough, S. 1997. *Research methods for English language teachers*. London : Arnold.
Ministère de l'Education nationale. 1997. *Circulaire n° 97-123 du 23/05/1997*, *BOEN* n° 22/29. Paris : Imprimerie nationale. 571-1576
Paquay, L. & Sirota, R. 2001. La construction d'un espace discursif en éducation. Mise en œuvre et diffusion d'un modèle de formation des enseignants : le praticien réflexif. *Recherche et Formation. N°*. 36. 5-15.
Parlement Canadien. 1988. *Loi sur le multiculturalisme canadien.* Sanctionnée le 21 juillet 1988. ch. 31. Ottawa. http://laws.justice.gc.ca/fr/C-18.7/texte.html
Parlement Européen. 1992. *Charte européenne des Langues Régionales et Minoritaires.* Strasbourg. http://conventions.coe.int/Treaty/FR/Treaties/Html/018.htm
Perrenoud, P. 1996. *Enseigner : agir dans l'urgence, décider dans l'incertitude.* Paris : ESF.
Sen Gupta, A. 2002. Changing the focus: a discussion of the dynamics of the intercultural experience. In Byram, M., Fleming, M., Alred, G. (eds.). I*ntercultural experience and education*. Clevedon : Multilingual Matters. 155-179.
Schön, D. 1983. *Le praticien réflexif. A la recherche du savoir caché dans l'agir professionnel.* Paris : Editions Logiques, coll. Formation des maîtres.
Tripp, D. 1993. *Critical incidents in teaching: developing professional judgment*. London : Routledge.

Vermersch, P. 2001. Conscience directe et conscience réfléchie. *Journal de l'Association de GREX.* No. 39, mars 2001. Paris: CNRS, GREX. 10-30.

Tables des matières

Former à la mobilité

L'HARMATTAN, ITALIA
Via Degli Artisti 15 ; 10124 Torino

L'HARMATTAN HONGRIE
Könyvesbolt ; Kossuth L. u. 14-16
1053 Budapest

L'HARMATTAN BURKINA FASO
Rue 15.167 Route du Pô Patte d'oie
12 BP 226
Ouagadougou 12
(00226) 50 37 54 36

ESPACE L'HARMATTAN KINSHASA
Faculté des Sciences Sociales,
Politiques et Administratives
BP243, KIN XI ; Université de Kinshasa

L'HARMATTAN GUINÉE
Almamya Rue KA 028
En face du restaurant le cèdre
OKB agency BP 3470 Conakry
(00224) 60 20 85 08
harmattanguinee@yahoo.fr

L'HARMATTAN CÔTE D'IVOIRE
M. Etien N'dah Ahmon
Résidence Karl / cité des arts
Abidjan-Cocody 03 BP 1588 Abidjan 03
(00225) 05 77 87 31

L'HARMATTAN MAURITANIE
Espace El Kettab du livre francophone
N° 472 avenue Palais des Congrès
BP 316 Nouakchott
(00222) 63 25 980

L'HARMATTAN CAMEROUN
BP 11486
(00237) 458 67 00
(00237) 976 61 66
harmattancam@yahoo.fr

581293 - Octobre 2014
Achevé d'imprimer par

1livre.com
du rêve à la réalité !